工程项目管理

GONGCHENG XIANGMU GUANLI

主　编 ⊙ 王楠楠

副主编 ⊙ 张　琳

大连海事大学出版社

Ⓒ 王楠楠　2023

图书在版编目(CIP)数据

工程项目管理 / 王楠楠主编. — 大连 ： 大连海事
大学出版社，2023.12
ISBN 978-7-5632-4494-2

Ⅰ.①工⋯　Ⅱ.①王⋯　Ⅲ.①工程项目管理—教材
Ⅳ.①F284

中国国家版本馆 CIP 数据核字(2023)第 245603 号

大连海事大学出版社出版

地址:大连市黄浦路523号　邮编:116026　电话:0411-84729665(营销部)　84729480(总编室)
http://press.dlmu.edu.cn　E-mail:dmupress@dlmu.edu.cn
大连永盛印业有限公司印装　　　　　　　　大连海事大学出版社发行
2023 年 12 月第 1 版　　　　　　　　　　2023 年 12 月第 1 次印刷
幅面尺寸:184 mm×260 mm　　　　　　　印张:16.5
字数:405 千　　　　　　　　　　　　　　印数:1~500 册
出版人:刘明凯
责任编辑:孙笑鸣　　　　　　　　　　　责任校对:刘长影
封面设计:解瑶瑶　　　　　　　　　　　版式设计:解瑶瑶

ISBN 978-7-5632-4494-2　　　定价:50.00 元

前　言

工程项目管理是一个复杂的系统,工程项目管理人员能力的高低对项目的成功与否具有重要的决定作用。随着我国基建投资项目规模的扩大和难度的迅速加大,以及我国对高质量发展目标和可持续发展目标的贯彻,工程项目对管理人员的综合能力要求也不断提高。工程项目管理课程已成为工程管理相关专业本科和研究生的必修课程,也成为其他工程技术人员进入管理层应自学或选修的重要专业课程。本教材基于工程领域高质量发展目标,突破了传统的以施工阶段为主的工程项目管理教材的编写范围,将全过程工程项目管理引入教材主要章节,增设全生命周期项目管理、政府与社会资本合作模式等内容,传播全球工程领域的领先管理思维模式和实践经验,对学生熟悉和把握国际前沿有重要的研究意义,有助于我国工程类企业转型升级,提升全过程管理能力和国际竞争力。

本教材共九章,分别是:工程项目管理概述、工程项目投资控制、工程项目进度控制、工程项目质量控制、工程项目合同管理、工程项目信息管理、工程项目风险管理、工程项目管理组织、项目管理与可持续发展。本教材具有较强的创新性,包括了很多工程项目管理专业的最新理念和概念,对工程管理专业以及工程相关专业学生和人员具有非常重要的理论和实践指导意义。

本教材基于大量教学案例的分析,展示了国内和国外典型工程项目管理的实践经验,对学生了解全球最佳实践成果具有重要的现实意义,为广大从事研究生教学的教师提供了系统的课程体系和教学方法,具有明显的创新性。本教材适用范围广泛,既可以作为工程管理、工业工程、项目管理等相关核心专业课程的教材,也可以作为工程技术领域学生自学和选修工程项目管理知识的参考资料。本教材由大连海事大学研究生教材建设项目资助。

本教材由大连海事大学王楠楠担任主编,张琳担任副主编。由于编者能力有限,如有不足之处,欢迎读者批评指正。

编　者

2023 年 9 月

前　言

目　录

第一章
工程项目管理概述

在现代社会中,项目涉及的范围十分广泛,几乎涉及社会的各个领域。而工程项目是项目中最普遍、最重要的类型之一,且工程项目在经济发展和国民生活水平提高中发挥着重要作用。因此,工程项目管理是一套系统化的知识体系,是工程领域的管理人才必须掌握的。

第一节 ◉ 工程项目管理的含义和特点

一、工程项目管理的概念

(一)项目与工程项目的概念与特点

1.项目

在现代经济社会和文化生活中存在着各种各样的项目,例如,一个软件的开发、一栋大楼的建造、一项科研课题的突破等。基于对项目的不同理解,从不同角度出发,项目的定义也稍有不同。最典型的有如下几种定义:

项目质量管理体系认证将项目定义为:"由一组有起止时间的、相互协调的受控活动所组成的特定过程,该过程要达到符合规定要求的目标,包括时间、成本和资源的约束条件。"

美国项目管理协会(PMI)组织编写的《项目管理知识体系指南(PMBOK)》将项目定义为:"为创造独特的产品、服务或成果而进行的临时性工作。"

德国国家标准 DIN 69901 将项目定义为:"项目是指总体上符合下列条件的具有唯一性的任务:具有预定目标;具有时间、财务、人力和其他限制条件;具有专门的组织。"

项目的主要特点如下:

(1)一次性

项目是一个一次性的任务,有明确的起始点和终止点。达到目标项目将结束,当确定目标无法达到时,项目会被终止。项目虽有一次性的特征,但是其持续时间可长可短。许多项目历经几年甚至数十年才得以完成,但其持续时间总是有限的。项目管理组织也是一次性的、临时的,随着项目的产生而组建,随着项目的结束而终结。

（2）独特性

每个项目都有其独特之处，没有任何两个研发项目或者工程项目是完全一样的。即使是由同一家施工单位建设的两栋相同的建筑，也会出现成本、进度和质量的不同。应当针对每个独特的项目制定特有的管理方案。

（3）相互依赖性

项目通常与组织中其他同时进行的项目存在一定的相互作用。有时可能会是一些冲突。一个组织中的各个职能部门（例如销售、财务、制造等）间的相互作用是有规律的，而项目与职能部门之间的作用和冲突则是变化无常的。因此，项目主管应当十分了解这些作用和冲突，并且与各部门保持适当的联系。

（4）冲突性

项目运行过程中会遇到各种冲突，如项目之间存在资源、人员等方面的竞争与冲突。随着项目的扩展和数量的增加，在多项目组织中，项目之间的竞争更加激烈。在项目进行过程中，项目团队成员在项目的资源和领导地位的问题上经常存在冲突。

（5）被一定条件限制

任何项目都存在一定的约束条件，可能是资源限制、时间限制、费用限制等。

（6）有明确目标

项目都有其特定的目标，项目的完成则是要在一定的约束条件下，达到其特定的时间目标、质量目标、成本目标。

（7）生命周期属性

项目的一次性决定了项目具有生命周期。项目从开始到结束都会经历一系列过程，从项目最初的设计设想，到具体的规划实施和发展，直至最后项目结束，这些组成了一个项目的生命周期。不同项目生命周期也不同，因此对于不同项目应当有针对性地采取不同项目管理方式，以确保完成项目的目标。

2. 工程项目

工程项目是最普遍也是最典型的项目类型，其对象为各种建筑物或构筑物。工程项目作为项目的一种，既具有项目的一般特点，又具有其特殊性。工程项目的特殊性体现在如下几个方面：

（1）规模大

为了满足顾客需求和建设项目的功能需要，工程项目实体通常体量庞大，结构复杂，空间占据较大，资源投入高。例如大亚湾核电站、纵贯南北的铁路公路网、南水北调工程等，都是我国大规模的重点工程项目。

（2）生命周期较长

工程项目从策划立项到交付使用、运营、结束需要经历较长的时间，少则数月，多则数年甚至数十年。且对于投资者来说，在建设期间需投入大量的人力、物力、财力，这期间不会产生效益，直至建成投产后才会开始产生效益，逐渐回收资本。因此，在工程项目管理中，决策者应当尽量缩短建设周期，使项目及早投入使用。

（3）复杂程度高，风险较大

工程项目规模大、投资高、建设周期长、技术含量高、参与单位多，是多专业的综合和人员、材料、机械、技术、资金、时间、内外部环境等要素的有机结合。加之项目管理组织是临时性的组织，这些因素大大增加了工程项目及其管理的复杂程度。众多影响因素也直接导致了工程项目的风险较大。

（4）限制更多，约束性更强

工程项目在实施过程中通常会有更多的约束条件。工程项目所需的投入资金量大，而随着现代工程项目的投资多元化，人们对项目经济性的要求也越来越高，对资金的限制也越来越严格，项目的资金和经济性问题也将直接影响项目的立项和成败。这些问题也对预算与资金计划的编制提出了更高的要求。

由于工程项目不同于一般项目，直接关乎人民群众的生命和财产安全，因此受更多的法律条款限制，例如《中华人民共和国建筑法》《中华人民共和国招标投标法》等。

工程项目也受到更多的环境条件的限制。例如，在自然环境方面，水文地质条件、气候状况等对工程项目的施工的影响较大。

（二）项目管理与工程项目管理

1.项目管理

《项目管理知识体系指南（PMBOK）》将项目管理定义为："项目管理就是将知识、技能、工具与技术应用于项目活动，以满足项目的要求。"项目管理通过合理运用与整合启动、规划、执行、监控、收尾五大项目管理过程组得以实现。

《中国项目管理知识体系（C-PMBOK）》将项目管理定义为："项目管理是一种基于系统思想与权变理念、面对对象的组织管理方法论。它包括以目标为导向的临时性组织系统管理方法和以项目为导向的长期性组织管理方法体系。"

项目管理是根据项目本身特点产生的管理方式，所以项目管理的对象自然是项目。运用系统的理论和方法，项目经理和项目管理组织发挥其计划、组织、指挥、协调、控制和监督的职能，以实现项目目标，使项目相关方的要求得到满足。项目管理的组织具有临时性和柔性的特点，随着项目的产生而组建，随着项目的结束而终结，并且在项目生命周期的各阶段中，针对各阶段的具体特点和需求进行调整，以保障组织高效运行。

2.工程项目管理

工程项目管理则是以工程项目为对象，在有限的资源条件和既定约束下，根据工程项目的内在规律，对工程项目的全过程进行计划、组织、指挥、协调、控制和监督，确保工程项目可以满足其费用、功能、质量、进度目标。

在既定的约束条件下，为最优地实现工程项目目标，根据工程项目的内在规律，对从项目构思、设计到项目完成（指项目竣工并交付使用）的全过程进行计划、组织、协调和控制，以确保该工程项目在允许的费用和要求的功能、质量标准下按期完成。其主要任务有：投资控制、进度控制、质量控制、合同管理、职业健康与安全管理、信息管理、风险管理。

（三）项目群管理和项目组合管理

随着项目规模的扩大，项目管理体系又引入了项目群和项目组合管理的概念，从定义中可以看出两者的区别。

项目群管理是指为了实现某个战略目标或利益对一组相互关联协调的项目集合进行统一的协调管理，来获得分别管理单个项目所无法实现的利益。项目群管理可能会包含项目群中单个项目范围之外的工作。项目群管理中需要共享组织的各类资源,进行项目之间的资源调配。项目群管理不直接参与每个项目的日常工作,而是注重实施整体的规划、控制和协调,集中应用知识、技能、工具和技术来满足项目群的要求并获得各项目单独管理所无法实现的利益和控制。

项目群管理注重组织层次的变化,体现组织的战略目标。项目之间有共同的目标,其内涵已超出共有资源的管理。如果项目之间的联系仅限于共享供应商、技术或资源,那么这些项目应当作为一个项目组合而不是项目群来管理。

项目组合是指为了实现战略目标而对一个或多个项目、项目群等进行组合,集中管理,包括对项目和项目群等的识别、优先排序、管理和控制等活动。项目组合管理的关注重点是通过审查项目和项目群,来确定资源分配的优先顺序,确保组合管理与组织战略目标相统一,实现组织的收益最大化。

项目组合管理的覆盖范围比项目群管理更加广泛,而且项目组合中的项目或项目集不一定彼此依赖或直接相关。一家集团公司,其业务范围包括桥梁建造、房地产开发、水泥生产、医药制造等多个领域。其中,所有的房地产开发业务可以进行"项目组合管理","项目群管理"则适合某个特定的大型综合住宅小区的开发业务。

二、工程项目全生命周期

设计使用年限指的是,只需要进行正常的维护,不需进行大修加固就能按预期目的使用,完成预定的功能的年限长度,即房屋建筑在正常设计施工、正常使用和维护下所应达到的使用年限。我国《民用建筑设计统一标准(GB 50352—2019)》中规定民用建筑的设计使用年限应满足:临时性建筑,设计使用年限为 5 年;易于替换的结构构件的建筑,设计使用年限为 25 年;普通房屋和构筑物,设计使用年限为 50 年;纪念性建筑和特别重要的建筑结构,设计使用年限为 100 年。若建设单位提出更高的要求,也可以按照建设单位的要求确定其设计使用年限。

工程项目的实际使用寿命,是指工程项目实际被使用的时间,是由工程项目能否满足实际使用功能或价值要求定义的。建筑的质量问题、使用过程中的物理损耗、技术的革新和进步、城市规划、拆迁等都会导致建筑物的使用年限低于建筑物的设计使用年限。

近年来,在我国,由于建筑质量问题和大量老城区的重新规划、大规模搬迁,建筑平均寿命短,造成了资源浪费、环境污染和社会不安定问题,对建筑业的发展带来了一定的阻碍。

1.工程项目全生命周期的划分

工程项目的全生命周期是指从工程项目的前期策划,到设计、施工、运营、维护,再到最后报废的全过程。由于项目的性质(政府投资、私人投资、政府和社会资本合作、社会资本之间的合作、外资、中外合资等)、规模大小、管理和控制需要等,工程项目的全生命周期的划分可能存在一定的差别,但通常来说,一个工程项目可以分为概念阶段、开发阶段、实施阶段和结束阶段四个阶段。各阶段的工作内容、相关方、阶段成果、管理工作都各有不同,将一个建设项目进行阶段性划分,便于进行项目管理,实现项目目标。

(1)概念阶段

概念阶段又称为前期策划阶段,从项目构思开始到项目批准立项为止。在这个阶段中,首先是对于市场的需求和期望进行分析,进行项目构思等工作。之后,项目发起方提出项目建议书,在其中对项目的相关环境条件、项目目标、项目方案等做出说明和细化。项目建议书获得批准后,项目发起方对项目的总目标和总体实施方案进行全面的技术经济和社会效益方面的论证,进行可行性分析,提出可行的备选方案,并对其进行分析、评价和选择。这一阶段的主要任务是完成项目可行性研究报告,做出项目决策。

各种行政许可得到批准后,项目正式立项。

（2）开发阶段

项目的开发阶段是从项目的批准立项到项目施工开始前,这一阶段的主要任务是对项目进行计划和设计。首先,要进行项目计划书的编制,包括范围计划、工期计划、质量计划、成本计划、集成计划等。同时对工程项目所在地的水文地质以及道路情况进行勘察,对现场进行测量,为下一步的设计和施工提供资料。工程项目的设计则是对具体项目各阶段的技术、质量、经济等方面进行全面的设计和界定,通常还可以细分为初步设计、技术设计和施工图设计。进行工程招标,完成各项审批手续。

（3）实施阶段

项目的实施阶段主要是指工程建设项目的整个施工阶段,从项目开工到工程竣工验收通过为止。在这一阶段中,涉及众多项目相关方,相关方不仅要按照规定和计划完成各自的项目任务,各方的沟通合作也十分重要。实施阶段项目经理应当全面掌控项目的进展情况,指导和协调各相关方,做好管理和控制工作,即进度控制、质量控制、投资控制、合同管理、职业健康与安全管理、环境保护管理、风险管理、信息管理等工作,直至项目完成施工工作。

（4）结束阶段

项目按设计文件规定的内容全部施工完成后,将进行竣工验收工作,包括竣工结算、竣工资料整理总结、资料存档等,验收通过后交付和运营,部分项目需要进行试运行或试生产。项目投入使用后,相关方还需要根据合同等要求承担项目的维修和进一步完善等工作。通常,还会对完成项目进行项目的后评价,对项目目标的实现,运营的效益、作用和影响等进行系统的总结分析和评价,积累经验。

工程项目运营结束后,对报废部分进行拆除,回收可以二次利用的构件,其他部分报废处理。

2.工程项目全生命周期管理

在传统的工程项目管理中,管理者往往忽略了项目前期策划、建设施工过程和运营各个阶段的内在联系,造成了各阶段管理不连续,工程项目组织体系中容易出现"责任盲区",总体目标的实现大打折扣。项目的相关方往往只注重局部利益,而忽略了工程项目全生命周期的目标和准则。

一个工程建设项目,只有在正式投入运营后,才能发挥它的作用和价值。通常,运营阶段的时间远比实施阶段长,可能会带来较大的资源消耗和环境污染问题。虽然运营阶段工程建设项目的安全性、稳定性和运营能力是由工程建设实施阶段决定的,但是只有到了运营阶段才能反映出更多的建设阶段的问题,此时补救,代价往往更大。加之现代社会对工程项目有更高的节能减排和可持续发展的目标,要求对项目进行全生命周期的监管,以及随着现代工程项目新的融资模式、承发包制和管理模式等的出现,全生命周期管理的概念渐渐被管理者重视起来。

工程项目全生命周期管理,是以建设项目的全生命周期为对象的管理过程。从项目的概念阶段到项目的结束阶段,都要立足于工程项目的全生命周期,以工程项目全生命周期的整体最优作为管理目标,展开控制和管理的工作,最大限度地实现项目各方面目标,在保证项目质量、安全和环保等要求的情况下,尽可能地降低成本、提高施工速度。

三、工程项目的主要相关方

项目相关方,又称为项目的利益相关者,是在项目的全过程中有某种利害关系的人或组织,他们会对项目的目标和可交付成果产生影响。工程项目的主要相关方通常包括投资者、业主、项目管理单位、监理单位、设计单位、承包商、供应商、运营单位、政府和用户。

1.投资者

投资者是通过直接投资、发放贷款、认购股票等多种方式,为项目提供资金支持的个人或集体,承担项目的投资风险,也行使相关的管理权力。由于现代融资方式多样化,资本结构多元化,项目的投资者可能是企业、金融机构、政府或者个人。例如:

一条新建的高速公路的投资者是政府。

一栋某企业新建的办公大楼的投资者是该企业。

通过 BOT 模式建设的自来水厂,参与融资的银行、企业和设备供应商都是该项目的投资者。

投资者的管理重点在于项目启动阶段和运营阶段,但投资方参与项目全生命周期的监督和管理,参与项目重大问题的决策。

2.业主

业主,又称为建设单位,是由一个或几个投资者依法组成的具有法人性质的机构。

相对于工程项目的具体建设和实施单位,业主通常也是项目的所有者,在项目的全过程起主导作用。一些小型项目可能只有单一投资者,项目的业主同时也是项目的投资者。一些大型项目可能有多个投资者,业主可能是投资者或项目所属单位成立的专门组织,负责整个项目的管理工作。业主的主要目标是实现项目全生命周期的综合效益。业主不仅代表和反映投资者的利益和期望,同时还应平衡好其他各相关方的利益。

3.项目管理单位

现代工程项目中,业主有时会将具体的项目管理工作委托给项目管理公司。特定的项目管理公司按照合同约定,对工程项目的组织实施进行全过程或若干阶段的管理,协调各相关方之间的关系,并且按照合同约定承担一定的管理风险和经济责任。

4.监理单位

1988 年,建设工程监理制度在我国开始试点。1998 年施行的《中华人民共和国建筑法》相关规定使得工程监理制度开始在我国全面推行。我国的建设工程监理属于国际上业主方项目管理的范畴。

工程监理单位是指依法成立并取得建设主管部门颁发的工程监理企业资质证书,从事建设工程监理与相关服务活动的组织,具有法人资格。监理单位不能与诸如承包商、材料设备供应商等有隶属关系或者其他利害关系。监理单位应当独立、公正地完成建设单位的委托,开展监理工作。

业主会与监理单位签订委托合同,明确监理范围、双方权利与义务等。甲方可以委托某个特定监理单位对项目进行监理,也可以委托多个监理公司对项目不同阶段进行监理。

监理单位的工作不同于行政主管部门和项目管理单位对项目的监督管理。监理单位的工作主要是在施工阶段进行,根据法律法规、规章规范、工程建设标准、勘察设计文件以及与建设单位签订的合同开展监理工作,包括技术、经济、合同、组织和组织间协调等方面的工作,以及履行建设工程安全生产管理法定职责。

5.设计单位

设计单位经设计招标或委托合同进入项目,进行相关设计工作。其主要工作除了前期根据建设意图、相关法律法规要求和建设条件进行初步设计、技术设计和施工图设计等设计阶段的工作外,还包括施工阶段向承包商进行技术交底并答疑,必要时进行设计修正,解决施工过程中的设计问题,并参与隐蔽工程验收、竣工验收以及与设计工作相关的安全、费用、质量、进度控制或管理等工作。

6.承包商

承包商也称为施工单位,通过投标竞争取得工程项目承包资格,其主要工作集中在项目的实施阶段。根据承包合同的约定,通过制定合理的施工方案,组织人力、物力、财力完成项目的建设工程、安装工程等施工任务。工程项目交付使用后,承包商还应履行其合同规定的工程维护保修义务。

我国对工程项目的监理单位、总承包、专业承包和设计单位实行资质管理制度,针对不同资质等级的单位,对其规定了不同的业务范围。例如,根据《建筑业企业资质新标准(2015版)》,建筑工程施工总承包资质分为特级、一级、二级、三级。不同的资质等级对企业资产、企业主要人员、企业工程业绩有不同的要求标准。对于不同资质等级的建筑工程施工总承包工程范围,要求如下:

一级资质单位可承担单项合同额 3 000 万元以上的下列建筑工程的施工:

(1)高度 200 m 以下的工业、民用建筑工程;

(2)高度 240 m 以下的构筑物工程。

二级资质单位可承担下列建筑工程的施工:

(1)高度 100 m 以下的工业、民用建筑工程;

(2)高度 120 m 以下的构筑物工程;

(3)建筑面积 4 万 m² 以下的单体工业、民用建筑工程;

(4)单跨跨度 39 m 以下的建筑工程。

三级资质单位可承担下列建筑工程的施工:

(1)高度 50 m 以下的工业、民用建筑工程;

(2)高度 70 m 以下的构筑物工程;

(3)建筑面积 1.2 万 m² 以下的单体工业、民用建筑工程;

(4)单跨跨度 27 m 以下的建筑工程。

7.供应商

供应商通过投标或者与甲方的谈判获得建筑材料、工程设备、构配件等的供应权,为项目提供可靠的材料和设备。业主需要采取必要的供应商管理措施来保证货源供应和供货质量，以保障长期内材料成本的降低。

8.运营单位

项目建成交付后，一般由投资方自行组建或者委托运营单位对项目的运营进行管理，确保工程项目达到预计的产品生产能力或服务能力以及产品或服务质量要求，直到合同结束或者项目终结。在此期间，运营单位通过运营管理为投资方回收投资，获得预期收益。例如，地铁项目建成投产后，运营单位对其运营进行管理，最大限度地降低运营风险和运营成本，通过售卖地铁票以及地铁站相关店面等的租金、物业费、广告收入等获得稳定收益。

9.政府

政府的主要职能是建立和完善相关法规，并监督法规的执行情况。政府相关部门对项目进行审批(例如工程项目建议书、可行性研究报告、施工图设计文件等)和监督管理(例如对大型项目招投标过程进行监督、对工程项目的安全和质量进行监督等)，对相关从业技术人员实行执业资格制度，对相关从业单位进行资质等级认定和从业范围管理。政府更加关注整个项目的社会效益，在项目的开展过程中，政府的目的是保证投资方向符合国家产业政策的要求，保证项目符合国家经济和社会发展规划和环境生态要求，通过工程项目促进地区经济繁荣，改善城市形象，推动社会的可持续发展。

在一些公共基础设施建设项目中，政府也可能作为其他角色在项目中出现，例如投资者、业主等。

10.用户

用户是最终享受到工程项目运行带来的产品或服务的人或单位。例如，房地产开发项目的房屋购买者、使用电厂建设项目输出的电能的用户。一个项目的用户也可能是项目的投资者。例如，一个公司投资建设新的办公大楼，项目的投资者和用户都是该公司。

工程建设项目的产品或服务要满足项目用户的需求，项目最终用户的需求决定了市场需求和项目存在的价值，项目的功能设计、产品或服务的定价等要从用户的角度出发，使用户满意。

一个工程项目的成功实施，需要各相关方的共同努力。各相关方作为项目的参与者，他们有各自不同的目标，项目的总目标应当最大限度地包容各相关方的目标，在项目实施的全过程中解决相关方需求与总目标之间的矛盾，实现各方利益的平衡，使各相关方满意，这样有利于相关方之间团结协作，确保项目的整体利益和项目的顺利进行。

第二节 ● 工程项目管理体系

一、工程项目管理的目标与主要任务

（一）工程项目管理的目标

工程项目管理的目标是通过科学的管理策略和手段，确保工程项目按计划、有秩序地完成预期目标(包括项目时间、费用、质量和安全等目标),满足预期的功能要求,与自然环境相协调,使项目能够最大限度地可持续发展,使得各相关方都满意。

(二)工程项目管理的主要任务

在工程项目的全生命周期中,项目管理的主要任务有:进度控制、费用控制、质量控制、合同管理、职业健康与安全管理、环境保护管理与文明施工、风险管理和信息管理。

1.进度控制

现代项目管理中的进度指的是工程项目实施的进展情况,是一个综合的指标,它将工程项目的工期、费用、资源消耗等有机地结合起来,全面地反映项目的实施情况。在项目前期应当确定工期目标,制定项目进度控制方案,实施过程中定期对进度完成情况进行分析,评定偏差,分析原因,采取措施纠正或调整进度。要重点关注关键路径上的关键工作以确保总计划的实施与完成,合理调整资源配置,合理安排资金、工时、材料的投入,寻求项目实施的综合效益最大化。

2.费用控制

费用控制和管理是项目管理中最重要的工作之一。费用控制是指通过相关控制手段和方法,在工程建设的各个阶段,对工程项目费用进行预测、计划、执行、监督和跟踪诊断,以获得最佳经济效益。项目实施的过程中,要根据费用计划认真落实各组织层次的责任成本,关注整个过程中的费用情况,当出现偏差超过规定限度时,要及时分析原因并采取相应措施。

费用管理计划、进度报告、工程变更等是费用管理的主要依据。

3.质量控制

工程项目的质量问题关乎用户的生命财产安全,质量控制应当受到高度重视,其主要任务是确保项目质量可以满足质量要求(如可靠性、准确性和安全性)。项目管理人员应当对项目质量进行严格的控制和管理,对项目人员的资质和条件、材料设备的质量控制,到项目的决策、方案和施工环境等多方面进行严格把控,对关键工序、隐蔽工程、薄弱环节等进行重点控制,保证项目质量。

项目的质量控制并不等于追求过高的质量和最完美的工程成果,而是符合既定目标和合同要求的工程项目。项目的综合效益最大化是项目的终极目标,片面地追求过高的项目质量,可能会对项目的费用和进度目标造成损害,从而影响项目的综合效益。在符合项目功能、进度和费用要求的情况下,避免由质量问题带来的事故和损失,尽可能地追求更高的质量。

4.合同管理

工程项目是一个复杂的系统,参建各方因各种合同关系组合在项目中,按照合同约定履行应尽的义务,行使相应的权利。整个工程项目实际上就是一系列的合同的订立和履行的动态过程。合同具有法律效力,受法律保护。工程项目中的合同详细地定义了与项目相关的各种问题,例如相关任务的责任人、工程项目的质量、工期、价格等具体要求。合同是解决项目实施过程中组织间争执的依据。

工程项目合同管理的内容主要包括合同订立过程中的相关程序、内容和文件的管理以及合同执行过程中合同的变更、索赔的管理。

5.职业健康与安全管理

建设工程项目主要是露天作业,受自然、气候条件影响较大,而且存在一定的危险性。职业健康与安全管理就是在工程项目实施过程中,保障安全生产的所有管理活动,其目的是保护相关工作人员的健康与安全,确保项目顺利进行。其主要任务有:规划安全目标、制订安全计划和实施安全控制。通过安全教育、安全技术交底和安全检查等方法,落实安全并提高劳动者的安全意识及消除隐患。

职业健康与安全管理可以改善工作人员的作业条件,预防和减少伤害事故,保障其身心健康,体现了项目管理"以人为本"的管理理念,有利于提高劳动效率,提高工程施工和管理队伍的整体素质。

6.环境保护管理与文明施工

建设工程项目作业不仅会消耗大量的资源,还会造成粉尘、废水、废气、固体废弃物以及噪声等污染。保护环境是项目参与者应尽的责任与义务。环境保护管理的目的是节约能源,降低污染及其危害,保护生态环境,促进可持续发展。同时环境保护管理也是劳动者、使用者和项目周边居民的身体健康的保障,改善施工环境,与自然环境相协调,有利于消除项目对周边的干扰,是项目顺利进行的必备条件。

文明施工是实现现代化施工高效率、低能耗、安全、清洁的客观要求,也是企业形象的展现。法律法规和标准规范对工程项目的文明施工有具体要求。项目经理应当全面周到地落实现场文明检查,进行考核及奖惩管理,及时发现问题,相关单位要积极配合并采取相应整改措施,共同推进文明施工管理工作。

7.风险管理

工程项目风险是工程项目实施过程中不确定因素的集合。工程项目周期较长,投资大,相关方较多,受外界环境影响较大,这在一定程度上导致工程项目风险普遍存在,它可能造成进度滞后、费用增加,甚至项目失败等严重后果。风险管理的工作主要包括:风险识别、风险分析、风险管理计划编制、项目实施过程中的风险监测与控制。风险的事前识别、分析和预防十分重要,在现代项目管理中,强调全过程的风险管理,因此在项目初期就应当开始风险的识别工作,预测重大风险,提出预防及应对措施。随着项目的可行性研究、计划设计工作的逐渐开展,风险分析、防范措施以及实施方案也应当一步步细化。

8.信息管理

工程项目包含大量信息,从前期的项目建议书、可行性研究报告、合同、设计计划到实施过程中的进度、质量、资源消耗等,每时每刻都产生着大量信息。这些信息经过收集、交换、传递、加工处理等为项目所用,发挥其价值。信息的交流传递对整个项目影响重大,只有信息的高效科学传递、应用,才能保障整个项目管理系统的顺畅运行。若信息泛滥、失真、沟通交流不畅,可能会导致费用增加、工程实施错误等情况的出现,严重影响项目进程。现代工程项目管理中管理方法的演进催生了大量用来辅助项目控制和管理的计算机项目管理软件,极大地方便了项目的管理,尤其是信息管理。

二、工程项目管理的作用及重要性

工程项目是现代社会最为普遍的项目类型,从房屋建筑、工业工程项目建设到大型基础设施建设等,都呈现出规模较大、投资高以及复杂程度较高等特点,并具有一定的难度。而且,不论是诸如南水北调、三峡水电站等国家重点大型项目,还是学校、工厂的建设,都直接关系到人们的生活和社会的进步。工程项目的建设成果也是一个国家或地区综合实力的展现,在社会和经济发展中发挥着重要作用,尤其是对于像中国这样正处于迅速发展阶段的发展中国家。由于我国幅员辽阔,人口众多,对工程项目需求量大,工程项目的建设能够促进国民经济的发展、地区繁荣,提高人们的生活水平。

项目管理的准确性和科学性对建设项目具有极大的影响。工程项目的成功很大程度上取决于有效的工程项目管理。如果项目没有科学系统的规划,可能导致其不能发挥应有的作用,实现预期的价值;如果工程项目没有切实可行的完善的管理方法、手段和措施,工程项目进度、费用、质量等目标的实现可能大打折扣,还将会导致资源浪费、质量和安全等问题的出现;如果工程项目的质量得不到保证,不仅会使国家的经济蒙受重大损失,甚至还会危及人们的生命安全。工程项目管理贯穿工程项目的全生命周期,从项目的构思、决策、设计、采购、施工到最终交付投入使用,整个过程都需要良好的管理来保证项目的总目标可以在预定的投资和工期范围内得以实现。此外,工程项目对环境影响较大,恰当的管理手段和措施可以降低施工及运营阶段的资源消耗和对周边环境的破坏,使工程建设项目与自然环境相协调,实现可持续发展。

对于建设单位来说,项目管理水平直接关乎企业的发展,成功的项目将会成为企业的一个宣传窗口。通过科学的管理方法,满足工程管理的需求,获得高质量的工程成果,从而增强企业的市场竞争力,创造更大的经济效益。

通过项目管理,我们可以确立项目的目标,协调不同目标的关系,制订出详细的计划并确定各项工程活动之间的逻辑关系以及时间、费用、技术安排。工程项目一般涉及众多的相关方、生产要素以及多变的环境,工程项目管理则需要在其中解决冲突、排除障碍。项目管理对项目的各项活动的执行进行指挥和监督,对资源进行有效的管理和控制,协调各项活动的进行。在实施过程中,不断收集、整合、处理信息,进行偏差分析,使项目能够有秩序、按计划完成。项目管理在成本控制、质量控制、进度控制、安全管理等方面作用巨大。

面对竞争激烈的市场环境,要想获得更大的社会、经济效益,就要重视工程项目管理,在实践中探究更加科学的管理方法和模式,加强管理理念和技术方面的创新研究,不断提高管理人员的专业素养,积极实施信息化管理方法,促进建筑企业真正实现可持续发展。

在现代管理中,项目管理不再仅仅用于工程项目等具体的项目,许多企业将各项活动当作项目来对待,通过项目管理的方法来实行管理。项目化的管理方法逐渐被越来越多的企业和行业采纳,对社会和经济的发展起着重要的作用。

第三节 ◉ 工程项目管理模式

一、工程项目承发包模式

传统的工程项目承发包模式是业主直接进行招标发包工作,业主将咨询、设计、施工、监理、设备供应等工作,通过招标的方式分别交由不同的承包商来完成。业主与各承包商签订合同,承包商之间没有合同关系,共同对业主负责,如图 1-1 所示。

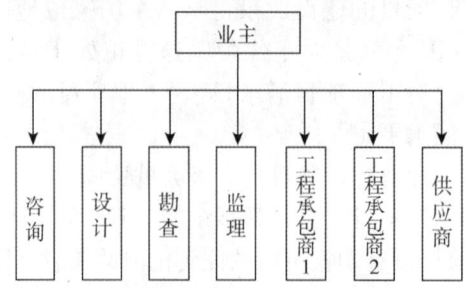

图 1-1 分阶段分专业平行承包模式

通过这种模式,业主可以根据需要选择最适合的承包商,直接对各个关键点进行直接管理和监督。但是,这种模式对业主的要求也比较高。在这种模式下,业主的管理工作量巨大。由于需要进行多次招标,业主的前期计划和设计工作需要更加细致准确,需要较长的时间来完成招标工作。在这种模式下,各承包商之间的统筹和协调工作也需要业主来完成,例如,由于设计和施工单位之间相互分离,它们之间的相互沟通和协调工作需要业主来牵头完成。因此,这种模式要求业主具有较强的项目管理能力。在一些大型项目中,业主直接进行管理的单位众多,管理跨度大,管理和协调难度大,可能会出现总投资增加或者工期延长等情况。

1.设计-招标-建造模式

设计-招标-建造(Design-Bid-Build,DBB)模式,是由业主委托建筑师或咨询工程师进行前期的可行性研究等各项有关工作,项目评估立项之后再进行设计工作,在完成设计工作以及施工招标文件的准备工作,随后协助业主,进行招标,选择施工承包商,如图 1-2 所示。业主和承包商订立工程施工合同,有关工程的分包和设备、材料的采购工作,由承包商与分包商和供应商单独订立合同并组织实施。实施过程中,业主一般会指派业主代表与咨询单位和承包商进行沟通联系,负责有关的项目管理工作。建筑师或咨询工程师被业主授予权利的时候会进行项目管理工作,但是这时,因为建筑师或咨询工程师和承包商之间没有合同关系,所以建筑师和咨询工程师只承担业主委托的管理和协调工作。业主代表、承包商、监理单位共同对项目进行控制与管理。

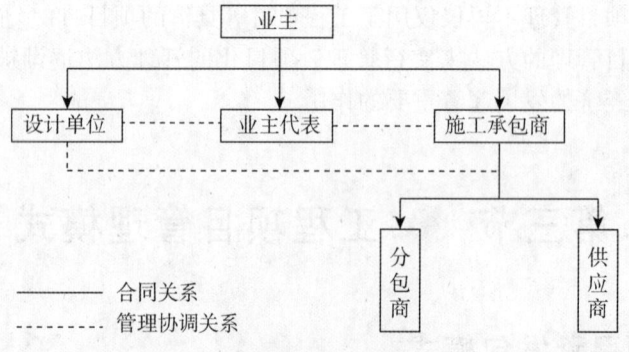

图 1-2 DBB 模式

DBB 模式应用广泛,较为成熟。业主直接委托咨询单位进行前期工作,便于对项目设计的控制。工程项目按顺序依次进行,一个阶段结束,下一个阶段才会开始,一方面可以带来一定的好处,例如在招投标之前,设计图纸已经完成,便于业主对项目的费用、进度等进行整体把控;但另一方面也导致项目的周期较长,项目管理费用增加,承包单位无法参与前期设计阶段的工作,承包单位和设计单位之间沟通不到位,工程设计可能出现可施工性差的问题,设计和施工更容易出现分歧和争端,变更时容易引起较多的索赔,当出现重大的工程变更时会导致施工效率降低,施工进度受影响,使业主的利益受到损害。

2.设计总承包与施工总承包

业主通过招标的方式将工程项目委托给主要的几个承包商。

业主选择一家设计单位承包整个项目的所有设计工作,设计总承包单位可以独自完成全部的设计工作,也可以将部分设计工作进行分包,与分包单位共同完成设计任务。

业主通过招标选择一家独立的施工单位或者一个施工联合体来承包项目的施工工作。与设计总承包相同,施工总承包单位可以将部分工作进行分包,也可以独立完成所有工作。

相较于分专业的承包方式,这样将施工任务统一由施工总承包单位进行管理,简化了各专业间的沟通协调工作,减轻了业主的管理压力,有利于项目最终目标的实现和优化。

3.设计-施工模式

设计-施工(Design-Build,DB)模式,即设计施工总承包模式。业主根据项目需求选择设计-施工承包商(DB承包商),由承包商完成设计和施工的工作,对设计施工全过程的进度、费用、质量等负责。根据发包时的发包的工作内容、起点时间不同,DB模式又可以进一步细分为方案设计-施工模式、初步设计-施工模式、施工图设计-施工模式等。

DB模式一定程度上解决了DBB模式的不足,DB模式中设计和施工可以更早地结合沟通,有利于发挥设计和施工双方的优势,缩短建设周期,解决设计施工可行性差的问题,提高建设项目的经济效益,还能减轻业主的管理负担,降低业主的风险,承包商对项目质量等所承担的风险相对更大。

DB模式适合难度较低的建设项目,例如住宅建筑、市政道路等,要求承包商有较强的综合实力。DB模式不适合不确定因素多、风险大、难度高、较为复杂的项目。

4.设计-管理模式

设计-管理(Design-Manage,DM)模式,业主与承包方签订设计加管理的合同,由承包方完成项目的设计和管理工作。此类承包方通常是设计单位和工程管理单位的联合体。

在DM模式下,又分为两种形式。

一种是业主与设计-管理单位签订咨询合同,与施工单位、供应商等签订承包合同。

一种是业主与设计-管理单位签订承包合同,之后设计-管理单位再与施工单位、供应商等签订承包合同。

除此之外,根据项目的性质和业主的需求,还有将设计和采购组合发包,即设计-采购(Engineering-Procurement,EP)模式;采购与施工组合发包,即采购-施工(Procurement-Construction,PC)模式等。

二、建筑-管理模式

建筑-管理(Construction-Management,CM)模式是由业主委托CM单位,以一个承包商的身份,采取有条件的快速路径法,即 Fast-Track 的生产组织方式,对工程项目进行管理,包括前期的设计等问题的咨询工作,在施工过程中对施工活动进行管理和控制,对施工单位进行协调等工作。

Fast-Track 快速路径法,简单来说,就是"边设计,边施工",将设计工作分成若干阶段,每阶段设计工作完成之后,就对相应的工作进行招标,将这部分工作发包给一个承包商。这样的方式可以有效地缩短工期,便于协调设计和施工的矛盾,提高工程设计的"可施工性",一定程度上可以减少施工阶段的设计变更。但是,由于边设计边施工的特点,业主在工程招标时对项目的设计不可能完全了解,对项目的工程造价不能完全掌握,CM 单位很难对工程的费用和质量等做出保证,存在一定的风险。

CM 模式适用于项目周期长、复杂程度高、工期要求紧、投资高、规模大的项目。

根据管理方式和合同内容的不同,CM 模式又可以分为两种类型:一种是代理型 CM 模式(CM/Agency),一种是非代理型 CM 模式(CM/Non-Agency)。

在代理型 CM 模式下,CM 单位作为咨询单位,提供咨询服务,是业主的代理和咨询。CM单位可以为某一阶段提供服务,也可以为项目的全过程提供服务。业主与设计单位、施工单位、供应商签订施工合同,CM 单位与承包单位之间是管理协调关系,如图 1-3 所示。

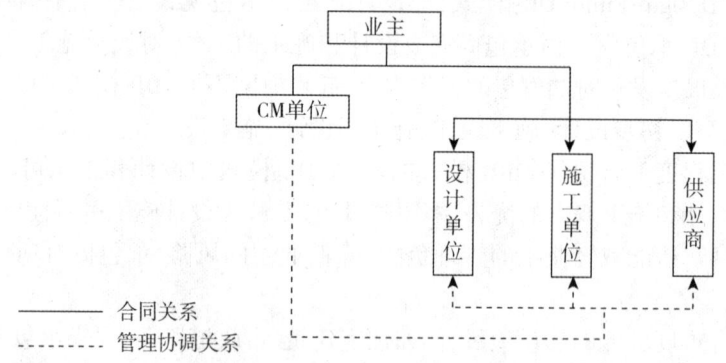

图 1-3　代理型 CM 模式

在非代理型 CM 模式下,CM 单位相当于施工总包,由 CM 单位与其他专业承包商签订施工合同。由于这种模式不利于业主的费用管理,业主有时会要求 CM 承包商提出保证最大工程费用(Guaranteed Maximum Price,GMP),超出部分将由 CM 承包商承担,CM 承包商按 GMP的限制进行计划和组织施工,对施工阶段的工作承担经济责任,虽有利于业主对投资进行控制,但也增大了 CM 承包商所承担的风险,如图 1-4 所示。

三、项目管理服务与项目管理承包模式

由于工程项目的不断发展,规模不断扩大,工艺愈加复杂,技术更加多元化,业主方自身的项目管理水平和融资能力有限,经验不足,种种问题促进了项目管理服务与项目管理承包模式的产生和发展。

项目管理服务(Project Management,PM)是指业主与项目管理公司或者咨询公司签订合同,由它们代表业主进行项目管理工作。这种方式的管理范围灵活,可以是对从项目策划阶段开始至项目结束的各个阶段提供项目管理服务,也可以是某个专项或者项目某个阶段的咨询

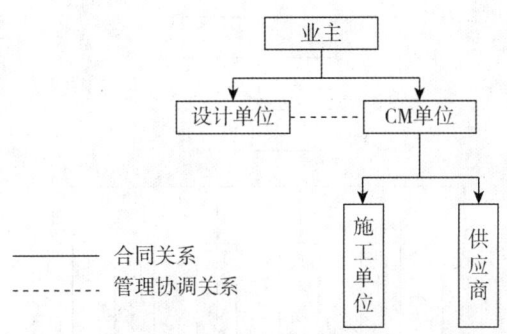

图 1-4　非代理型 CM 模式

服务。例如,我国的工程项目的监理工作,就主要负责施工阶段的监督管理工作。按照合同约定承担相应的管理责任,获得一定的报酬。PM 单位代表业主行使项目管理职能,为业主提供管理咨询服务。PM 模式适用范围较广,既可以应用于大型复杂项目,也可以应用于中小型项目,还可以应用在 DB 模式、DBB 模式之下。

　　项目管理承包(Project Management Contract,PMC)是 PM 模式的延伸和发展。在这种模式下,业主选择一个项目管理承包商,由这个项目管理承包商代表业主对项目进行全过程、全方位的项目管理工作。由专业的项目管理机构进行项目策划,编制项目建议书,进行可行性分析,编写可行性研究报告,在工程实施阶段,帮助业主完成招标代理、设计管理、采购管理、施工管理、竣工验收、试运行等工作,代表业主对工程项目进行质量、进度、费用、安全、合同、信息等全面管理和控制。业主方面仅需要保留很小部分的基建管理力量对一些关键问题进行决策,而绝大部分的项目管理工作都由项目管理承包商来承担,由承包商负责项目的各项管理工作,保证项目的成功实施,达到项目寿命期技术和经济指标的最优化。与 PM 模式不同的是,在 PMC 模式中,PMC 单位是一个承包商,而 PM 单位只提供项目管理服务,并不承包工程项目。因此,PMC 单位作为承包商,对工程项目承担着比 PM 单位更大的责任和风险。另外,PMC 项目管理承包商还可以负责完成合同约定的工程项目初步设计工作,当然,这要求 PMC 项目管理承包商具有相应的工程设计资质。PMC 模式适用于规模大、投资高、工艺复杂的项目;适用于融资结构复杂的项目;适用于业主方由多家单位组成或者对工程项目不熟悉的项目。

　　在 PM 模式与 PMC 模式下,专业化的项目管理公司可以提供更加科学有效的项目管理服务,提高了项目管理水平,减轻了业主的项目管理工作量,有利于更好地实现项目的目标。在 PMC 模式下,全过程的专业化项目管理承包使得项目管理更加系统化、科学化,大规模节约项目投资,在规模大技术复杂的项目中,科学的项目管理的优势愈加明显。

四、设计–采购–施工模式

　　设计–采购–施工(Engineering-Procurement-Construction, EPC)模式的运作方式是业主选择一个承包商,承担工程项目包括勘查、设计、设备材料采购、施工、试运行以及项目管理等全部的工作,如图 1-5 所示。在这种模式下,Engineering 不同于 Design,不单单包含设计工作,EPC 模式的承包范围与 DB 模式相比,进一步向工程建设前期延伸,承包商需要根据合同和业主的要求完成相关的前期策划、方案选择、可行性研究等工作。

　　在这种模式下,承包商按照承包合同规定的总价或可调总价对工程项目的进度、费用、质

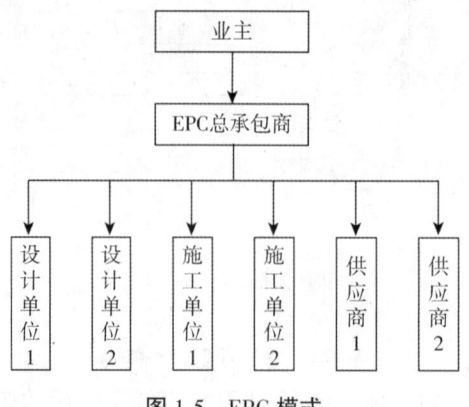

图 1-5　EPC 模式

量、安全进行管理和控制，并按合同约定完成工程，对项目全面负责。EPC 总承包商可以自行完成一部分，将部分工程内容进行进一步分包。

在 EPC 模式下，业主只需要进行一次招标，降低了招标费用，而且通过全包大大减少了自身的管理工作，只需要直接管理一个承包商。业主的工作主要是提出工程项目的功能要求、材料标准、设计要求等的总体要求，选择一个适合的总承包商，对分包商进行审批，进行宏观控制监督和成果验收工作，而对于工程实施过程中的具体工作和项目管理工作并不干涉。有时，业主还会将审查、审批、验收等宏观管理工作委托给咨询公司来完成。

EPC 总承包商一般都是自身具备雄厚设计实力的工程公司、咨询公司或者是两者的联合体，它在项目实施中处于核心位置。对于 EPC 承包商来说，它们对项目实施负责，所承担的风险更大。但 EPC 模式在向总承包商转移风险的同时，也给了承包商创造价值和获取利润的机会，承包商利用自身成熟的专业化优势，化解工程实施风险，提高项目效益。

总体来说，EPC 模式的主要优点在于：合同关系简单，组织协调工作量小，项目责任主体主题明确，有效克服设计、采购、施工相互制约和相互脱节的矛盾，有利于实现设计、采购、施工各阶段的合理交叉与融合，一定程度上提高效率，减少工程变更，缩短工期，有效地控制建设项目的进度、成本和质量，使之符合建设工程承包合同约定，确保获得较好的投资效益。其缺点主要在于：由于 EPC 模式对总承包商的要求较高，承包商的选择至关重要，一旦承包商出现管理或财务问题，项目将会受到巨大的影响。这就要求业主在招标过程中选择一个资信良好、综合实力强的承包商。同时，由于 EPC 承包商责任大，风险高，承包商在承接总包工程项目时会考虑管理投入成本、利润和风险等因素，所以 EPC 总包合同的工程造价水平一般会更高一些。另外，在 EPC 模式下，业主对施工过程控制参与程度低，控制力度较小。

根据不同的业主要求和项目特点，EPC 模式还可以进一步衍生出 EPCM（Engineering Procurement Construction Management）模式、EPCS（Engineering Procurement Construction Supervision）模式等。

五、政府与社会资本合作模式

政府与社会资本合作（Public-Private-Partnership，PPP）模式是指政府与私营企业签订特许协议，建立合作伙伴关系，实现利益共享，风险共担。在这种模式下，一般由政府和私营企业签订特许协议,成立特殊目的机构(Special Purpose Vehicle,SPV),由 SPV 来负责项目的设计、融资、建设以及运营,施工承包商、供应商分别与 SPV 签订建造合同、设备采购或供货合同,其中建造合同可能是 EPC 等承包形式。PPP 模式如图 1-6 所示。SPV 向施工承包商、供应商等支付相关费用。特许经营期满后,SPV 终结并将项目移交给政府。这种模式实质上是政府通过给予私营企业特许经营权和收益权来换取基础设施建设,同时也解决了政府的财政困境。

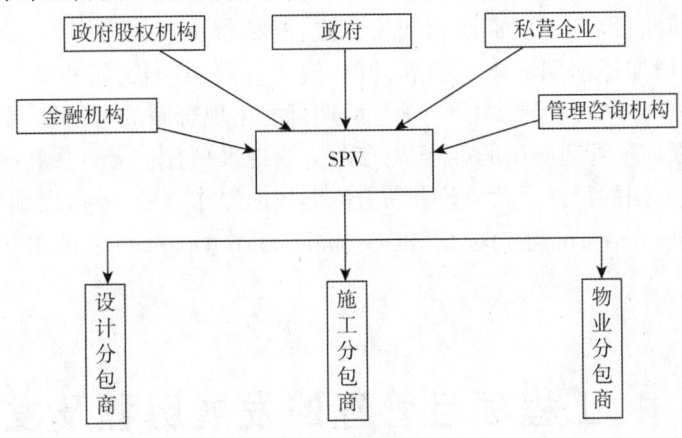

图 1-6 PPP 模式

像交通运输、机场、港口、桥梁、城市水电气的供应等经营性公共项目建设,对社会经济发展、公众安全有直接影响。随着社会发展,由于这些经营性公共项目的需求不断增长,政府对传统融资模式的依赖使得政府出现债务规模升高和公共产品供给效率低等问题。这就迫使政府进行项目融资方面的改革,寻求新的方法去解决这些问题。20 世纪 90 年代,发达国家政府提出了 PPP 模式,为基础设施融资和建设过程中遇到的资金问题提供了一种新的解决的思路。

PPP 模式有诸多优点,它将市场机制引入部分基础设施建设中,有助于增加基础设施建设的资金来源。在这种模式下,由于社会资本的进入,减轻了政府的财政负担,使得政府从一个基础设施公共服务的提供者转变为一个基础设施建设项目的监管者,保证质量的同时,能够大大减轻政府的压力,使其有更多的资金和精力投入其他方面的公共服务中。

PPP 模式在初期就可以实现风险分配,政府部门和私营企业各自承担部分风险,这样的风险分配方式更加合理,减少了私营企业承担的风险,当出现亏损时,双方共同承担损失。这样的模式降低了融资难度,有助于提高融资成功的可能性。政府对风险的分担也使得政府对项目有一定的控制权。

政府和私营企业在初始阶段共同参与项目的识别、可行性研究、设计和融资等项目建设过程,保证了项目在技术和经济上的可行性,有效地缩短了前期工作周期,降低了项目费用。加之 PPP 模式只有当项目完成并得到政府批准后,私营部门才能开始运营并从中获得收益,因此 PPP 模式有利于提高工程项目建设效率,降低工程造价,一定程度上消除项目完工风险和资金风险。

政府和私营企业共同参与项目建设和运营,双方可以形成互利的长期目标,为社会和公众提供更好的服务,实现社会利益的最大化。

PPP 模式优势明显,在一些发达国家,PPP 模式已经得到了很好的应用和推广。但在中国的实践过程中,PPP 模式也暴露出了一些缺点,阻碍了 PPP 模式的推广和发展。第一,在中国,虽然近年来PPP模式已成为热点,但是相关法律法规还不够完善。只有在法律的保障下并对双方进行有效的约束、更好地保护双方的利益,才能让私营企业更有信心选择与政府部门进行合作。第二,PPP相关专业人才不足。PPP模式的运作广泛采用项目特许经营权的方式进行结构融资,这需要专业人才具备比较复杂的法律、金融和财务等方面的知识,同时还要了解PPP模式。若政府能够制定规范化的PPP模式运作流程并提供相关指导,将更有利于PPP模式的推广。第三,前期投入大,投资回收期长,普通的私营企业无力招架。第四,审批过程复杂,决策周期较长,增加了前期成本。第五,PPP模式合同周期长,很难将未来的变化考虑完全,并且合同要求较为严格,灵活性不够,项目后期可能出现合同的适用性差等情况。第六,组织形式比较复杂,增加了管理协调的难度,对参与方管理水平有一定的要求。

PPP模式根据不同的特许经营协议和所有权归属的操作方式,还可以细化为不同的模式。例如,BOT(Build-Operate-Transfer)模式、BOO(Build-Own-Operate)模式、BBO(Buy-Build-Operate)模式等。

第四节 ◉ 工程项目管理的发展历程及发展趋势

一、工程项目管理的发展历程

(一)国际工程项目管理的发展历程

工程项目的存在历史悠久,随着人类社会的发展,人们的需求不断增多,其中包括一些工程项目的需求,且社会不断提高的生产力可以使这些需求得到满足。现如今,我们依然可以看到古老的中国万里长城、埃及金字塔、意大利古罗马竞技场、意大利比萨斜塔等工艺精湛并让世人叹为观止的典型的工程项目,吸引着无数的游客前往参观,而建于2 000多年前的都江堰水利工程沿用至今,依旧发挥着泄洪排沙、分流江水等作用。有这些项目的成功建设也就有相应的项目管理的存在,因此项目管理是一种十分古老的生产实践活动。

然而,现代项目管理的起源与发展是在20世纪50年代开始的。

20世纪50年代前后,生产力发展迅速,大型项目大量涌现,例如一些复杂的科研项目、大型水利工程、航天工程项目、军事项目、交通工程等。由于这些项目的一次性、技术复杂、规模大、限制条件多、参加单位多等特点,人们意识到科学有效的管理手段的必要性,科学的项目管理成为大型项目管理的客观要求。

第二次世界大战后,科学管理方法不断发展,系统论、控制论、信息论、预测技术、网络计划技术的日渐成熟,在管理实践应用中带来了巨大效益。这些也为现代项目管理的产生和发展奠定了基础。

实践中的客观要求和管理科学的理论发展相结合,促使工程项目管理理论和方法开始形成,并逐渐发展为一门学科,其应用与教育也受到了越来越多的国家的政府、企业、高校的广泛重视,迅速发展。

20世纪60年代,网络计划技术发展已经趋于成熟,在项目管理领域的应用取得了理想的效果。人们可以通过计算机进行工期、成本的计划、管理和控制。但在这一时期，计算机的使用成本还比较高，一般的项目还不能用计算机辅助项目管理。从 60 年代开始，国际上对工程项目管理、项目管理的研究普遍展开，随后以欧洲国家为主的国际项目管理协会（IPMA）和以美洲国家为首的美国项目管理协会（PMI），以及各国项目管理协会相继成立，这些协会和组织为推动项目管理的发展发挥了积极的作用，做出了卓越的贡献。早期项目管理的研究与应用主要在军事国防工程和建设工程领域。

20 世纪 70 年代到 80 年代，计算机得到了普及，计算机使用成本降低，这使得越来越多的中小型企业也可以开始使用计算机进行项目管理工作，提高了工作效率，成果显著。这一时期，项目管理开始被应用于更多的领域，例如，IT、医药、化工等。

在工程项目合同管理方面，国际咨询工程师联合会（FIDIC）编制和发布了《土木工程施工合同条件》，简称 FIDIC 合同条件。FIDIC 合同条件在国际工程中得到了广泛使用，并在实践和应用中不断改进完善，更加公正严密，易于操作。FIDIC 合同条件是在国际土木工程项目的招投标、费用支付、工程变更、价格调整、索赔等方面具有国际权威的通用标准，被称为"国际土木工程行业的圣经"。许多国家也建立了自己的标准化合同。标准化合同的应用促进了工程行业管理水平的提高。

20 世纪 80 年代以来，工程项目管理研究与实践受到了广泛关注，展现出蓬勃发展之势。人们开始更加关注各方面利益的实现，倡导双赢多赢，使各相关方的需求都尽可能得到满足。

项目管理领域的研究不断扩展，相关的研究和应用水平不断提高，风险管理、全生命周期管理、安全管理、集成化管理等问题被越来越多的学者研究，并应用于具体的实践过程中。

工程项目管理模式在实践中日渐丰富，许多新的融资模式、承发包模式、项目管理模式进入人们的视野。DB 模式、CM 模式、PM 模式、PMC 模式、EPC 模式、PPP 模式等相继出现，这些新模式的研究和实践应用也推动着其不断完善。根据建设单位本身条件、项目性质与要求等选择不同的模式，可以整合各方优势，优化资源配置，合理分担风险，使得项目的实施更加顺利。

（二）国内工程项目管理的发展历程

我国的项目管理最早开始于 20 世纪 60 年代中期。华罗庚教授开始致力于项目管理理论和方法的研究和推广应用，他将网络计划方法引进我国，将它称为"统筹法"，在冶金、工程建设、国防工程等领域中推广应用。网络计划的引入给我国工程项目的工期、资源的计划和优化提供了新思路、新方法。

20 世纪 80 年代，随着改革开放和社会主义市场经济体制的确立，我国开始更多地接受和推行国际工程建设项目的管理体制，工程项目管理的科研和教学活动兴起。1984 年，向世界银行贷款的项目——云南鲁布革水电站，是我国首个采用国际招标，实施项目管理的项目，其缩短工期、降低造价的效果显著，形成了著名的"鲁布革工程项目管理经验"，此后，招投标机制在我国推广普及，将竞争机制引入工程项目建设中，施工管理更加高效，综合效益得以提高。

1991 年，我国第一个全国性的项目管理专业协会——项目管理研究委员会（PMRC）成立。项目管理研究委员会为促进我国项目管理事业的发展和与国际项目管理的专业交流做出了突出贡献。

20 世纪末，工程建设监理制、建设项目法人责任制、招标投标制在工程建设领域广泛推行。

项目管理在中国从试点到推广,不断完善。在我国加入世界贸易组织(WTO)之后,面对机遇与挑战,中国的项目管理国际化水平提高,项目管理人才培养全面加强,我国的工程项目管理的国际竞争力不断提升。

现如今,科技发展日新月异,建筑业也与几十年前大不相同,人们对于工程项目的需求不再仅仅局限于其使用功能,更高的质量安全要求、绿色环保要求等也成为人们关注的焦点,加之企业的转型升级,新理论新方法的产生,都使得工程项目管理进入了新的发展阶段,着眼于长远发展,坚持以创新为主线,不断迸发出新的活力。

二、工程项目管理的发展趋势

工程项目管理经过几十年的发展,在理论研究和应用实践中都取得了诸多成就,但依旧处于不断完善的过程之中,呈现出如下发展趋势:

1.全过程管理趋势

每一个工程项目都会经历从概念阶段到结束阶段的全过程,项目管理的每个阶段都会对整个项目目标的实现产生不可忽视的影响,每个阶段都应当受到重视,项目管理要立足于工程项目的全生命周期,不能只注重项目建设阶段的管理,还要注重项目的前期策划设计和后期运营的管理。以工程项目全生命周期的整体最优作为管理目标,注重全生命周期的可靠、安全和高效运行,资源节约,费用优化,与环境协调,在项目的全生命周期过程中都经得起社会、历史考验。

2.集成化管理趋势

现代工程项目规模大,周期长,参与相关方多,这些都要求现代项目进行集成化管理。所谓集成化就是利用项目管理的系统方法、模型、工具对工程项目相关资源进行系统整合,并达到工程项目设定的具体目标和投资效益最大化的过程。

3.可持续发展趋势

经济的发展和社会的进步使得安全、健康与环境问题在世界范围内受到广泛关注,而且,工程建设领域由于劳动力密集而使安全和健康问题突出,工程项目的土地开发等活动也对环境产生极大影响。现代的社会发展比以往更加注重"以人为本"的理念,工程领域开始注重将安全、健康和绿色工程的理念融入工程项目的设计、施工和运营中。

4.信息化管理趋势

随着信息技术和网络技术的不断成熟,项目管理的信息化成为必然的发展趋势。已经有一些项目管理公司实现了项目管理的虚拟化、网络化。丰富多样又方便快捷的项目管理软件开始在实践中出现,许多的项目管理公司都开始大量使用项目管理软件来协助他们进行项目管理,有效地提高了项目管理效率和水平。人类的生产和生活对网络和计算机的依赖程度越来越高,这也促使现代项目管理出现更高程度的信息化趋势。

5.精细化管理趋势

精细化管理能够有效提升工程项目质量,在选材质量、施工操作、运营管理等多个方面应用精细化管理,能够减少项目实施过程中可能出现的问题,清除施工过程中的安全隐患,加快施工进度,有利于节约工程成本,保障工程项目顺利实施。诸多优势使得工程项目精细化管理也成为现在的热门趋势。

参考文献

［1］国家质量技术监督局.质量管理 项目质量管理指南:GB/T 19016—2021［S］.北京:中国标准出版社,2021.

［2］Project Management Institute.项目管理知识体系指南(PMBOK 指南)［M］.5 版.北京:电子工业出版社,2013.

［3］中国(双法)项目管理研究委员会.中国项目管理知识体系(修订版)［M］.北京:电子工业出版社,2008.

第二章

工程项目投资控制

工程项目投资控制是工程项目管理的重要工作之一，也是项目投资者关心的重要内容之一。目前工程项目投资控制仍存在很多问题，决算超预算、预算超概算等现象非常普遍。工程项目投资大、周期长、参与主体多、风险多的特点，使得任何环节的管理疏漏都可能导致投资额的增加。因此，建立覆盖决策阶段、设计阶段、招投标阶段、施工阶段、竣工阶段全过程的投资控制就显得尤为重要。

第一节 ◉ 工程项目投资概述

一、工程项目投资的含义、特点与分类

（一）工程项目投资的含义

工程项目是利用一定量的投资，在时间、资金、质量等约束条件下，经过一系列决策、实施和控制程序，以固定资产为目标产出物的一次性过程。工程项目投资是指项目公司受项目发起人的委托，将一定数量的资本或其他资源投放于工程项目，通过组建项目团队，形成综合生产能力或服务能力获取投资效益的活动。

（二）工程项目投资的特点

工程项目投资一般具有以下特点：

1.数额较大

工程项目不仅包含房屋建筑项目，还包括道路、桥梁、隧道等基础设施的开发，或者钢铁、石油、化工等大型联合企业的建设等。这些项目往往规模庞大，需要筹集的资金数额巨大，甚至达到数十亿。工程项目投资数额较大的特点关系到国家、行业或地区的重大经济利益，并对宏观经济产生重大影响。

2.周期较长

工程项目的全生命周期一般由决策阶段、设计阶段、施工阶段、运营阶段组成，延续的时间较长，且只有当项目建成投产后，资产才能逐渐回收，因此投资回收期也相对较长。

3.单件性

由于内外部环境和自然社会条件等的不同,项目市场需求、消费者偏好会有差异,每项工程的结构、设备、装饰都有不同的要求,使得每项工程项目有其特定的用途、规模,从而工程项目投资也具有一次性,即单件性。

4.固定性

工程项目一般具有固定地点、固定用途、固定使用对象和固定技术等特点。因此工程项目的投资具有固定性和不可逆转性。

5.整体性

工程建设项目是一个庞大复杂的体系,一般分为建设项目、单项工程、单位工程、分部工程和分项工程,各方具有不可分割的联系,对整个项目的完成产生影响,需要统一进行核算和管理。

(三)工程项目投资的分类

项目评价中总投资是指项目建设和投入运营所需要的全部投资,为建设投资、建设期利息和全部流动资金之和。可见,建设投资是项目总投资的重要组成部分,是项目经济评价中的重要基础数据。项目总投资的构成如图2-1所示。

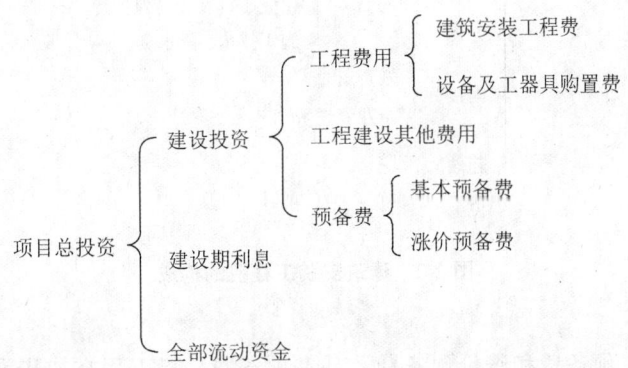

图2-1 项目总投资的构成

1.建筑安装工程费

建筑安装工程费由建筑工程费和安装工程费两部分组成。建筑安装工程投资的特点是必须通过兴工动料、追加活劳动才能实现。建筑安装工程费的构成如图2-2所示。

2.设备及工器具购置费

设备及工器具购置费是指按照项目设计文件要求,经济主体购置或自制达到固定资产标准的设备和新、扩建项目配置的首套工器具及生产家具所需的投资。设备购置费包括设备原价和设备运杂费两个部分。其中设备原价系指国产标准设备、非标准设备和进口设备的原价;设备运杂费系指设备供销部门手续费、设备原价中未包括的包装和包装材料费、运输费、装卸费、采购费及仓库保管费之和。如果设备是由设备成套公司供应的,成套公司的服务费也应计入设备运杂费之中。在生产性项目中,设备及工器具投资可称为"积极投资",它占项目投资费用比重的提高,标志着技术的进步和生产部门有机构成的提高。

3.工程建设其他费用

工程建设其他费用是指未纳入以上两项的由项目投资支付的为保证工程顺利进行而发生的各项费用总和。其中主要包括：建设单位管理费、可行性研究费、勘察设计费、场地准备及临时设施费、引进技术和引进设备其他费、工程保险费、联合试运转费、特殊设备安全监督检验费和市政工程公用设施建设及绿化费等。

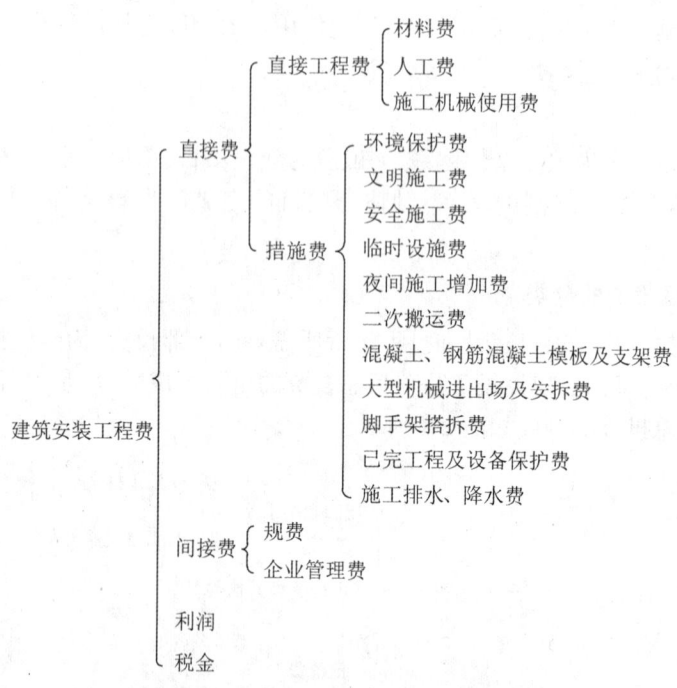

图 2-2　建筑安装工程费的构成

4.预备费

预备费包括基本预备费和涨价预备费。基本预备费是指工程在初步设计及概算内难以预料的工程和费用；涨价预备费是指项目在建设期间内由价格等变化引起工程造价变化的预留费用。

二、工程项目投资的目标和原则

（一）工程项目投资的目标

工程项目投资的目标从本质上说，就是实现项目预期的投资效益。而在项目建设阶段，工程项目投资就是要在业主所确定的投资、进度和质量目标指导下，合理使用各种资源完成工程项目建设任务，以期达到最佳的投资效益。投资、进度和质量形成工程项目投资的目标系统。三者共同构成工程项目投资的目标系统，互相联系、互相影响，某一方面的变化必然引起另两个方面的变化，例如过于追求缩短工期，必然会损害项目的功能（质量），引起成本增加，所以工程项目投资应追求它们三者之间的优化和平衡，任何强调最短工期、最高质量、最低成本都是片面的。

由于项目的复杂性和动态性,以及人们的认识能力和技术水平的限制,在项目前期往往很难对项目做出正确的综合评价和预测。因此在实际工作中可先适当突出某个主目标,即项目必须予以保证的目标(比如质量目标),并以此为依据来编制项目目标计划,然后在执行计划的过程中不断收集数据和信息,对比实际情况和原定计划,调整各目标之间的比重关系,不断修正和完善原目标计划,形成一个持续渐进的目标管理过程。

(二)工程项目投资的原则

工程项目投资的有效控制就是在投资决策阶段、设计阶段、建设项目发包阶段和建设实施阶段,把工程项目投资的发生控制在批准的限额以内,随时纠正发生的偏差,以保证项目投资管理目标的实现,以求在各个建设项目中能合理使用人力、物力、财力,取得较好的投资效益和社会效益。

工程项目投资有效控制应遵循以下原则:

1.以设计阶段为重点进行建设全过程投资控制

投资控制应贯穿于项目建设全过程,但影响造价最大的阶段在于施工以前的投资决策和设计阶段,而在项目做出投资决策后,控制项目投资的关键就在于设计阶段。

2.主动控制

投资控制不仅要反映投资决策,反映设计、发包和施工,更要能动地影响投资决策,影响设计、发包和施工,主动地控制项目投资。

3.令人满意原则

工程项目的基本目标是对建设工期、项目投资和工程质量进行有效控制,这三大目标组成的目标系统是一个相互制约、相互影响的统一体,同时使三个目标达到最优几乎是不可能实现的。为此,应根据工程项目的客观条件进行综合研究,实事求是地确定一套切合实际的衡量准则。只要投资控制的方案符合这套衡量准则,取得令人满意的结果,投资控制即达到了预期的目标。

4.技术与经济相结合

技术与经济相结合是控制投资的有效手段。为此应通过技术比较、经济分析和效果评价,正确处理技术先进与经济合理之间的对立统一关系,力求达到在技术先进条件下的经济合理,在经济合理基础上的技术先进,把控制投资的观念渗透到各项设计和技术措施中。

三、工程项目投资的基本阶段

项目投资在我国分为六个阶段,即项目建议书阶段、可行性研究阶段、设计工作阶段、建设准备阶段、建设施工阶段和竣工验收交付使用阶段。其中项目建议书阶段和可行性研究阶段被称为"项目决策阶段";项目的设计、准备、施工,直至项目交付使用被称为"项目实施阶段";项目交付使用后称为"项目使用阶段"。项目的决策、实施、使用阶段合称为"项目全生命周期"。

1.项目建议书阶段

项目建议书是建设单位向国家提出的要求建设某一建设项目的建议文件,是对建设项目的轮廓设想,是从拟建项目的必要性及大方面的可能性加以考虑的。

2.可行性研究阶段

项目建议书经批准后,下一步就要进行可行性研究。可行性研究是对建设项目在技术和经济上是否可行进行科学分析和论证工作,为项目决策提供依据。可行性研究的主要任务是通过多方案比较,提出最佳方案。

3.设计工作阶段

项目设计是在项目可行性研究获得批准后进行的,一般可划分为几个阶段。一般工业与民用建筑设计按初步设计和施工图设计两个阶段进行,称为"两阶段设计";对于技术上复杂而又缺乏设计经验的项目,可按初步设计、技术设计和施工图设计三个阶段进行,称为"三阶段设计"。小型项目由于技术简单,在简化的初步设计确定后,就可做施工图设计。

4.建设准备阶段

初步设计已经批准的项目,可列为预备项目。建设准备的主要工作内容包括:征地、拆迁和场地平整;完成施工用水、电、路等工程;设备、材料订货;准备必要的施工图纸;组织施工招标投资,择优选定施工单位。

5.建设施工阶段

建设项目经批准后可开工建设,项目便进入建设施工阶段。这是项目决策的实施、建成投产发挥投资效益的关键环节。新开工建设的时间,是指建设项目设计文件中规定的任何一项永久性工程第一次破土开槽开始施工的日期。施工活动应按照设计要求、合同条款、预算投资、施工程序与顺序、施工组织设计,在保证质量、工期、成本计划等目标的前提下进行,达到竣工标准要求,经过验收后,移交给建设单位。

6.竣工验收交付使用阶段

当建设阶段按设计文件的规定内容全部施工完成后,可组织验收。这是建设全过程的最后一个阶段,是投资成果转入生产或使用的标志。竣工验收可以检查建设项目实际形成的生产能力或效益,也可避免项目建成后继续消耗建设费用。

第二节 ◉ 工程项目投资决策阶段的投资控制

一、工程项目投资决策的含义

工程项目投资决策是项目的决策者选择和决定工程项目投资方案的过程,是对拟建项目的必要性和可行性进行技术经济论证的过程,是对不同建设方案进行技术经济比较选择并做出判断和决策的过程。建设工程项目投资决策直接影响项目投资的经济效益,正确的项目投资决策是正确的项目投资行动的前提。

工程项目投资决策的主要内容涵盖以下内容:

(1)根据方案进行成本计划确定投资估算额;

(2)根据投资者的投资意图,综合考虑多种决策因素,对项目进行多方案的技术经济分析和经济评价；

（3）决定项目是否实施和实施地点；

（4）选择技术可行、经济合理的技术方案等。

▌ 二、工程项目投资估算

（一）项目投资估算的概念

投资估算是在对项目的建设规模、技术方案、设备方案、工程方案及项目实施进度等进行研究并基本确定的基础上，估算项目投入总资金（包括建设投资和流动资金）并测算建设期内分年资金需要量。投资估算是制定融资方案、进行经济评价，以及编制初步设计概算的依据。

按照我国规定，从满足工程项目投资设计和投资规模的角度，工程项目投资估算包括固定资产投资估算和流动资金估算两部分。固定资产投资估算内容按照费用的性质划分，包括建筑安装工程费、设备及工器具购置费、工程建设其他费（不含流动资金）、基本预备费、涨价预备费、建设期贷款利息等。流动资金是指生产经营性项目投产后，用于购买原材料、燃料、支付工资及其他经营费用等所需的周转资金。流动资金是伴随固定资产投资产生的长期占用的流动资产投资，即为财务中的营运资金。

工程项目投资的估算方法分为简单估算方法和分类估算方法两类。简单估算方法包括生产规模指数法、分项比例估算法和指标估算法等。简单估算方法准确度相对不高，主要适用于投资机会研究和初步可行性研究阶段。分类估算方法适用于项目可行性研究阶段。

（二）工程项目投资简单估算方法

1.生产规模指数法

该法是利用已建成项目的建设投资额或其设备投资额，估算同类而不同生产规模项目的建设投资或其设备投资的方法，其估算数学公式为：

$$C_2 = C_1 \left(\frac{x_2}{x_1} \right)^n \times C_f \tag{2-1}$$

式中：C_2——拟建项目的建设投资额；

C_1——已建同类型项目的建设投资额；

x_2——拟建项目的生产规模；

x_1——已建同类项目的生产规模；

C_f——价格调整系数；

n——生产规模指数。

运用该方法估算项目投资的关键因素要有合理的生产规模指数 n，不同行业、性质、工艺流程、建设水平、生产率水平的项目，n 的取值是不同的。n 取值的原则是：靠增加设备、装置的数量，及增大生产场所扩大生产规模时，n 取 0.8~1.0；靠提高设备、装置的功能和效率扩大生产规模时，n 取 0.6~0.7。另外，拟建投资项目生产能力与已建同类项目生产能力的比值应有一定的限制范围，一般这一比值不能超过 50 倍，而在 10 倍以内效果较好。

采用生产规模指数法，计算简单、快捷；但要求类似项目的条件基本相同且资料可靠，否则会产生较大误差。

2.分项比例估算法

该法是以拟建项目的设备费为基数,根据已建成的同类项目的建筑安装工程费和其他费用等占设备价值的百分比,求出相应的建筑安装工程费及其他有关费用,其总和即为拟建项目建设投资。其计算公式如下:

$$C = E(1 + f_1 P_1 + f_2 P_2 + f_3 P_3) + I \qquad (2-2)$$

式中:C——拟建项目的建设投资;

E——根据设备清单按现行价格计算的设备费(包括运杂费)的总和;

P_1, P_2, P_3——已建成项目中的建筑、安装及其他工程费用分别占设备费的百分比;

f_1, f_2, f_3——由时间因素引起的定额、价格、费用标准等变化的总和调整系数;

I——拟建项目的其他费用。

3.指标估算法

工业建设项目单元指标估算法如下式所示:

项目建设投资额 = 单元指标×生产能力×物价浮动指数

民用建设项目单元指标估算法如下式所示:

项目建设投资额 = 单元指标×民用建筑规模×物价浮动指数

单元指标指每个估算单位的建设投资额。例如,饭店单位客房投资指标、医院每个床位投资指标、钢铁厂每吨钢投资指标、民用建筑单位面积或单位体积投资指标等。

在使用单元指标估算法时,应注意以下几点:

(1)指标是否包括管理费、试车费以及工程的其他各项费用;

(2)产量少、规模小的工程,指标可适当调增,反之指标可适当调减;

(3)当拟建项目的结构、建筑与指标局部不相符时,应对指标进行适当的修正。

(三)工程项目投资分类估算方法

1.建筑工程费估算

建筑工程投资估算一般采用以下方法:

单位建筑工程投资估算法:以单位建筑工程量投资乘以建筑工程总量计算建筑工程投资。一般工业与民用建筑以单位建筑面积(m²)的投资,工业窑炉砌筑以单位容积(m³)的投资,水库以水坝单位长度(m)的投资,铁路路基以单位长度(km)的投资,矿山掘进以单位长度(m)的投资,乘以相应的建筑工程总量计算建筑工程费。

概算指标投资估算法:对于没有上述估算指标且建筑工程费占总投资比例较大的项目,可采用概算指标估算法。采用这种估算法,应具备较为详细的基础数据和工程资料。

建筑工程费用估算一般应编制建筑工程费用估算表(如表 2-1 所示)。

表 2-1 建筑工程费用估算表

序号	工程或费用	单位	工程量	单价(元)	合计(万元)

2.安装工程费估算

需要安装的设备应估算安装工程费。安装工程费包括各种机电设备装配和安装工程费用,与设备相连的工作台、梯子及其装设工程费用,附属于被安装设备的管线敷设工程费用;安装设备的绝缘、保温、防腐等工程费用;单体试运转和联动无负荷试运转费用等。

安装工程费通常按行业或专业机构发布的安装工程定额、取费标准和指标估算投资。具体可按安装费率、每吨设备安装费或者每单位安装实物工程量的费用估算:

安装工程费=设备原价×安装费率

安装工程费=设备吨位×每吨安装费

安装工程费=安装工程实物量×安装费用指标

3.设备及工器具购置费估算

设备购置费估算应根据项目主要设备表及价格、费用资料编制。工器具购置费一般按占设备费的一定比例计取。

设备及工器具购置费,包括设备及工器具的购置费、现场制作非标准设备费、生产用家具购置费和相应的运杂费。对于价值高的设备应按单台(套)估算购置费;价值较低的设备可按类估算。

国内设备和进口设备的设备购置费应分别估算。国内设备购置费为设备出厂价加运杂费。设备运杂费主要包括运输费、装卸费和仓库保管费等,运杂费可按设备出厂价的一定百分比计算。

进口设备购置费由进口设备货价、进口从属费用及国内运杂费组成。进口设备货价按交货地点和方式的不同,分为离岸价(FOB)与到岸价(CIF)两种价格。进口从属费用包括国外运费、国外运输保险费、进口关税、进口环节消费税、增值税、外贸手续费、银行财务费和海关监管手续等。

进口设备到岸价与离岸价的关系如下式所示:

进口设备到岸价(CIF)=离岸价(FOB)+国外运费+国外运输保险费

设备购置费及安装工程费估算表如表2-2所示。

表2-2 设备购置费及安装工程费估算表

序号	设备名称及规格	单位	数量	单价(元)		合计(万元)	
				设备费	安装费	设备费	安装费
	合计						

4.工程建设其他费用估算

工程建设其他费用按各项费用科目的费率或者取费标准估算。工程建设其他费用估算表如表2-3所示。

表2-3 工程建设其他费用估算表(单位:万元)

序号	费用名称	计算依据	费用或标准	总计
1	土地费用			
2	建设单位管理费			

（续表）

序号	费用名称	计算依据	费用或标准	总计
3	勘察设计费			
4	研究试验费			
5	建设单位临时设施费			
6	工程建设监理费			
7	工程保险费			
8	施工机构迁移费			
9	联合试运转费			
10	生产职工培训费			
11	办公及生活家具购置费			
……	……			
	合计			

5.预备费估算

基本预备费估算以建筑工程费、设备购置费、安装工程费及工程建设其他费用之和为计算基数,乘以基本预备费率计算。

涨价预备费估算以建筑工程费、安装工程费、设备购置费之和为计算基数。计算公式为:

$$PC = \sum_{i=1}^{n} I_t \left[(1+f)^t - 1 \right] \tag{2-3}$$

式中:PC—— 相对于以建设期初不变价格计算的建设投资的涨价预备费;

I_t—— 第 t 年的建筑工程费、安装工程费、设备购置费之和;

f—— 建设期年平均价格上涨指数;

n—— 建设期。

三、项目可行性研究

项目可行性研究是在投资前期,运用多学科知识,采用现代科学技术成果,对拟建项目的主要技术经济要素(包括技术、管理、劳动力、市场、原材料、能源、基础设施、环境保护、宏观经济环境等)和各种可能方案进行认真的技术经济分析和比较论证,对项目建成后的经济效益进行科学的预测和评价。在此基础上,对拟投资项目的技术先进性和适用性、经济合理性和财务盈利性、建设的必要性和可行性进行全面分析、系统论证、多方案比较和综合评价,由此得出该项目是否应该投资和如何投资等结论性意见,为项目投资决策提供可靠的科学依据。可行性研究以市场为前提,技术为手段,经济效益为最终目标。

一项好的可行性研究应该向投资者推荐技术经济最优的方案,使投资者明确项目具有多大的财务获利能力,投资风险有多大,是否值得投资建设;使主管部门从国家角度看该项目是否值得支持和批准;使银行和其他资金提供者明确该项目是否按期或者提前偿还他们提供的资金。

可行性研究包含三个范畴,即市场研究、技术研究、效益研究。其中市场研究包括产品的市场调查和预测研究,这是项目可行性研究的前提和基础,主要解决项目的必要性问题;技术研究即技术方案和建设条件研究,这是项目可行性研究的技术基础,主要解决项目在技术上的可行性问题;效益研究即经济效益的分析和评价,这是项目可行性研究的核心部分,主要解决项目在经济上的合理性问题。

1.项目可行性研究的阶段

可行性研究是工程项目投资前期的重要环节,国外将它分为机会研究、初步可行性研究、技术经济可行性研究和评价决策四个阶段。由于基础资料的占有程度、研究深度与可靠程度要求不同,可行性研究的各个工作阶段的研究性质、工作目标、工作要求、工作实践与费用各不相同。一般来说,各阶段的研究内容由浅入深,项目投资和成本估算的精度要求由粗到细,研究工作量由小到大,研究目标和作用逐步提高,因此工作时间和费用也逐渐增加。项目可行性研究的阶段如表 2-4 所示。

表 2-4 项目可行性研究的阶段

阶段	机会研究	初步可行性研究	详细可行性研究	评价决策阶段
性质	项目设想	项目初选	项目准备	项目评估
内容	鉴别投资方向,寻找投资机会,提出建议书	专题研究,筛选方案,确定初步可行性	深入细致的技术经济论证,重点是财务效益、经济效益分析,多方案比较,确定可行性	评估审核可行性研究报告,分析其可靠性和真实性,做出最终决策
成果	项目建议书	初步可行性研究报告	可行性研究报告	项目评估报告
精度	±30%	±20%	±10%	±10%
费用	0.2%~1%	0.25%~1.25%	1%~3%	—
时间	1~3 个月	4~6 个月	8~12 个月	—

2.项目可行性报告的基本内容

项目可行性研究报告作为可行性研究的最主要的成果,不仅判断项目是否可行,而且还对项目后期的计划阶段起着非常重要的指导作用。项目可行性研究报告的基本内容包括以下要素,如表 2-5 所示。

表 2-5 项目可行性研究报告的基本内容

项目领域		可行性研究报告的基本内容
外部投资环境	政策性环境	国家法律制度、税收政策 项目对环境的影响和环境保护立法 项目的生产经营许可证或其他政府政策限制 项目获得政治风险保险的可能性
	金融性环境	通货膨胀因素、汇率、利率 国家外汇管制的程度、货币风险及可兑换性
	工业性环境	项目基础设施、能源、水电供应、交通运输、通信等

（续表）

项目领域		可行性研究报告的基本内容
项目生产要素	技术要素	生产技术的可靠性及成熟度、资源储蓄及可靠性
	原材料供应	原材料来源、可靠性、进口关税和外汇限制
	项目市场	项目产品或服务的市场需求、价格、竞争性、国内外市场分析
	项目管理	生产、技术、设备管理、劳动力分析
投资收益分析	项目投资成本	项目建设费用、征购土地、购买设备费用、不可预见费用
	经营性收益分析	项目产品市场价格分析与预测、生产成本分析与预测、经营性资本支出预测、项目现金流量分析
	资本性收益分析	项目资产增值分析和预测
环境保护与劳动安全	环境保护	项目主要污染物分析、拟采取的环境保护标准和方案、环境保护投资估算、环境影响评价结果
	劳动安全	生产过程中的职业危害分析、职业安全卫生设施、劳动安全与职业卫生监督保障机构、消防措施和设施方案
国民经济与社会效益分析	目的分析	国民经济与社会目标、辨识项目的国民经济与社会效益及费用
	评价	确定国民经济与社会效益评价参数、项目国民经济与社会效益综合评价

（1）技术方面

技术方面的内容是指拟投资方案在技术上能否实现，采用的设备和技术是否先进、适用，涉及拟建项目的厂址选择、生产规模、工艺技术方案、产品规格数量及所需机器设备的选定，以及原材料、动力运输等因素的考虑。

（2）经济方面

经济方面的内容是指拟投资方案在经济上是否合理，能否取得预期的经济效益与报酬，以及以现有财力和预计可筹集的资金能否满足投资需要，涉及产品或劳务的供求预测估算，产品价格策略及销售渠道，项目建设及营运的组织结构及进度方案，预测项目营运获利能力、债务偿还能力、生产增长能力、承担风险程度等，还必须制定项目资金的最佳运用方案。

（3）社会方面

社会方面的内容是指拟投资方案是否为社会所接受，是否有污染、是否危及社会安全或影响人们正常生活秩序、影响交通、城市规划等，涉及以最大国民福利为目的，综合考虑社会生活、社会结构、社会环境等因素影响。

（4）环境方面

环境方面的内容是指现有社会经济环境和自然生态环境是否适合该投资项目，同时该投资项目建成后，对环境影响如何。

（5）法律方面

法律方面的内容是指拟投资方案是否在法律允许范围内。

（6）其他方面

其他方面的内容包括项目所需资金数量、项目建设的质量标准、项目资金的筹集方式、项目建设周期、项目建设及完成建设后需要的人力、物力、资源及动力等。此外,公共项目和对国民经济和社会利益有重要影响的项目,在可行性研究中需要做国民经济与社会效益分析。

四、工程项目经济评价

(一)工程项目经济评价的含义及要求

经济评价是项目可行性研究工作的重要组成部分,也是投资者最关心的内容。经济评价的内容、深度和侧重点在可行性研究工作的不同阶段有不同的要求。

在机会研究阶段,一般是投资者根据直觉、经验或根据粗略的估计来判断这个项目是否会盈利,是否会有前途。在初步可行性研究阶段,其重点是围绕项目立项建设的必要性和可能性,分析论证项目的经济条件及经济状况,采用的基础数据、评价指标和经济参数可适当简化。而可行性研究报告中的经济评价工作,必须按国家规定的要求对工程项目建设的必要性和可行性做出全面、详细完整的评价。

项目经济评价的要求主要包括以下几个方面:

(1)工程项目经济评价应遵循效益与费用计算口径一致的原则。

(2)工程项目经济评价以动态分析为主,静态分析为辅。动态分析要考虑资金的时间价值,将不同时期的资金流入和流出折算到同一时点进行比较,使评价更加合理。

(3)财务评价的主要参数,如基准收益率,基准投资回收期等由行业测定;国民经济评价的重要参数,如社会折现率等由国家有关部门测定发布。

(4)要求对工程项目全生命周期的成本进行评价。传统的评价往往只重视建设期投资的多少,而忽视竣工交付以后运营成本的高低及流动资金的占用情况。现代项目的经济评价强调对工程项目全生命周期成本进行分析,计算周期应包括项目建设期和运营期。

(二)工程项目财务评价

工程项目财务评价的内容主要包括以下几个方面:

(1)确定财务评价基础数据和选取财务评价参数。

(2)计算项目投资回收期、借款偿还期、基准收益率、生产负荷、财务价格(包括投入物、产出品的价格均采用现行价格体系为基础的预测价格)、利率、汇率和项目应缴纳的税费及其税率等。

(3)编制财务评价报表,包括建设投资估算表、流动资金估算表、投资使用计划与资金筹措表、营业收入和税金及附加估算表、总成本费用估算表、固定资产折旧估算表、无形资产及长期待摊费用估算表、借款还本利息计算表、损益表、全部投资现金流量表、自有资金现金流量表、资金来源与运用表、资产负债表。

(4)进行财务效益分析,计算财务评价指标,包括进行盈利能力分析和偿债能力分析。

(5)进行不确定性分析,包括盈亏平衡分析和敏感性分析。

工程项目财务评价的一些常用指标包括静态和动态投资回收期(时间性指标)、净现值 NPV、净年值(价值性指标)、内部收益率 IRR、外部收益率 ERR、费用收益率 BIC、净现值率 $NPVR$ 和投资收益率 N/K(比率性指标)等。静态指标经济意义明确、直观,便于计算,但是由于静态指标不考虑资金的时间价值,其只能用于粗略评价或者和其他指标结合起来,因此投资项目的经济评价是以动态指标为主,静态指标只起辅助作用。动态指标主要有净现值、内部收益率、动态投资回收期、费用收益率和净现值率,其中净现值和内部收益率是两个极其重要的指标。

第三节 ◉ 工程项目设计阶段的投资控制

一、工程项目设计阶段投资控制的重要性

工程项目设计直接或间接地影响项目的全生命周期成本。在工程项目设计阶段,项目业主便会根据各种因素确定拟建项目的功能、规模、标准和生产能力,选择相应的技术方案、建筑材料等,并框定了项目和各单位工程的投资额度,一旦项目开始实施,工程建设就必然按照认定的规划内容及其投资值来执行,因此工程施工阶段发生的投资费用主要是由设计阶段决定的。

工程设计还影响项目的使用与运营费用,如保修费用、维护费用、清洁费用等。工程项目一次性投资与经常性费用存在一定的反比关系,但通过前期设计阶段的工作可以寻求两者更好的结合点,使项目全生命周期成本达到最低。

设计阶段节约投资的可能性最大。由于方案设计是确定项目初始内容、形式、规模、功能和标准等的阶段,且项目尚未实施,此时对设计方案某一部分或某一方面的调整或完善,只会造成预算的变化而不会造成实际的损失,因此节约投资的余地最大。随着项目的逐步推进,项目节约投资的余地越来越小,项目开始实施之后的设计变更甚至会导致项目成本的提高。

二、工程项目设计方案的比选

优化设计方案是设计阶段的重要步骤,是投资控制的有效方法。设计方案比选的目的在于论证采用的设计方案技术上是否先进可行、功能上是否满足需要、经济上是否合理、使用上是否安全可靠。

设计方案比选的方法有很多,此处就最小费用法、多指标评价法和价值工程方法进行简要介绍。

(一)最小费用法

最小费用法也称为计算费用法,是以货币表示的计算费用来反映设计方案所消耗资源的多少,进而对设计方案进行评价。在各设计方案功能相同的条件下,项目全生命周期成本最小的设计方案为最优方案。最小费用法分为静态方法和动态方法。静态方法不考虑资金的时间价值。动态方法考虑了资金的时间价值,分为费用现值法和费用年值法。对于寿命期相同的设计方案,可以采用费用现值法或费用年值法;对于寿命期不同的设计方案,适宜采用费用年值法。

（二）多指标评价法

多指标评价法包括多指标对比法和多指标综合评价法两种。

1.多指标对比法

多指标对比法是目前国内采用较多的方法,通过使用一组适用的指标体系,将对比方案的指标值一一进行对比分析,根据指标值的高低选择最优方案。各个指标根据其在评价中的重要性可以分为主要指标和辅助指标。主要指标是指能够反映对比方案的主要技术经济特征的指标,是确定方案优劣的主要依据。辅助指标是主要指标的补充,当主要指标不足以说明方案的优劣时,辅助指标可作为进一步技术经济分析的依据。多指标对比法指标全面、分析确切,但不便于综合定量分析,有可能会出现设计方案的可比性较低,而产生客观标准不统一的现象。

2.多指标综合评价法

多指标综合评价法是将各评价指标按照重要程度赋予权重,然后按评价标准给设计方案的各指标打分,将所得分数与权重相乘得到设计方案的评价总分,最高者即为最优方案。其计算公式为:

$$S = \sum_{i=1}^{n} W_i S_i \tag{2-4}$$

式中:S——设计方案的评价总分;

W_i——评价指标 i 的权重;

S_i——设计方案在评价指标 i 的评分;

n——评价指标个数。

多指标综合评价法的评价结果是唯一的,虽避免了多指标对比法可能发生的相互矛盾的现象,但其在确定权重及评分过程中存在主观臆断的成分。同时,由于分值是相对的,因此不能直接判断各方案的各项功能实际水平。

（三）价值工程

价值工程是通过各相关领域的协作,对所研究对象的功能和成本进行系统分析,不断创新,旨在提高所研究对象价值的思想方法和管理技术。其表达式为:

$$V = F/C \tag{2-5}$$

式中:V——价值(系数);

F——功能(系数);

C——寿命周期成本(系数)。

价值工程的目的是以项目的最低生命周期成本可靠地实现使用者所需功能,从而获得最佳的综合收益。在设计方案比选中,选择价值系数最大的设计方案即为最优方案。

价值工程也可以进行方案优化,从而进一步提高方案价值,即通过改进设计,利用更少的成本,充分实现用户需求的功能。提高价值的途径有:

功能提高,成本不变;

功能提高,成本降低;

功能不变,成本降低;

功能有很大提高,成本稍有提高;

功能稍有降低,成本大大降低。

三、限额设计

限额设计就是按照批准的设计任务书及投资估算控制初步设计,按照批准的初步设计总概算控制施工图设计,同时各专业在保证达到使用功能的前提下,按分配的投资限额控制设计,严格控制技术设计和施工图设计中的不合理变更,保证总投资限额不被突破。限额设计的控制对象是影响工程设计的静态投资的项目。

限额设计分为纵向控制和横向控制。纵向控制是指限额设计贯穿于从可行性研究、初步设计、技术设计到施工图设计的各个阶段和各专业的每道工序。横向控制是指明确设计单位内部各专业、各科室及设计人员的责任,使限额设计落实到个人。

限额设计有利于投资控制,但仍存在以下不足:对初步设计、施工图设计的精确性提出更高要求,若发生设计变更则易陷于被动地位;抑制设计人员的积极性,使价值工程中提高价值的两条有效途径(成本不变,功能提高;成本提高,功能大幅度提高)无法充分利用;强调项目的一次性投资,而对全生命周期成本考虑不足,有可能使得运维费用提高导致项目整体不经济。

四、设计概算

设计概算是设计文件的重要组成部分,是在投资估算的控制下根据设计要求对工程造价进行的概略计算。按照国家规定,采用两阶段设计的项目,初步设计阶段必须编制设计概算;采用三阶段设计的项目,技术设计阶段必须编制修正概算。设计概算分为单位工程概算、单项工程综合概算和建设项目总概算三级。

(一)单位工程概算的编制

单位工程概算是确定各单位工程建设费用的文件,是编制单项工程综合概算的依据。单位工程概算可分为建筑工程概算和设备及安装工程概算两大类。建筑工程概算包括土建工程概算、给排水工程概算、采暖工程概算、通风工程概算、电气照明工程概算、工业管道工程概算和特殊构筑物工程概算等;设备及安装工程概算包括机械、电气、热力设备及安装工程概算等。

单位工程概算的编制方法包括核算定额法、概算指标法和类似工程预决算法等。

1.核算定额法

核算定额法又称扩大单价法。首先根据概算定额编制扩大单位估价表,然后用扩大分部分项工程的工程量乘以扩大单价进行计算。核算定额法计算比较准确,但比较烦琐。该法适用于初步设计达到一定深度、建筑结构方案已经确定的情况。

2.概算指标法

当初步设计深度不够准确计算工程量,但工程采用的技术比较成熟且有类似概算指标可以利用时,可采用概算指标法编制概算。概算指标是按一定单位规定的,比概算定额更综合、扩大的分部工程或单位工程的消耗量标准和造价指标。当设计对象在建设地点、结构特征、地质及自然条件等方面与概算指标相同或相近时,就可直接套用概算指标编制概算。当设计对象的结构特征与概算指标有局部不同时,则需要对概算指标进行调整后再套用计算。该法精度较低,但编制速度较快,适用于辅助项目、住宅等投资较小、较简单的项目投资概算的编制。

3.类似工程预决算法

当拟建工程初步设计与已建或在建工程相似,而概算定额或概算指标不全时,可以采用类似工程预决算法。该法即利用类似工程的预决算,按编制概算指标的方法求出单位工程的概算指标,再利用所求出的概算指标编制本项目的概算,并对建筑结构差异和价差等差异进行调整。

(二)单项工程综合概算的编制

单项工程综合概算是确定一个单项工程所需建设费用的文件,是由各单位工程的概算汇总编制而成的。单项工程综合概算包括建设单位工程概算、设备及安装单位工程概算等。建设单位工程概算包括一般工程概算,给排水、采暖工程概算,通风、空调工程概算,电器、照明工程概算,弱电工程概算,特殊构筑物工程概算等。设备及安装单位工程概算包括机械设备及安装工程概算、电气设备及安装工程概算、热力设备及安装工程概算、工器具及生产家具购置费用概算等。当不编制总概算时还应列入工程建设其他费用概算。

(三)建设项目总概算的编制

建设项目总概算是确定整个项目从开始筹建到竣工验收、交付使用所需的全部费用的文件,是由各单项工程综合概算及工程建设其他费用和预备费用概算等汇总编制而成的。工程建设其他费用概算包括土地使用费、建设单位管理费、勘察设计费、研究试验费、联合试运转费、生产准备费、引进技术、进口设备项目其他费用、办公和生活用具购置费、临时设施费、工程监理费、工程保险费、工程承包费等。

(四)设计概算的审查

审查设计概算,有利于合理分配投资资金、加强投资计划管理、核定项目投资规模、促进设计的技术先进性与经济合理性。

审查的内容包括以下内容:审查概算的投资规模、生产能力、设计标准、建设用地、建筑面积、主要设备、配套工程、设计定员等是否符合原批准可行性研究报告或立项批文的标准;审查所选用的设备规格、数量、配置是否符合设计要求,设备价格是否合理;审查工程量是否正确;审查计价指标是否合理;审查其他费用计算是否正确。

审查的方法包括对比分析法、查询核实法和联合会审法等。

五、施工图预算

施工图预算是指在施工图设计完成后,按照施工设计图纸、现行预算定额、费用定额和其他取费文件等编制的建筑安装工程造价的文件。施工图预算是由单位工程设计预算、单项工程综合预算和建筑项目总预算三级汇总而成的。由于不同编制者采用的施工方法、定额水平、资源价格等的不同,所计算出的预算结果也会有所差异。

(一)施工图预算的编制方法

施工图预算的编制方法有单价法和实物法。

单价法分为传统计价模式采用的工料单价法和工程量清单计价模式采用的综合单价法。

工料单价法是指根据地区统一单位估价表中的分部分项工程工料单价乘以分部分项工程量,汇总相加后即为单位工程直接工程费。直接工程费再加上措施费、间接费、利润和税金即为单位工程的施工图预算价格。综合单价法是指分部分项工程单价还包含除直接工程费以外的多项费用内容。

实物法是按工程量计算规则和预算定额确定分部分项工程的人工、材料、机械消耗量,再按照资源的市场价格计算出各分部分项工程的工料单价,以工料单价乘以工程量汇总得到直接工程费,再加上措施费、间接费、利润和税金即为施工图预算价格。

(二)施工图预算的审查

施工图预算审查的重点是工程量计算、定额套用、各项取费标准是否准确、是否符合现行规定等方面。

施工图预算审查的方法包括逐项审查法、标准预算审查法、分组计算审查法、对比审查法、"筛选"审查法、重点审查法等。

第四节 ● 工程项目招投标阶段的投资控制

一、工程项目招投标的含义

建设工程招标是指招标人(买方)事先发出招标公告,邀请投标人(卖方)根据招标人的意图和要求进行投标报价,招标人根据评标结果择优选定中标人的一种经济活动。招标分为公开招标和邀请招标。公开招标,是指招标人以招标公告的方式邀请不特定的法人或者其他组织投标。邀请招标,是指招标人以投标邀请书的方式邀请特定的法人或者其他组织投标。

建设工程投标是指具有相应资格和能力的投标人(卖方)应招标人的要约邀请,根据招标公告所规定的条件,在规定的期限内完成投标报价工作并呈递投标书的经济活动。

招投标机制有利于预防工程建设领域中不正当竞争、非法交易、职务犯罪和商业犯罪等不良问题,营造公开、公平、公正的建筑市场秩序。招投标形成以市场定价的价格机制,有利于鼓励投标人展开公平竞争,不断加强企业内部管理,提高生产效率,控制工程投资,在保证工程质量的前提下使得工程造价得到普遍有效合理的下降。

二、工程项目招标标底的确定

标底是招标人根据项目的具体情况,编制的完成招标项目所需的全部费用,是招标人对建筑工程的期望价格。标底由成本、利润、税金等组成,一般应控制在批准的总概算及投资包干限额内。

标底的编制是建设工程招标中重要的环节之一,标底价格是招标人控制建设工程投资,确定工程合同价格的参考依据,并以此判断投标报价的合理性和可靠性,避免招标价过高造成利益损失或招标价过低而损害建筑质量。标底一般由招标单位自行编制或委托经建设行政主管部门批准的具有相应造价资质和能力的中介机构代理编制。

标底文件的主要内容包括：

(1)标底的综合编制说明；

(2)标底价格审定书、标底价格计算书、带有价格的工程量清单、现场因素、各种施工措施费的测算明细以及采用固定价格工程的风险系数测算明细等；

(3)主要人工、材料、机械设备用量表；

(4)标底附件如各项交底纪要，各种材料及设备的价格来源，现场的地址、水文、地上情况的有关资料，编制标底价格所依据的施工方案或施工组织设计等；

(5)其他有关表格。

三、工程项目标底价格的编制方法

我国目前建设工程项目招标标底的编制，主要采用定额计价法和工程量清单计价法。

（一）定额计价法

定额计价法编制标底的方法与概预算的编制方法基本相同。定额计价法编制标底采用的是分部分项工程量的直接费单价(或称为工料单价法)，仅仅包括人工、材料、机械费用。直接费单价又可以分为单位估价法和实物量法两种。

1.单位估价法

单位估价法是根据施工图纸及技术说明，按照预算定额规定的分部分项工程子目，逐项计算出工程量，再套用定额单价(或单位估价表)确定直接费，然后按规定的费用定额确定其他直接费、现场经费、间接费、计划利润和税金，还要加上材料调价系数和适当的不可预见费，汇总后即为标底的基础。

单位估价法在实施中也可以采用工程概算定额，对分项工程子目做适当的归并和综合，使标底价格的计算有所简化。采用概算定额编制标底，通常适用于在初步设计或技术设计阶段进行招标的工程。在施工图阶段招标，也可按施工图计算工程量，按概算定额和单价计算直接费用，既可提高计算结果的准确性，又可减少工作量，节省人力和时间。

2.实物量法

实物量法编制标底，要先用计算出的各分项工程的实物工程量，分别套取预算定额中的人工、材料、机械消耗指标，并按类相加，求出单位工程所需的各种人工、材料、施工机械台班的总消耗量，然后分别乘以当时的人工、材料、施工机械台班市场单价，求出人工费、材料费、施工机械使用费，再汇总求和。对于其他直接费、现场经费、间接费、计划利润和税金等费用的计算则根据当地建筑市场的供求情况给予具体确定。

实物量法与单位估价法相似，最大的区别在于两者在计算人工费、材料费、施工机械费及汇总三者费用之和时方法不同：实物量法计算人工、材料、施工机械使用费，是根据预算定额中的人工、材料、机械台班消耗量与当时、当地人工、材料和机械台班单价相乘汇总得出。采用当时、当地的实际价格，能较好地反映实际价格水平，工程造价准确度较高。实物量法在计算其他各项费用，如其他直接费、现场经费、间接费、计划利润、税金等时将间接费、计划利润等相对灵活的部分，根据建筑市场的供求情况，随行就市，浮动确定。因此，实物量法是与市场经济体制相适应的并以预算定额为依据的标底编制方法。

（二）工程量清单计价法

根据《建设工程工程量清单计价规范》（GB 50500—2013）（以下简称《计价规范》），工程量清单是指建设工程的分部分项工程项目、措施项目、其他项目、规费项目和税金项目的名称和相应数量等的明细清单。招标工程量清单是指招标人依据国家标准、招标文件、设计文件以及施工现场实际情况编制的，随招标文件发布供投标报价的工程量清单。招标工程量清单是工程量清单计价的基础，应作为编制招标控制价、投标报价、计算工程量、工程索赔等的依据之一。

招标工程量清单应由具有编制能力的招标人或受其委托，具有相应资质的工程造价咨询人或招标代理人编制。招标工程量清单必须作为招标文件的组成部分，其准确性和完整性由招标人负责。

1.工程量清单的编制

根据《计价规范》，工程量清单应由分部分项工程量清单、措施项目清单、其他项目清单、规费项目清单、税金项目清单组成。

（1）分部分项工程量清单的编制

分部工程是单位工程的组成部分，系按结构部位、路段长度及施工特点或施工任务将单位工程划分为若干分部的工程；分项工程是分部工程的组成部分，系按不同施工方法、材料、工序及路段长度等将分部工程划分为若干个分项或项目的工程。

分部分项工程量清单应载明项目编码、项目名称、项目特征、计量单位和工程量，根据《计价规范》附录规定的项目编码、项目名称、项目特征、计量单位和工程量计算规则进行编制。

（2）措施项目清单的编制

措施项目是指为完成工程项目施工，发生于该工程施工准备和施工过程中的技术、生活、安全、环境保护等方面的项目。

措施项目中列出了项目编码、项目名称、项目特征、计量单位、工程量计算规则的项目，编制工程量清单时，应按照分部分项工程的规定执行。措施项目仅列出项目编码、项目名称的项目，编制工程量清单时，应按附录措施项目规定的项目编码、项目名称确定。措施项目应根据拟建工程的实际情况列项，若出现本规范未列的项目，可根据工程实际情况补充。

（3）其他项目清单的编制

其他项目清单应按照下列内容列项：暂列金额；暂估价，包括材料暂估单价、工程设备暂估单价、专业工程暂估价；计日工；总承包服务费。出现未列的项目，应根据工程实际情况补充。

（4）规费项目清单的编制

规费项目清单应按照下列内容列项：工程排污费；社会保障费，包括养老保险费、失业保险费、医疗保险费；住房公积金；工伤保险。出现未列的项目，应根据省级政府或省级有关权力部门的规定列项。

（5）税金项目清单的编制

税金项目清单应包括城市维护建设税、教育费附加等。出现清单未列的项目，应根据税务部门的规定列项。

2.工程量清单计价

建设工程施工发承包造价由分部分项工程费、措施项目费、其他项目费、规费和税金组成。

(1)分部分项工程费采用综合单价。招标工程量清单标明的工程量是投标人投标报价的共同基础。综合单价是指完成一个规定计量单位的分部分项工程和措施清单项目所需的人工费、材料和工程设备费、施工机具使用费和企业管理费、利润以及一定范围内的风险费用。

综合单价中应包括拟定的招标文件中要求投标人承担的风险费用。拟定的招标文件没有明确的,应提请招标人明确。拟定的招标文件提供了暂估单价的材料和工程设备,按暂估的单价计入综合单价。

(2)措施项目费采用综合单价。措施项目清单中的安全文明施工费应按照国家或省级、行业建设主管部门的规定计价,不得作为竞争性费用。

(3)其他项目费按下列规定计价:

暂列金额应按招标工程量清单中列出的金额填写;

暂估价中的材料、工程设备单价应按招标工程量清单中列出的单价计入综合单价;

暂估价中的专业工程金额应按招标工程量清单中列出的金额填写;

计日工应按招标工程量清单中列出的项目根据工程特点和有关计价依据确定综合单价计算;

总承包服务费应根据招标工程量清单列出的内容和要求估算;

规费和税金按国家或省级、行业建设主管部门的规定计算,不得作为竞争性费用。

四、工程项目评标方法

评标是招投标过程中的核心环节。根据修订的《评标委员会和评标方法暂行规定》,经初步评审合格的投标文件,评标委员会还应当对其技术部分和商务部分做进一步评审、比较。评标方法包括经评审的最低投标价法、综合评估法或者法律、行政法规允许的其他评标方法。

根据经评审的最低投标价法,能够满足招标文件的实质性要求,并且经评审的最低投标价的投标,应当推荐为中标候选人。该法一般适用于具有通用技术、性能标准或者招标人对其技术、性能没有特殊要求的招标项目。

根据综合评估法,最大限度地满足招标文件中规定的各项综合评价标准的投标,应当推荐为中标候选人。衡量投标文件是否最大限度地满足招标文件中规定的各项评价标准,可以采取折算为货币的方法、打分的方法或者其他方法。需量化的因素及其权重应当在招标文件中明确规定。

五、发包合同的选择

工程项目招投标阶段的投资最终以合同价的形式确定。按计价方式分类,建筑工程合同可分为总价合同、单价合同和成本加酬金合同三种。

1.总价合同

总价合同是指合同当事人根据合同规定的工程施工内容和有关条件进行结算的合同,支付给承包方的款项是一个规定的金额,即总价。总价合同的主要特征包括价格根据事先确定的由承包方实施的全部任务,按承包方在投标报价中提出的总价确定;待实施的工程性质和工程量应事先明确商定。

2.单价合同

当准备发包的工程项目的内容和设计指标不能确定,或者工程量的估计不够准确时,采用单价合同为宜。这类合同的关键在于双方对单价和工程量计量的确认。单价合同包括估计工程量单价合同、纯单价合同、单价与包干混合式合同三种形式。

3.成本加酬金合同

工程最终合同价格由承包商的实际成本和酬金部分组成,酬金部分按工程成本乘以竞争确定的费率计算,包括成本加固定百分比酬金确定的合同价、成本加固定酬金确定的合同价、成本加奖罚确定的合同价以及最高限额成本加固定最大酬金确定的合同价等形式。

大多数建筑工程合同不是单一形式,而是多种类型合同的组合。发包方要有自己的合同专家,综合考虑项目规模和工期长短、项目的竞争情况、项目的复杂程度、项目的单项工程的明确程度、项目准备时间的长短以及项目的外部环境因素等各项因素,选择恰当的合同类型和最优的合同战略,从而有利于发包方的投资控制。同时发包方也应考虑承包商的承受能力,确定双方都能认可的合同类型。

第五节 ● 工程项目施工阶段的投资控制

一、施工过程成本控制

工程项目的预算成本是一个估计值,是对工程项目总费用的事前预测;而施工过程的成本是一个实际值,代表了施工企业完成该项目的工程量所耗费的各项直接费用和间接费用之和。只有有效地控制施工过程成本,才能更好地保证项目的盈利,提高建筑企业的市场竞争能力。所以施工过程中项目经理在控制质量目标和工期目标的同时,还必须结合成本这第三大目标来对项目的实施过程进行综合的控制。

项目经理在施工开始之前就应当根据施工现场的具体勘察情况,结合施工图预算和施工预算进行对比分析,做出项目盈亏预测和施工成本估算,同时根据这些信息可以识别那些对施工成本存在威胁的潜在因素,据此做出相应的成本控制计划和应对措施。

在施工过程中对成本的控制主要体现在以下几个方面:

(1)在施工组织设计和方案制定过程中,要合理安排施工进度计划,使工期与成本优化相结合,合理布置施工总平面图。

(2)采取有效地降低成本的方法,从技术和组织层面全面进行考虑。技术层面主要以降低生产资源的消耗为目标,而组织层面主要以提高生产率和管理绩效为宗旨。

(3)采用先进的施工工艺,改善设计,提高机械化程度,发挥机械生产效率高的优势,从而达到降低材料成本和机械成本的目的。

(4)重视对各层次员工的教育、培训,从而提高劳动生产率,改善施工质量,避免返工。

在施工过程中,还要对成本的支出进行实时的监控,通过对实际成本和预算成本的对比分析,及时了解投资是否出现偏差。当出现较大投资偏差时,可采取以下纠正措施:寻找新的、效率更高的设计方案,采用符合规范但成本较低的原材料;购买部分产品,而不是完全由自己生产;重新选择供应商,以降低采购费用,但会产生已签订合同的供应商进行索赔的供应风险,且重新选择需要时间;改变实施过程、工程质量标准;变更工程范围;向业主、承包方、供应商索赔以弥补费用超支。

二、工程变更控制

(一)工程变更的含义

根据《建设工程监理规范》(GB/T 50319—2013),工程变更是指按照施工合同约定的程序对工程在材料、工艺、功能、构造、尺寸、技术指标、工程量及施工方法等方面做出的改变。

工程项目由人员、技术资源、时间、空间、信息等多种要素组成,且建设周期长、涉及的经济关系和法律关系复杂、受自然条件和客观因素的影响大,导致项目的实际实施情况相比于招投标时的情况有所改变,出现工程变更,进而引起工程量变化、工期延误等,使得项目成本超过预算成本,需要重新调整合同价款。

(二)变更价款的确定

根据《建设工程施工合同(示范文本)》(GF—2017—0201),除专用合同条款另有约定外,变更估价按照以下原则处理:

(1)已标价工程量清单或预算书有相同项目的,按照相同项目单价认定;

(2)已标价工程量清单或预算书中无相同项目,但有类似项目的,参照类似项目的单价认定;

(3)变更导致实际完成的变更工程量与已标价工程量清单或预算书中列明的该项目工程量的变化幅度超过15%的,或已标价工程量清单或预算书中无相同项目及类似项目单价的,按照合理的成本与利润构成的原则,由合同当事人商定或确定变更工作的单价,不能达成一致的,由总监理工程师按照合同约定审慎做出公正的确定。

因变更引起的价格调整应计入最近一期的进度款中支付。

三、工程索赔控制

根据《建设工程工程量清单计价规范》(GB 50500—2013),施工索赔是指在工程合同履行过程中,合同当事人一方因非己方的原因而遭受损失,按合同约定或法规规定应由对方承担责任,从而向对方提出补偿的要求。

(一)索赔产生的原因

1.当事人违约

发包人的违约通常表现为没有为承包人提供合同约定的施工条件、未按照约定的期限和数额支付款项；工程师未能及时发出图纸、指令等。承包人的违约主要表现为没有按照合同约定的质量、期限完成施工，或其他不当行为给发包人造成损害。

2.不可抗力事件

不可抗力事件分为自然事件和社会事件。自然事件主要是不利的自然条件和客观障碍，如施工过程中遇到经现场调查无法发现、业主提供的资料也未提到的、未预料的情况，如地下水、地质断层等。社会事件包括国家政策、法律法规的变更，战争，罢工等。

3.合同缺陷

合同缺陷表现为合同规定不严谨、存在疏漏，合同存在错误甚至矛盾。由于合同缺陷导致的成本增加或工期延长，发包人应向承包人予以补偿。

4.合同变更

合同变更表现为设计变更、施工方法变更、追加或取消某些工作等其他变更。

5.工程师指令

工程师要求承包人加速施工、更换材料、进行某项工作等也会引起索赔。

6.其他第三方原因

其他第三方原因为除上述因素以外第三方相关的原因。

（二）索赔的计算

"索赔"是双向的，既包括承包人向发包人的索赔，也包括发包人向承包人的索赔。发包人向承包人的索赔可以通过冲账、扣拨工程款、扣除保证金等方式进行。承包人向发包人的索赔按索赔目的不同，可分为工期索赔和费用索赔。工期索赔即要求业主延长工期，推迟竣工日期。由于承包人原因造成的工期延误不属于工期索赔的范围。费用索赔即要求业主补偿费用损失，调整合同价格。

工期索赔的计算方法主要有网络分析法和比例计算法两种。

网络分析法是指利用进度计划的网络，分析其关键线路。如果延误的工作为关键工作，则顺延所延误的时间；如果由于延误使非关键工作成为关键工作，则顺延所延误时间与时差限制的差值；如果工作延误后仍为非关键工作，则不影响竣工日期，无须索赔。

比例计算法公式如下：

$$工期索赔 = \frac{受干扰部分工程的合同价}{原合同总价} \times 受干扰部分工期延长时间$$

若已经额外增加工程量的价格：

$$工期索赔 = \frac{额外增加的工程量的价格}{原合同总价} \times 原合同总工期$$

比例计算法不适用于变更施工顺序、加速施工、删减工作量等事件的索赔。

四、工程价款结算

根据《建设工程价款结算暂行办法》（财建〔2004〕369号），建设工程价款结算是指对建设工程的发承包合同价款进行约定和依据合同约定进行工程预付款、工程进度款、工程竣工价款结算的活动。

我国现行价款结算主要方法有 5 种：按月结算、竣工后一次结算、分段结算、目标结算、结算双方约定的其他结算方式。

（一）工程预付款结算

根据《建设工程工程量清单计价规范》，预付款用于承包人为合同工程施工购置材料、工程设备，购置或租赁施工设备、修建临时设施以及组织施工队伍进场等所需的款项。

包工包料工程的预付款按合同约定拨付，原则上预付比例不低于合同金额的 10%，不高于合同金额的 30%；对重大工程项目，按年度工程计划逐年预付。

预付款应从每个支付期应支付给承包人的工程进度款中扣回，直到扣回的金额达到合同约定的预付款金额为止。扣款的方式有以下几种：

（1）承发包人通过合同的形式予以确定，采用等比率或等额扣款的方式。

（2）从未施工工程尚需的主要材料及构件的价值相当于工程预付款数额时扣起，从每次结算工程价款中按材料及构件比重抵扣工程价款，竣工之前全部扣清。起扣点的计算公式为：

$$T = P - M/N$$

式中：T——起扣点，即开始扣回预付款时的工程价值；

P——承包工程合同总额；

M——预付款数额；

N——主要材料、构件所占比重。

（二）工程进度款结算

施工企业在建设过程中，按周期向建设单位办理工程进度款的支付。进度款支付周期，应与合同约定的工程计量周期一致。

进度款支付申请的内容包括：累计已完成的工程价款；累计已实际支付的工程价款；本期间完成的工程价款；本期间已完成的计日工价款；应支付的调整工程价款；本期间应扣回的预付款；本期间应支付的安全文明施工费；本期间应支付的总承包服务费；本期间应扣留的质量保证金；本期间应支付的、应扣除的索赔金额；本期间应支付或扣留（扣回）的其他款项；本期间实际应支付的工程价款。

第六节 ◉ 工程项目竣工验收阶段的投资控制

一、工程项目竣工结算

根据《建设工程价款结算暂行办法》（财建[2004]369 号），工程完工后，双方应按照约定的合同价款及合同价款调整内容以及索赔事项，进行工程竣工结算。工程竣工结算分为单位工程竣工结算、单项工程竣工结算和建设项目竣工总结算。

（一）竣工结算申请

根据《建设工程施工合同（示范文本）》（GF—2017—0201），除专用合同条款另有约定外，承包人应在工程竣工验收合格后 28 天内向发包人和监理人提交竣工结算申请单，并提交完整的结算资料,有关竣工结算申请单的资料清单和份数等要求由合同当事人在专用合同条款中约定。

除专用合同条款另有约定外,竣工结算申请单应包括以下内容:竣工结算合同价格;发包人已支付承包人的款项;应扣留的质量保证金,已缴纳履约保证金的或提供其他工程质量担保方式的除外;发包人应支付承包人的合同价款。

(二)竣工结算审核

经审核的竣工结算是核定建设工程造价的依据,也是项目验收后编制竣工决算和核定新增固定资产价值的依据。一般竣工结算审核包括以下几个方面:

1.核对合同条款

首先核对竣工工程内容是否符合合同要求、工程是否竣工验收合格,只有按合同要求完工并验收合格才能列入竣工结算;其次,按合同约定的结算方法、计价定额、取费标准、主材价格和优惠条款等,对工程竣工结算进行审核。

2.检查隐蔽验收记录

所有隐蔽工程均须进行验收,并由两人以上签证;实行工程监理的项目应经监理工程师签证确认。只有手续完整、工程量与竣工图一致时方可列入结算。

3.落实设计变更签证

设计变更应由原设计单位出具设计变更通知单和修改图纸,由设计、校审人员签字并加盖公章,经建设单位和监理工程师审查同意并签证。重大设计变更还应经原审批部门审批。

4.按图核实工程量

竣工结算的工程量应根据竣工图、设计变更通知单和现场签证等进行核算,并按国家统一规定的计算规则计算工程量。

5.核实单价

结算单价应按现行的计价原则和计价方法确定。

6.核实各项费用的收取

建筑安装工程的取费标准应按合同要求或项目建设期间与计价定额配套使用的建筑安装工程费定额及有关规定执行,先审核各项费率、价格指数或换算系数是否正确,价差调整计算是否符合要求,再核实特殊费用和计算程序。

7.防止各种计算误差

发包人根据确认的竣工结算报告向承包人支付工程竣工结算价款,保留5%左右的质量保证(保修)金,待工程交付使用一年质保期到期后清算(合同另有约定的,从其约定),质保期内如有返修,发生费用应在质量保证(保修)金内扣除。

二、工程项目竣工决算

(一)工程项目竣工决算的含义

工程项目竣工决算是指所有工程项目竣工后,建设单位按照有关规定在新建、改建和扩建工程建设项目竣工验收阶段所编制的竣工决算报告。竣工决算是以实物数量和货币指标为计量单位,综合反映项目从筹建开始到竣工交付使用为止的全部建设费用、建设成果和财务情况的总结性文件,是竣工验收报告的重要组成部分,是分析和检查设计概算的执行情况、考核投资效果的依据。

(二)工程结算与竣工决算的区别

1.编制单位不同

工程结算由施工单位编制,竣工决算由建设单位编制。

2.编制范围不同

工程结算可以按月结算、分段结算,对于投资较少或建设期较短的工程项目也可以竣工后一次结算。而竣工决算必须在整个工程项目全部竣工后才可以编制。

3.编制作用不同

工程结算是建设单位对施工单位结算工程价款、核对施工单位生产成果和考核工程成本的依据,是建设单位编制竣工决算的依据。而竣工决算是建设单位考核投资效果、确定新增固定资产价值的依据。

(三)竣工决算的内容

1.竣工决算报告情况说明书

竣工决算报告情况说明书综合反映竣工工程建设成果和经验,是全面考核分析工程投资造价的书面总结,其主要内容包括:工程项目概况,即对工程总的评价,一般从进度、质量、安全和造价等方面进行分析说明;各项财务和技术经济指标的分析;项目管理经验及有待解决的问题。

2.竣工决算报表

不同规模的大、中、小型建设项目需要制定不同的财务报表。其中大、中型建设项目竣工决算报表主要包括建设项目竣工财务决算审批表、项目概况表、项目竣工财务决算表和项目交付使用资产总表;小型建设项目竣工决算报表主要包括项目竣工财务决算审批表、项目竣工财务决算总表和项目交付使用资产明细表。

3.建设工程竣工图

建设工程竣工图是真实地记录各种地上、地下建筑物、构筑物等情况的技术文件,是工程进行竣工验收、维护改建和扩建的依据,是重要的技术档案。依据国家规定,各种新建、扩建、改建的基本建设工程,特别是基础、地下建筑、管线、结构、井巷、桥梁、隧道、港口、水坝以及设备安装等隐蔽部位,都要绘制竣工图。为保证竣工图的质量,必须在施工过程中(而不能在施工后)及时做好隐蔽工程检查记录,管理好设计变更文件。

4.工程造价比较分析

工程造价比较分析是指将决算报表中的建筑安装工程费、设备工器具费和其他工程费用逐一与批准的项目概、预算进行对比分析,以确定竣工项目总造价是超支还是节支,并找出相应的内容和原因,提出改进措施,从而利于今后的改进。

第七节 ● 案例分析——千年穹顶

千年穹顶(Millennium Dome)是一幢展览科普中心建筑,位于泰晤士河边格林尼治半岛上,占地约 1.2 km²,是英国为庆祝 20 世纪与 21 世纪之交的千禧年而兴建的纪念性建筑,也是世界各国一系列千禧建筑中最为著名的作品。

它由著名的理查德·罗杰斯事务所承担建筑设计,由英国标赫工程顾问公司承担结构设计,是建筑师梦幻与工程师创新的完美结合。整个建筑为穹庐形,12 根 100 m 高的钢桅杆直刺云天,张拉着直径 365 m,周长大于 1 000 m 的穹面钢索网。光是钢索网就用了近 7 万 m 长的钢缆。室内最高处超过 50 m,容积约为 240 万 m³。它的屋面材料表面积为 10 万 m²,由仅为 1 mm 厚的带 PTEE 涂层的玻纤材料制成,但却坚韧无比,同时有卓越的透光性,可充分利用自然光。

这个工程原先只考虑建成临时性的,后经研究,这项工程不论是从周围市区的复兴,或是建筑交通基础设施的长期投资来说都具有很大价值,1997 年英国工党政府上台后,决定建成一个大型综合性展览建筑。理查德·罗杰斯预想中仅需 4 500 万英镑的设计最后总造价达 10 亿英镑。

在 ABBS 建筑论坛上,一位建筑师曾批评千年穹顶不够节能,需要大量费用来维护建筑的运行。千年穹顶由于商业上的失败,被《福布斯》杂志批判"躺在建筑学的坟墓中"。

思考题:

1. 工程项目设计阶段投资控制的重点有哪些?
2. 工程项目成本超支的原因有哪些?

参考文献

[1] 汤伟钢,李丽红.工程项目投资与融资[M].北京:人民交通出版社,2008.
[2] 段世霞.项目投资与融资[M].郑州:郑州大学出版社,2009.
[3] 孙慧.项目成本管理[M].2 版.北京:机械工业出版社,2010.
[4] 刘晓君.建设项目投资决策理论与方法[M].北京:中国建筑工业出版社,2009.
[5] 王雪青.工程项目成本规划与控制[M].北京:中国建筑工业出版社,2011.
[6] 乐云,邓铁军.工程项目管理[M].武汉:武汉理工大学出版社,2008.
[7] 张青.项目投资与融资分析[M].北京:清华大学出版社,2012.

第三章
工程项目进度控制

第一节 ● 工程项目进度控制概述

一、进度控制的基本概念

（一）进度的概念

进度，即进展的速度，在工程项目中，进度通常是指工程项目实施的进展情况。项目进度反映了项目任务的完成情况，主要是以项目的阶段性可交付成果来体现的。由于在达成项目任务的过程中要消耗时间、人力、物力、财力等多方面的资源，往往难以选定一个恰当的、综合的指标来全面地反映工程项目的进度。在现代项目管理中，人们赋予进度综合的含义，它将项目的任务、工期、成本和资源消耗等有机地结合起来，形成一个综合的指标体系来全面反映项目的进展情况。

（二）进度计划

工程项目进度计划是在整个项目分解细化得到的各项活动的基础上，根据整个项目工程量和工期的要求，对各项活动的起止时间、相互协调衔接关系所拟定的计划，同时对完成各项工作所需的时间、劳力、材料、设备的供应做出具体安排，最后制订出项目的进度计划。进度计划是进度控制的依据，进度计划不是一成不变的，在整个进度的控制过程中，进度计划也需要不断地进行检查与调整，才能保证项目在计划工期内完成。

（三）进度指标

进度控制的基本对象是根据项目的具体内容进行细化的各项工程活动，进度指标就是用以衡量各项工程活动进展情况的计量单位。

持续时间，是衡量进度的重要指标。在实际工程项目中，通常将各项工程活动的持续时间与其计划工期相对比，来描述各项活动的完成程度，进而依据各项活动的完成程度来合理分配资源，使得整个项目能够在计划工期内完成。需要注意的一点是，由于项目实施过程中各阶段的效率和速度并非一致，因此，持续时间与工期之间并不是完全对等的关系，例如，持续时间已占工期的二分之一，并不能表示项目进度达到了一半。

可交付成果一般是项目各参与方在项目合作之前协定的,可交付成果的形式是多种多样的,所有的项目活动、项目资源都是为了实现交付成果而发生和储备的,可交付成果实际上反映了项目目标的要求,完成了全部的交付成果,就意味着覆盖了项目范围内的所有活动。对于一个建筑工程项目来说,可交付成果可以是以实物形式呈现的整栋楼,也可以是某一阶段的阶段性成果,例如设计成果、混凝土工程等。

两种常用的可交付成果:一是已完成工程的价值量,即用已完成的工程量与相应的合同价格(或预算价格)计算。它能够将不同种类的分项工程统一起来,能够较好地反映工程的实际进度情况。二是资源消耗指标,常用的资源消耗指标有劳动工时、机械台班、成本的消耗等,由于各个工程活动直至整个项目都可将它们作为指标,因而,资源消耗指标更具统一性与可比性。

(四)进度控制和工期控制

建设工程项目进度控制是指对工程项目建设各阶段的工作内容、工作程序、持续时间和衔接关系根据进度总目标及资源优化配置的编制原则,在规定的时间内,拟定出合理且经济的进度计划,并付诸实施,在执行进度计划的过程中,经常检查实际进度是否按照进度计划的要求进行,若出现偏差则及时进行分析,并及时采取相应的补救措施或调整修改原计划后再付诸实施,如此循环。进度控制是一个动态的过程,最终在成本、质量、工期等目标协调的基础上,实现项目的总体目标。

工期作为进度的一个指标,工期计划通过对整个工程项目进行分解得到的各层次项目单元进行各个时间参数(开始和结束时间、持续时间、容许变更时差等)的设定,进而确定各个工程活动的时间安排,工期控制的目的就是使工程实施过程与工期计划相一致,保证各个活动能够按计划、按时完成,进而保证总工期目标的实现。而进度控制是集纵向、横向的全方位控制过程,它不仅要求时间上的一致性,而且追求一定时间内工程量的完成程度或消耗的一致性。由此可见,工期控制是进度控制的首要内容,但不是全部内容,有效的工期控制才能达到有效的进度控制。通常情况下,对进度的调整也常常表现为对工期的调整。对进度控制和工期控制有了充分的认识,才能在工期计划得以保证的前提下,使各项资源在施工过程中得到高效的利用,施工过程中的不确定性问题得以有效解决。

二、进度控制的目标

(一)项目进度总目标

项目进度总目标是依据项目总进度计划确定的,是整个项目的进度计划,它是在项目决策阶段确定的。由业主方负责对项目进度总目标进行控制。项目进度总目标通常包括以下7个方面的内容:

(1)设计前准备阶段的工作进度;

(2)设计工作进度;

(3)招标工作进度;

(4)施工前准备工作进度;

(5)工程施工进度;

（6）工程物资采购工作进度；

（7）项目动用前的准备工作进度等。

项目进度总目标是从工程建设各个阶段对项目建设提出的总的要求，在对项目进度总目标进行控制之前，首先应分析和论证上述各项工作的进度目标实现的可能性，若项目进度总目标不能通过论证，则应该调整项目进度总目标。

（二）项目进度分目标

项目进度总目标是从总的方面对项目建设提出的工期要求，但在项目活动中，是通过对最基础的分项工程的进度控制来保证各单项工程或阶段工程进度控制总目标的完成，进而实现项目进度总目标。因此，必须根据进度计划，按项目实施的阶段及分工等设立不同层次的进度分目标，并构成一个有机的进度目标系统。每一层次的进度控制目标都限定了下一层次的进度控制目标，而下级目标的实现又是上级目标得以实现的保证。

通常可以按照项目的实施阶段、项目所包含的子项目、时间以及项目实施单位来设立分目标。图 3-1 是一个工程项目施工进度控制目标系统示意图。

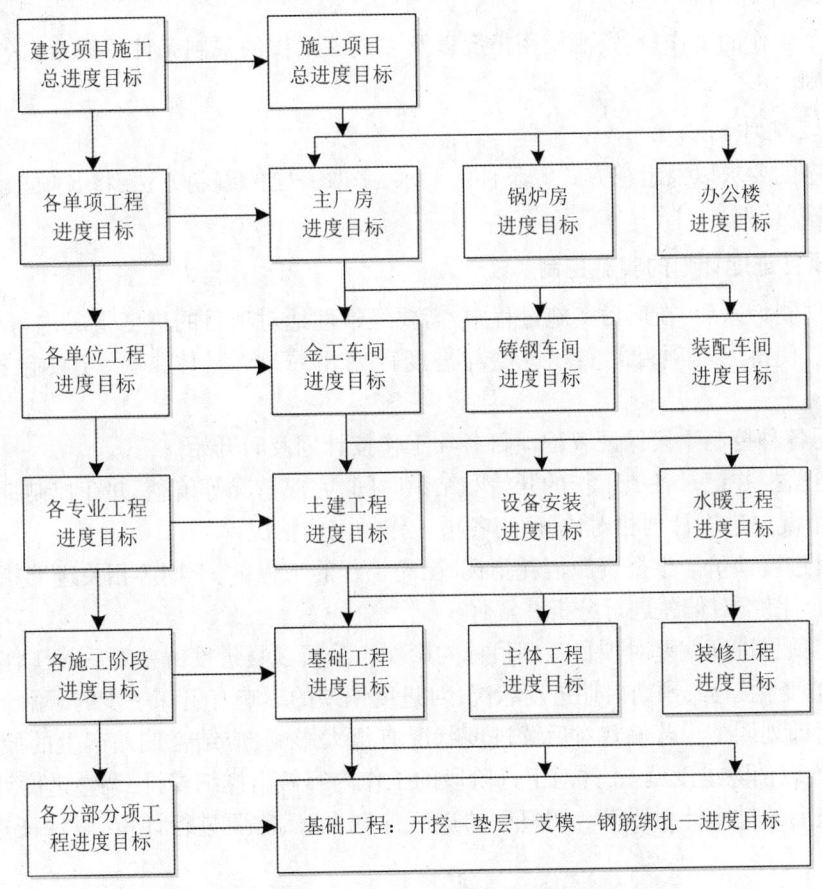

图 3-1　工程项目施工进度控制目标系统示意图

三、进度控制的内容

项目进度控制包括两大部分内容,即项目进度计划的制订和项目进度计划的实施控制。

(一)项目进度计划的制订

1.收集信息资料

在编制项目进度计划之前,必须充分收集有关项目背景、项目实施条件、项目实施单位、人员数量和技术水平等真实可信的信息资料,以保证进度计划的科学性和可行性。

2.项目结构分解

将整个项目按照进度计划的种类、完成阶段的分工、进度控制精度的要求及完成项目的单位组织形式等情况,分解成一系列相互关联的基本活动,这些基本活动即为进度计划中的工作。

3.项目工作时间估计

根据每个工作的工作量、资源使用情况以及完成该工作的限制条件等因素,估算每一项工作所需的时间。

4.项目进度计划编制

根据工序的要求以及组织方式等条件的要求,采取一定的编制方法,将各项工作之间进行排序,形成进度计划。

(二)项目进度计划的实施控制

进度计划制订以后,在项目实施过程中,需要经常性地对项目的进度情况进行检查、对比、分析、调整,以使得工程项目的实际进度与进度计划相一致。具体来说,主要包括以下一些内容:

(1)采用各种控制手段保证工程项目各项工作按计划及时开始。

(2)实时监控并记录各项工作的开始和结束时间、完成情况等信息,并在控制期结束时,将活动的完成情况与进度计划相对比,确定各项工作的完成情况。

(3)项目进度评价。根据资源消耗指标、已完工程的工程量、工期等相关进度指标,对项目进度进行综合评价,对偏差进行分析并解释。

(4)评定项目进度偏差对项目工期目标的影响。分析项目进度偏差对后续工作的影响,分析项目整体的变化趋势,预期后期进度状况,对进度偏差的影响有更深一步的了解。

(5)进度计划调整。若偏差对后续进度状况有很大影响,应结合偏差产生的原因,有针对性地采取措施以消除进度偏差,并对下一阶段的工作内容做出详细安排,调整进度计划。

(6)调整后的进度计划评审。调整后的进度计划,依然需要进行评审,以保证进度计划的科学性。

(7)调整下一阶段的工作安排。将调整后的进度计划通知相关各方,并做好相关工作安排的调整工作,以保证下一阶段的工作能够按照调整后的进度计划有序进行。

四、进度控制的过程及作用

建设工程项目是在动态条件下实施的,因此进度控制也是一个动态的管理过程。项目进度控制的动态过程如图 3-2 所示。进度控制的主要过程包括:

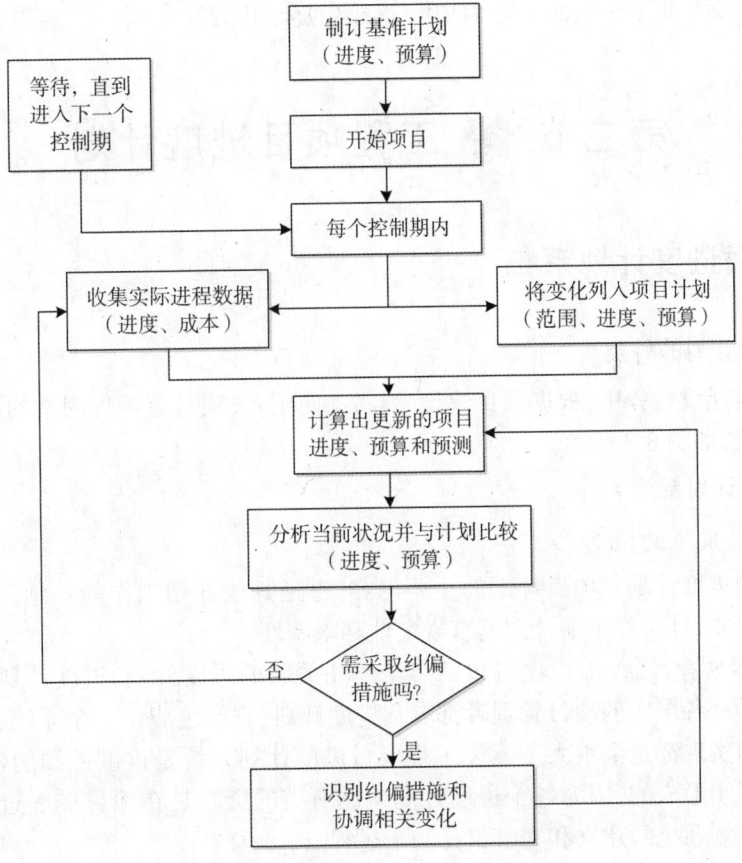

图 3-2　项目进度控制的动态过程

(1)分析和论证进度目标的合理性。若经过系统认证,目标不能够实现,则必须调整目标。

(2)在收集资料和调查研究的基础上编制进度计划。采取各种控制手段保证项目及各个活动按计划及时开始,记录各工程活动的开始、结束时间和完成程度,保证各方按计划完成工作。

(3)进度计划的跟踪检查与调整。在各个控制期结束时,将各活动的完成程度与计划进行对比,确定各工程活动及整个项目的完成程度,并结合工期、可交付成果、资源消耗等指标,综合评价项目当前的进展情况,找出主要偏差,分析其中的问题和原因,同时应评定偏差对进度目标的影响;结合当前进度情况,制订相应的进度计划调整措施,调整后的进度目标仍然需要进行分析和论证。

项目进度控制作为工程项目管理中不可或缺的重要环节,与成本管理、质量管理相互联系、互相影响、彼此制约,共同对项目按时、高效率、高质量完成发挥着至关重要的作用。项目进度的合理安排,对于项目的工期、质量和成本控制有直接的影响,是全面实施"三要素"控制的关键环节。

项目进度控制以进度计划为依据,而项目进度计划又是由许多综合高效的进度计划方法编制而来,因而,进度控制能够给项目范围内的各项活动确定合理的工作顺序和搭接方式,能够对整个项目进行统筹规划与合理安排;进度控制通过对各项活动的先后顺序与工作时间进行合理安排,能够使项目在工期内获得成本与资源的合理配置。

第二节 ◉ 工程项目进度计划

一、项目进度计划系统

(一)进度计划的种类

在工程项目建设过程中,根据项目建设参与方、使用者、项目范围等因素的不同,需要对进度计划进行分类,如图 3-3 所示。

(二)进度计划系统

1.进度计划系统的概念

工程项目的进度计划是项目计划的主要内容,也是其他计划工作的基础。工程项目进度目标是项目的主要目标,对工期计划具有规定性和限制性。

从项目整体来看,建设工程项目包括多个互相关联的进度计划,进度计划的种类是多样的,各项目参与方、各层次的项目管理者都有其进度计划,它们组成了一个系统,它们的进度计划对于总目标的实现都意义重大。建设工程项目进度计划系统是进度控制的依据。但是,进度计划系统是逐步形成的,因为各个进度计划编制所需的资料是在项目进展过程中逐步形成的,因此,进度计划系统的建立和完善也是一个过程。

2.进度计划系统的类型

根据项目进度控制不同的需要和用途,业主方和项目各参与方可以构建多个工程项目进度计划系统。

(1)由不同深度的计划构成进度计划系统,包括总进度计划、项目子系统进度计划、项目子系统中的单位工程(或单项工程)进度计划等。

(2)由不同功能的计划构成进度计划系统,包括控制性进度计划、指导性进度计划、实施性(操作性)进度计划等。

(3)由不同项目参与方的计划构成进度计划系统,包括业主编制的整个项目实施的进度计划、设计进度计划、施工进度计划、采购和供货进度计划等。

(4)由不同周期的计划构成进度计划系统,包括五年建设进度计划、年度进度计划、季度进度计划、月度进度计划、旬进度计划和周进度计划等。

在建设工程项目进度计划系统中,各进度计划或各子系统进度计划编制和调整时必须注意其相互之间的联系和协调。

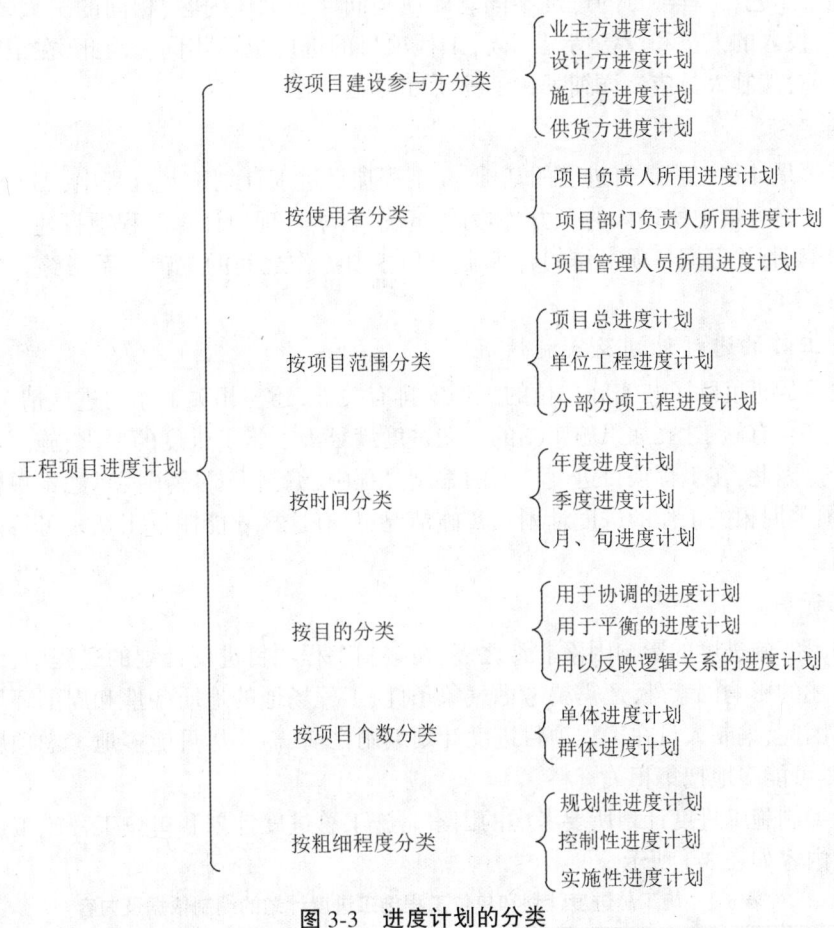

图 3-3 进度计划的分类

二、进度计划的编制依据

工程项目进度计划一般根据以下资料进行编制：

1.工程合同

工程合同既是联系各工程项目建设参与单位的纽带,也是确定工程项目管理目标的基础。因此编制工程项目进度计划时,应该根据工程合同了解合同工期、分期分批子工程的开竣工日期,关于工期提前、延误、调整的约定,及施工组织设计,并根据合同工期确定工程项目进度管理的总目标。

2.工程设计图纸

工程合同中虽然包含了工程项目建设的具体任务内容,但是工程合同对工程项目建设任务的叙述往往是比较概括的,工程项目建设任务的工程量等详细信息,必须在对工程设计图纸进行认真分析后才能够得到,因此,工程设计图纸是工程项目进度计划编制过程中不可缺少的基础资料。

3.工程项目实施方案

工程项目进度与工程项目实施方案的关系非常密切。同样的工作内容、相同的工程量,采用不同的施工工艺,工程项目的进度不同。即使是同样的工作内容、相同的工程量,采用相同的施工工艺,投入的人员和设备情况不同,工程项目的进度也不相同。因此,在工程项目进度计划编制之前,编制人员应该详细了解工程项目实施方案。

4.工期定额

工期定额是计算工程项目进度的基础,在工程项目进度计划编制过程中,编制人员应该了解工程项目实施方案中所投入的人力、物力等情况,科学合理地计算工程项目建设任务在各项工作的合理工期,并根据各项工作的合理工期和各项工作之间的逻辑关系最终确定工程项目的进度计划。

5.相关工作的进度计划及实施情况

工程项目的进度除了与实施单位的工作安排有关外,还与相关工作的进展情况关系密切。如工程施工必须有施工图,如果施工图的出图进度满足不了施工进度的要求,施工就没办法按照计划进行。因此,在工程项目进度计划的编制过程中,编制人员除了要考虑本单位的具体情况外,还必须掌握相关工作的进度计划及实施情况,只有这样才能制订出切实可行的工程项目的进度计划。

6.其他资料

工程项目实施进度的影响因素非常之多,在编制工程项目进度计划的过程中,编制人员除了要考虑上述的影响因素外,还需要考虑气象条件、工程场地的地质条件和周围环境及条件等许多因素。因此,编制人员在工程项目进度计划编制之前,需要尽可能多地考虑项目进度的影响因素,并尽可能多地搜集相关资料。

以上为编制施工进度计划所要考虑的因素。施工总进度计划和单位工程施工进度计划的编制依据及内容如表3-1所示。

表3-1 施工总进度计划和单位工程施工进度计划的编制依据及内容

计划系统	编制依据	编制内容
施工总进度计划	①施工总方案 ②资源供应条件 ③各类定额资料 ④合同文件 ⑤工程项目建设总进度计划 ⑥工程动用时间目标 ⑦建设地区自然条件及有关技术经济资料等	①编制说明 ②施工总进度计划表 ③分期、分批施工工程的开工日期、完工日期及工期一览表 ④资源需求量及供应平衡表
单位工程施工进度计划	①项目管理目标责任书 ②施工总进度计划 ③单位工程施工方案 ④资源供应条件 ⑤合同工期或定额工期 ⑥施工图和施工预算 ⑦施工现场条件、气候条件、环境变化	①编制说明 ②进度计划图 ③单位工程施工进度计划的风险分析及控制措施

三、进度计划的编制过程

编制进度计划的目的是按照项目总工期目标确定各个层次项目单元的持续时间、开始和结束时间,以及它们在时间上的机动余地,最终使得项目资源得到最有效的利用,使项目风险降至最小。

进度计划的编制过程包括项目范围的确定、工作的定义、工作顺序的安排、进度计划的编制等几个步骤。

1.项目范围的确定

项目范围的确定是指将项目的可交付成果划分为较小的、更易于管理的多个单元,使项目范围具体化、层次化、结构化,从而达到可管理、可控制、可实施的目的,减少项目风险。这个定义中包含两层含义:一是项目范围必须包括项目目标要求实现的所有工作,二是包含项目目标规定的必要的、最少量的工作,而不能无限扩大项目范围,进而导致进度控制的效率降低。

2.工作的定义

工作的定义是指在工作分解结构(WBS)的基础上,利用工作分解技术将工作分解结构中最低层的工作分解为更小、更容易控制的基本活动,并形成文件的过程。图 3-4 为某住宅楼 WBS 分解的结果示意图。

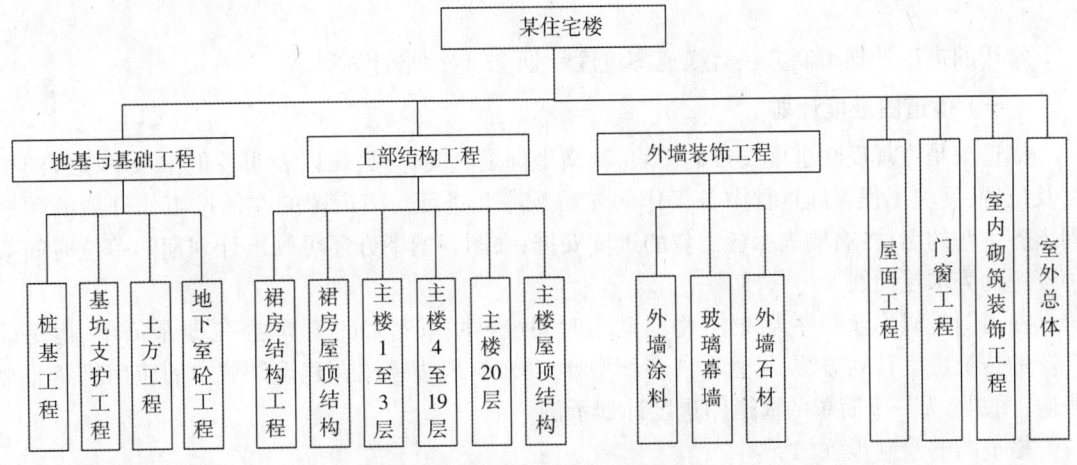

图 3-4 某住宅楼 WBS 分解的结果示意图

3.工作顺序的安排

工作顺序的安排就是指对工作清单中的各项工作之间的相互关系进行识别,并据此对各项活动的先后顺序进行安排和确定。进行工作顺序的安排时,应确定各项工作之间的先后依赖关系,这种先后关系有的是活动之间本身存在的、无法改变的逻辑关系,有的是需要人为确定的。

4.进度计划的编制

在上述基础工作完成之后,便可利用不同的方法进行进度计划的编制,编制完成的进度计划都应包含执行的主体、时间的要求、优先顺序、任务编号、备注说明等基本内容。

施工进度计划的编制流程如图 3-5 所示。

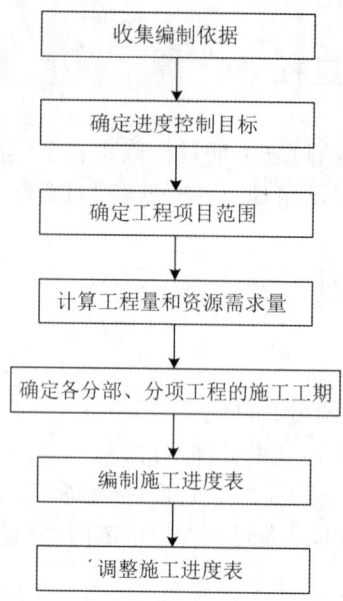

图 3-5　施工进度计划的编制流程

四、进度计划的编制方法

常用的进度计划编制方法有横道图进度计划、工程网络计划等。

（一）横道图进度计划

横道图是直观反映进度安排的图表,其横坐标是时间标尺,用以表明各工作水平横线的长度及位置,反映工程实施过程中各工作的先后顺序和进度。横道图的左侧按工作开展的顺序列出各工作的名称;右侧表示各工作的进度安排;在图表的下方还可画出计划期间单位时间某种资源的需求量曲线。

横道图是以作业顺序为线索,将活动与时间最早联系起来的工具之一,是最简单、运用最广泛的传统进度计划方法,尽管有许多新型计划技术,但横道图在建设领域中的应用仍然非常普遍,图 3-6 为一个简单的横道图进度计划示例。

横道图的绘制步骤如下:

(1)明确项目范围内的各项工作内容,及其持续时间、开始和结束时间,各项活动之间的先后顺序及依赖关系。

(2)创建横道图草图。将所有工作内容的开始时间、持续时间列在横道图上。

(3)确定各工作内容的依赖关系和时序进展。在横道图草图的基础上,确定各项工作之间的搭接关系,形成项目进度计划。

(4)横道图进度计划的检查与调整。工程项目的建设过程是一个动态的过程,因而,进度计划也应有一定的灵活性,随着工程项目的进行,横道图进度计划也需要不断地进行检查与调整。

横道图进度计划的最大优点是其简洁性,将进度线与时间坐标相对应,表达方式较为直观,主要适用于小型项目或大型项目的子项目中,亦可用于计算资源需求量,但是,横道图进度

标识号	任务名称	工期	开始时间	完成时间	前置任务	8月	9月	10月	11月	12月	1月	2月	3月
1	基础完	0 day	2017年9月2日	2017年9月2日			9/2						
2	预制柱	35 day	2017年9月4日	2017年10月20日	1								
3	预制屋架	20 day	2017年9月4日	2017年9月29日	1								
4	预制楼梯	15 day	2017年9月4日	2017年9月22日	1								
5	吊装	30 day	2017年10月23日	2017年12月1日	2,3,4								
6	砌砖墙	20 day	2017年12月4日	2017年12月29日	5								
7	屋面找平	5 day	2017年12月4日	2017年12月8日	6								
8	钢窗安装	4 day	2017年12月25日	2017年12月28日	6SS+15 days								
9	二毡三油一沙	5 day	2017年12月11日	2017年12月15日	7								
10	外粉刷	20 day	2017年12月29日	2018年1月25日	8								
11	内粉刷	30 day	2017年12月29日	2018年2月8日	8,9								
12	油漆、玻璃	5 day	2018年2月9日	2018年2月15日	10,11								
13	竣工	0 day	2018年2月15日	2018年2月15日	12								2/15

图 3-6 横道图进度计划示例

计划也存在一些问题,各工作内容之间的逻辑关系不易表达清楚,不能确定计划的关键工作、关键路线等。

(二)工程网络计划

工程网络计划的类型有很多,我国《工程网络计划技术规程》(JGJ/T 121—2015)推荐的常用的工程网络计划类型包括:双代号网络计划、双代号时标网络计划、单代号网络计划、单代号搭接网络计划。本书将主要对双代号网络图、双代号时标网络图进行介绍。

用双代号和双节点表示工作绘制而成的网络计划图称为双代号网络图,如图3-7所示。

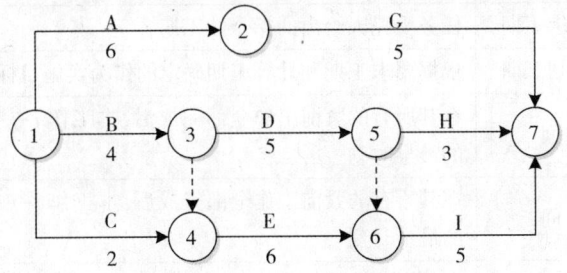

图 3-7 双代号网络图示例

1.双代号网络图的基本形式

双代号网络图中,每一条箭线代表一项工程活动,箭线上表示工作名称,箭线下表示工作的持续时间,箭线两端用编上字母的圆圈标注,箭头节点 i 表示该工作的开始,箭头节点 j 表示该工作的结束,如图3-8所示。

在双代号网络图中,当工程活动之间的逻辑关系较为复杂时,需要用到虚箭线,它们持续时间为零,也不消耗资源,一般起着工作之间联系、区分和断路等作用;将工作用 $i-j$ 表示,一项

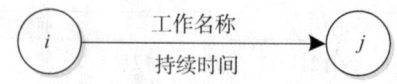

图 3-8 双代号网络的基本形式

工作应当只有唯一的一条箭线和相应的一对节点,且要求箭尾节点的编号小于其箭头节点的编号,紧排在本工作之前的工作称为紧前工作,紧排在本工作之后的工作称为紧后工作,与之平行进行的工作称为平行工作。

在网络图中,从起始节点开始,沿箭头方向顺序通过一系列箭线与节点,最后达到终点节点的通路称为线路,一个网络图中通常有多条线路。网络图中工作之间相互制约或相互依赖的关系称为逻辑关系,它包括工艺关系和组织关系,在网络图中均表现为工作之间的先后顺序,网络图必须将各工作之间的逻辑关系表达清楚,因此,绘制网络图时必须遵守一定的基本规则。

2.双代号网络图的绘图规则

(1)必须正确表示已确定的逻辑关系。

(2)只允许有一个首节点、一个尾节点。若出现多个首节点或尾节点,则应将节点合并,或增加虚箭线。

(3)不允许出现循环回路。存在循环回路则意味着逻辑上存在矛盾,应及时调整。

(4)不能错画、漏画,如出现双向箭头、无箭头、无节点的活动。

3.双代号网络图中的主要时间参数

双代号网络图中的主要时间参数如表 3-2 所示。

表 3-2 双代号网络图中的主要时间参数

序号	参数名称		定义	表示方法
1	持续时间		一项工作从开始到结束的时间	D_{i-j}
2	工期	计算工期	根据网络计划时间参数计算得到的工期	T_c
3		要求工期	任务委托人给出的指令性工期	T_r
4		计划工期	根据要求工期和计算工期确定的作为实施目标的工期	T_p
5	最早开始时间		在其所有的紧前工作全部完成后,本工作 $i-j$ 有可能开始的最早时刻	ES_{i-j}
6	最早完成时间		在其所有的紧前工作全部完成后,本工作 $i-j$ 有可能完成的最早时刻	EF_{i-j}
7	最迟完成时间		在不影响整个任务按期完成的前提下,本工作 $i-j$ 必须完成的最迟时刻	LF_{i-j}
8	最迟开始时间		在不影响整个任务按期完成的前提下,本工作 $i-j$ 必须开始的最迟时刻	LS_{i-j}
9	总时差		在不影响总工期的前提下,本工作 $i-j$ 可以利用的机动时间	TF_{i-j}

（续表）

序号	参数名称	定义	表示方法
10	自由时差	在不影响其紧后工作最早开始时间的前提下，本工作 $i-j$ 可以利用的机动时间	FF_{i-j}
11	节点的最早时间	开始节点的各项工作的最早开始时间	ET_j
12	节点的最迟时间	完成节点的各项工作的最迟结束时间	LT_j
13	时间间隔	本工作 $i-j$ 的最早完成时间与其紧后工作的最早开始时间之间可能存在的差值	LAG_{i-j}

4.双代号网络图中的主要时间参数的计算方法

（1）最早开始时间和最早完成时间的计算

最早时间参数受到紧前工作的约束，故其计算顺序应从起点节点开始，按照箭线顺序依次逐项计算。以网络计划的起始节点为开始起点的工作最早开始时间为零。

最早开始时间等于各紧前工作的最早完成时间 EF_{h-i} 的最大值，即

$$ES_{i-j} = \max \{EF_{h-i}\} \tag{3-1}$$

最早完成时间等于最早开始时间加上其持续时间，即

$$EF_{i-j} = ES_{i-j} + D_{i-j} \tag{3-2}$$

（2）确定计算工期 T_c

计算工期等于以网络计划图的终点节点为结束节点的各个工作的最早完成时间的最大值。当终点节点的编号为 n 时，计算工期为：

$$T_c = \max \{EF_{i-n}\} \tag{3-3}$$

当无工期要求时，取计划工期等于计算工期，即 $T_p = T_c$。

（3）最迟开始时间和最迟完成时间的计算

工作的最迟时间参数受到紧后工作的约束，故其计算顺序应从终点节点起，逆着箭线方向依次逐项计算。

以网络计划的终点节点为结束节点的工作的最迟完成时间等于计划工期，即

$$LF_{i-n} = T_p \tag{3-4}$$

最迟完成时间等于各紧后工作的最迟开始时间 LF_{j-k} 的最小值，即

$$LF_{i-j} = \min \{LS_{j-k}\} \tag{3-5}$$

最迟开始时间等于最迟完成时间减去其持续时间，即

$$LS_{i-j} = LF_{i-j} - D_{i-j} \tag{3-6}$$

（4）总时差的计算

总时差等于其最迟开始时间减去最早开始时间，或等于最迟完成时间减去最早完成时间，即

$$TF_{i-j} = LS_{i-j} - ES_{i-j} \tag{3-7}$$

或

$$TF_{i-j} = LF_{i-j} - EF_{i-j} \tag{3-8}$$

（5）自由时差的计算

某活动的自由时差等于其紧后工作的最早开始时间减去该活动的最早结束时间，当工作 $i{-}j$ 有紧后工作 $j{-}k$ 时，其自由时差为：

$$FF_{i-j} = ES_{j-k} - EF_{i-j} \tag{3-9}$$

以网络计划图终点节点为结束节点的工作，其自由时差 FF_{i-n} 应按网络计划的计划工期 T_p 确定，即

$$FF_{i-n} = T_p - EF_{i-n} \tag{3-10}$$

5.双代号网络图中关键工作、关键路线的确定

关键工作，是指网络图中总时差最小的工作。当计划工期等于计算工期时，总时差为零的工作就是关键工作。由于总时差最小的工作，其具有的机动时间最小，如果影响其持续时间就会影响计划工期，因此称为关键工作。在实际进度控制过程中，必须重视对这些工作的持续时间的控制，以确保在工期计划内完成整个项目。

在双代号网络图中，关键线路为总的持续时间最长的线路。一个网络计划可能有一条或几条关键线路，在网络计划的执行过程中，关键路线有可能转移。

除了上述的双代号网络图，常用的还有双代号时标网络图。双代号时标网络图，简称时标网络计划，是指加入了时间坐标后的双代号网络图，如图3-9所示。双代号时标网络图中的时间单位可以根据实际工作的需要选择天、周、日或季度等。

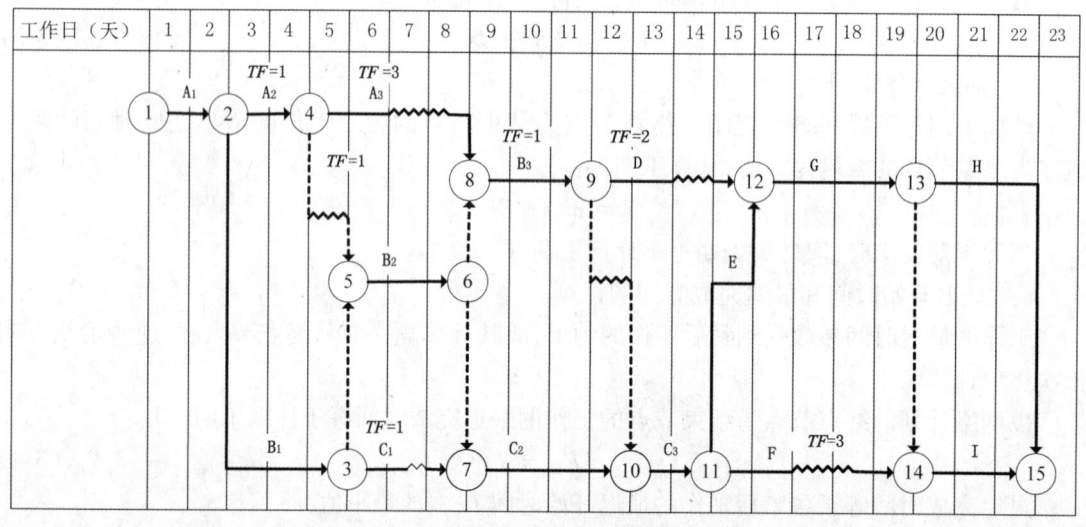

图3-9　双代号时标网络图示例

在双代号时标网络图中，以实箭线表示工作，以虚箭线表示虚工作，以波浪线表示工作的自由时差。所有符号在时间坐标上的水平投影位置，都必须与其时间参数相对应。节点中心必须对准相应的时标位置。虚工作以垂直方向的波浪线表示，有自由时差时加波浪线表示。

双代号时标网络图兼有网络计划与横道图计划的优点，能够清楚地表明计划的时间进程，使用方便；能够在网络图中直接显示出各项工作的开始与完成时间、工作的自由时差及关键线路。

相比于横道图进度计划，工程网络计划的适用性更广，在大多数情况下，它是最理想的工期计划方法和工期控制方法。但是，工程网络计划也有不足之处，绘图方法和过程相比于横道

图较为复杂,这可以通过绘制时标网络计划加以弥补。

第三节 ◉ 工程项目进度计划的检查与调整

在计划执行过程中,组织、管理、经济、技术、资源、环境和自然条件等影响因素,往往会造成实际进度与计划进度产生偏差,如果偏差不能及时纠正,必将影响进度目标的实现。因此,在计划执行过程中采取相应措施来进行管理,对保证计划目标的顺利实现具有重要意义。

编制进度计划不是一项一劳永逸的工作,由于各项因素对进度计划的影响,进度计划需要不断地进行调整,最初的进度计划是调整的起点,这些调整是基于在期限内完成任务、降低成本或满足资源约束的需要提出的。进度调整的工作流程如图 3-10 所示。

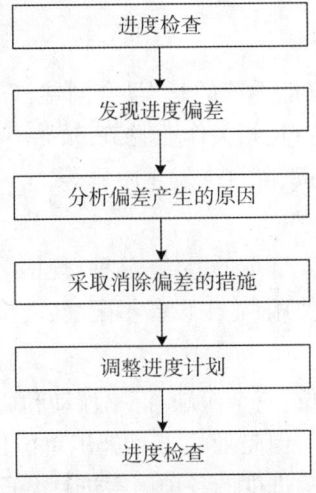

图 3-10 进度调整的工作流程

一、进度计划的影响因素

项目进度的影响因素众多而复杂,这些因素可归纳为人的因素、技术因素、资金因素、工程水文地质因素、气象因素、环境因素、社会环境因素以及其他难以预料的因素。这其中,项目参建各方的影响因素即人的因素是最主要的也是最根本的因素。从产生的根源看,有的来源于建设单位及其上级主管部门;有的来源于勘察设计、施工及材料、设备供应单位;有的来源于政府、建设主管部门、有关协作单位和社会;有的来源于各种自然条件;也有的来源于建设和监理单位本身。在工程建设过程中,常见的影响因素如下:

1. 业主因素

如由于业主使用要求发生改变而进行设计的变更;业主方不能及时提供施工所需的场地条件或所提供的场地不能满足工程正常需要;业主方不能及时向施工承包单位或材料供应商付款等。

2.勘察设计因素

如勘察资料不准确,特别是地质资料错误或遗漏;设计内容不完善,设计不符合规范要求,设计有缺陷或错误;设计对施工过程中的可能出现的问题考虑不周;施工图纸供应不及时、不配套,或出现重大差错等。

3.施工技术因素

如施工工艺错误;施工方案不合理;施工安全措施不当;不可靠技术的应用等。

4.自然环境因素

如复杂的工程地质条件;不明的水文气象条件;地下埋藏文物的保护、处理;洪水、地震、台风等不可抗力等。

5.社会环境因素

如外单位临近工程施工干扰;节假日交通、市容整顿的限制;临时停水、停电、断路;国内的法律法规的要求等。

6.组织管理因素

如向有关部门提出各种申请审批手续的延误;合同签订时遗漏条款、表达失当;计划安排不周密,组织协调不力,导致停工待料、相关作业脱节;领导不力,指挥失当,使参加工程建设的各个单位、各个施工过程之间在交接、配合上发生矛盾等。

7.材料、设备因素

如材料、构配件、机具、设备供应环节的差错,品种、规格、质量、数量、时间不能满足工程的需要;特殊材料及新材料的不合理使用;施工设备不配套、选型失当、安装失误、有故障等。

8.资金因素

如有关方拖欠资金、资金不到位、资金短缺、汇率浮动和通货膨胀等。

尽管影响进度计划的因素很多,但是业主方和施工单位仍然是影响工程进度的主要责任方,业主方项目管理人员应该对影响进度的各项因素进行全面的评估和分析,科学合理地制订进度计划,并采取有针对性的预防措施,以实现对进度的有效控制。

二、进度计划的检查

(一)进度计划实施的跟踪检查

1.进度计划实施的检查

对进度计划的执行情况进行跟踪检查是进度执行信息的主要来源,是进度分析和调整的依据,也是进度控制的关键步骤。在网络计划的执行过程中,必须建立相应的检查制度,定时、定期地对计划的实际执行情况进行跟踪,收集反映实际进度的有关数据。

为了全面、准确地掌握进度计划的执行情况,应做好以下三个方面的工作:

(1)定期收集进度报表资料,进度报表是反映工程实际进度的主要方式之一。

(2)现场实际检查工程进展情况,派专业人员常驻现场,随时对工程进度计划的实际执行情况进行检查,这样可以加强进度监测工作,掌握工程进度的一手资料,使获取的数据更加及时、准确。

（3）定期召开现场会议,项目管理人员通过与进度计划执行单位的有关人员面对面交谈,既可以了解工程实际进度状况,同时也可以协调有关方面的进度关系。

2.收集数据的加工处理

反映实际进度的原始数据量大面广,必须对其进行整理、统计和分析,形成与计划进度具有可比性的数据,以便在网络图上进行记录。根据记录的结果可以分析判断进度的实际状况,及时发现进度偏差,为网络图的调整提供信息。

（二）进度检查的主要内容

（1）关键工作进度；

（2）非关键工作的进度及时差利用情况；

（3）实际进度对各项工作之间逻辑关系的影响；

（4）资源状况；

（5）成本状况；

（6）存在的其他问题。

（三）进度计划的检查方法

进度计划的检查方法主要是对比法,即将实际进度与计划进度相对比,通过比较发现偏差,以便调整或修改计划,保证进度目标的实现。常用的进度检查方法有横道图检查法、实际进度前锋线比较法以及将进度与成本结合起来评估项目绩效的挣值法,下面对这几种常用的比较方法进行简单的介绍。

1.横道图检查法

横道图检查法主要是将项目实施过程中检查实际进度收集到的数据,经整理后用横道线绘制在原横道线的下方,对实际进度与计划进度进行直观比较。横道图检查法示例如图3-11所示。

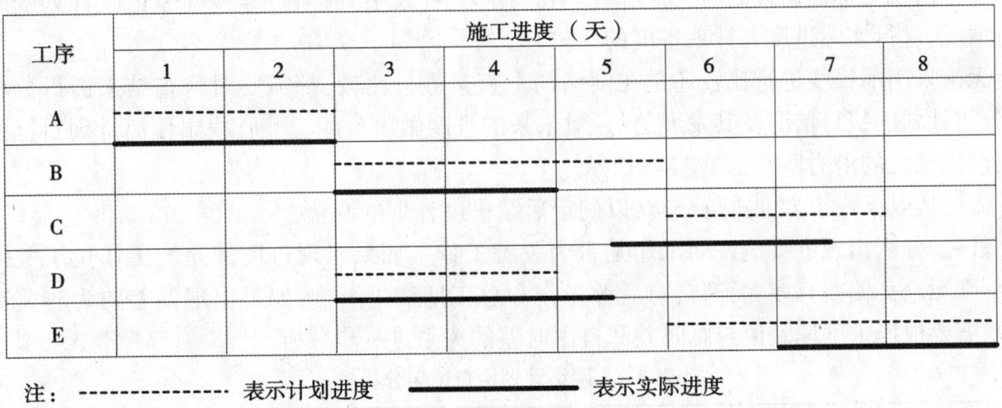

工序	施工进度 （天）							
	1	2	3	4	5	6	7	8
A								
B								
C								
D								
E								

注：------------ 表示计划进度 ———— 表示实际进度

图 3-11　横道图检查法示例

通过横道图检查法,我们可以清晰方便地观察出实际进度与计划进度的偏差,但是由于进度图是基于横道图绘制的,各工作之间的逻辑关系表达不明确,关键工作和关键路径无法确定,无法预测某一工作的进度偏差对其后续工作和总工期的影响,进而难以确定相应的进度计划调整方法。因此,横道图检查法主要适用于工程项目中某些工作实际进度与计划进度的实际比较。

2.实际进度前锋线比较法

当采用时标网络计划时,可采用实际进度前锋线记录计划实际执行情况,进行实际进度与计划进度的比较。所谓实际进度前锋线,是指在时标网络计划中,将实际检查时刻各项工作的实际进度所达到的前锋点连接而成的折线。

按前锋线与工作箭线交点的位置判定实际施工进度与计划进度的偏差。检查日期左侧的点,表示进度拖后;检查日期上的点,表示实际进度与计划进度相一致;检查日期后面的点,表示提前完成进度计划。

图3-12所示的前锋线中,给出了第12天进行检查的前锋线,可以看出,当第12天检查时,H、I、G工作进度滞后于计划值,J工作的进度超前于计划值。

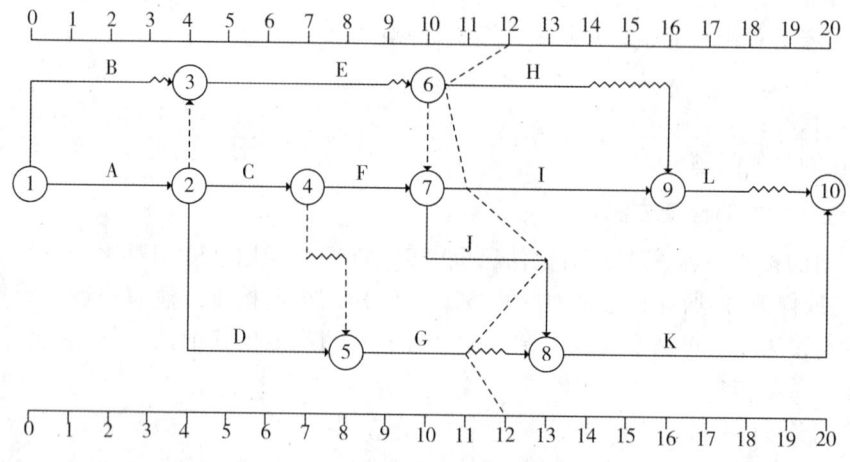

图3-12 前锋线比较法示例

当采用无时标网络计划时,可在图上直接用文字、数字、适当符号或列表记录计划的实际执行情况,进行实际进度与计划进度的比较。

无论采用前锋线进行比较还是在网络图上直接进行比较,都需要对检查结果进行分析判断,分析计划的执行情况及其发展趋势,对未来的进度做出预测、判断,找出偏离计划目标的原因及可供挖掘的潜力所在,如表3-3所示。

需要从以下三个方面进行分析,以确定后续进度计划的调整。

首先,分析出现进度偏差的工作是否为关键工作。如果出现进度偏差的工作位于关键路线上,则无论其偏差有多大,都会对后续工作和总工期产生影响;如果出现偏差的为非关键工作,则需要根据进度偏差值与总时差和自由时差的关系进一步分析。

表3-3 网络计划检查结果分析表

工作编号	工作名称	检查时尚需工作天数	按计划最迟完成尚有天数	总时差(d)		自由时差(d)		情况分析
				原有	目前尚有	原有	目前尚有	

其次,分析进度偏差是否超过总时差。如果工作的进度偏差值大于该工作的总时差,则必将影响后续工作和总工期,必须采取相应措施进行调整;若进度偏差未超过总时差,则不会影响总工期。至于进度偏差对后续工作的影响程度,还需要根据偏差值与其自由时差的关系做进一步分析。

最后,分析进度偏差是否超过自由时差。如果工作的进度偏差大于该工作的自由时差,则会对后续工作产生影响,此时应根据后续工作的限制条件确定调整方法;如果工作的进度偏差未超过该工作的自由时差,则此进度偏差不影响后续工作,因此,原进度计划可以不做调整。

3.挣值法

在工程实施过程中,为了有效地进行投资管理,项目管理者应定期将投资计划值与实际值进行比较。当发现偏差时,应分析产生原因,采取适当的纠偏措施进行动态控制,以使投资超支额尽可能小。挣值法又称赢得值法或偏差分析法,是对成本和进度综合控制的方法,始于20世纪70年代美国的国防工程,利用挣值法可求得任意检查时刻的成本偏差和进度偏差。

挣值法需要使用实际项目中的三项成本参数:计划工作预算费用(Budgeted Cost for Work Scheduled,BCWS),是指项目实施过程中某阶段计划要求完成的工作量所需的资金总额。已完工作实际费用(Actual Cost for Work Performed,ACWP),是指项目实施过程中某阶段实际完成的工作量所消耗的总金额。已完工作预算费用(Budgeted Cost for Work Performed,BCWP),是指项目实施过程中某阶段按实际完成工作量及按预算定额计算出来的费用,即挣得值。

常见的计算评价指标如下:

①费用偏差(Cost Variance,CV)

$$CV = BCWP - ACWP \tag{3-11}$$

计算结果为"-"表明预算超支;反之,说明预算节约。

②进度偏差(Scheduled Variance,SV)

$$SV = BCWP - BCWS \tag{3-12}$$

计算结果为"-"表明进度拖后;反之,说明进度提高。

③费用执行指标(Cost Performed Index,CPI)

$$CPI = BCWP / ACWP \tag{3-13}$$

计算结果小于"1"表明预算超支,工作效果差;反之,说明工作效果好。

④进度执行指标(Scheduled Performed Index,SPI)

$$SPI = BCWP / BCWS \tag{3-14}$$

计算结果小于"1"表明进度落后,工作效果差;反之,说明工作效果好。

⑤项目完成时成本差异

$$VAC = BAC - EAC \tag{3-15}$$

式中:BAC——项目完成预算成本;

EAC——项目完成预测成本。

计算结果为"-"表明项目任务执行效果不佳,预算超支;反之,说明预算节约。

在项目实施过程中,根据计划工作量的预算费用、已完工作量的预算费用、已完工作量的实际费用,可形成如图3-13所示的三条曲线,根据该三条曲线就可以进行项目的费用和进度偏差分析。

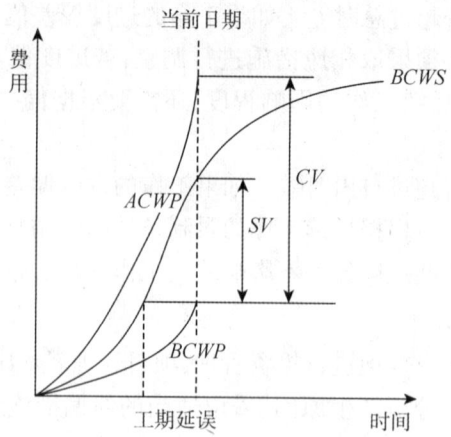

图 3-13 挣值法评价曲线

当发现费用发生偏差时，可以用挣得值参数分析与对应措施来达到费用控制的目的，如表 3-4 所示。

表 3-4 挣得值参数分析与对应措施

序号	三个参数关系	分析	措施
1	$ACWP>BCWS>BCWP$ $SV<0$ $CV<0$	进度较慢 投入超前 效率低	用工作效率高的人员替换工作效率低的人员
2	$BCWP>BCWS>ACWP$ $SV>0$ $CV>0$	进度较快 投入延后 效率高	若偏离不大，维持现状
3	$BCWP>ACWP>BCWS$ $SV>0$ $CV>0$	进度快 投入超前 效率较高	抽出部分人员和资金，放慢进度
4	$ACWP>BCWP>BCWS$ $SV>0$ $CV<0$	进度较快 投入超前 效率较低	抽出部分人员，增加少量骨干人员
5	$BCWS>ACWP>BCWP$ $SV<0$ $CV<0$	进度慢 投入延后 效率较低	增加高效人员和资金的投入
6	$BCWS>BCWP>ACWP$ $SV<0$ $CV>0$	进度较慢 投入延后 效率较高	迅速增加人员投入

三、进度计划的调整

（一）进度计划调整的内容

进度计划的调整,依据进度计划执行中的跟踪检查结果进行,调整的内容包括以下几个方面:

(1)调整关键路线的长度;

(2)调整非关键工作时差;

(3)增、减工作项目;

(4)调整逻辑关系;

(5)重新估计某些工作的持续时间;

(6)对资源的投入做相应调整。

（二）进度计划调整的方法

1.调整关键路线的方法

当关键路线的实际进度比进度计划落后时,应在尚未完成的工作中,选择资源强度小或费用低的工作缩短其持续时间,并重新计算未完成部分的时间参数,将其作为一个新计划实施。当关键路线的实际进度比进度计划落后时,若不打算提前工期,应选用资源占用量大或者直接费用高的后续工作,延长其持续时间,以降低其资源强度和费用;当确定要提前完成计划时,应将计划尚未完成的部分作为一个新计划,重新确定关键工作的持续时间,按新计划实施。

2.非关键工作的调整方法

非关键工作的调整应在其时差的范围内进行,以便充分地利用资源、降低成本或满足施工的需要。每一次调整后都必须重新计算时间参数,观察该调整对计划全局的影响。可采取以下几种调整方法:将工作在其最早开始时间和最迟完成时间范围内移动;延长工作的持续时间;缩短工作的持续时间。

3.增、减工作项目时的调整方法

增、减工作项目时应符合下列规定:第一,不打乱原网络计划总的逻辑关系,只对局部的逻辑关系进行调整;第二,在增、减工作后应重新计算时间参数,分析对原网络计划的影响;当对工期有影响时,应采取调整措施,以保证计划工期不变。

4.调整逻辑关系

只有当实际情况要求改变施工方法或组织方法时才可进行逻辑关系的调整。调整时应避免影响原定计划工期和其他工作的顺利进行。

5.调整工作的持续时间

当发现某些原有工作持续时间估计有误或实现条件不充分时,应重新估算其持续时间,并重新计算时间参数,尽量使原计划工期不受影响。

6.调整资源的投入

当资源供应发生异常时,应采用资源优化方法对计划进行调整,或采取应急措施,使其对工期的影响最小。

网络计划的调整,可以定期进行,亦可根据计划检查的结果在必要时进行。

第四节 ● 工程项目进度控制的措施

一、组织措施

组织是实现目标的决定性因素,为了实现项目的进度目标,应该充分重视健全项目管理的组织体系。在项目组织结构中应有专门的工作部门和具备进度控制资质的人员进行进度控制工作。

进度控制的主要工作环节包括进度目标的分析论证、编制进度计划、定期跟踪进度计划的执行情况、采取纠偏措施以及调整进度计划。这些工作任务和相应的管理职能都应在项目管理组织设计的任务分工表和管理职能分工表中标示和落实,如:

(1)建立进度控制目标体系,明确设计、监理、总包及专业分包等组织中进行进度控制的负责人;

(2)建立工程进度报告制度及信息沟通网络;

(3)建立进度计划审核制度和进度计划实施中的检查分析制度;

(4)建立进度协调会议制度,包括协调会议举行的时间、地点,协调会议的参加人员等;

(5)建立图纸审查、工程变更和设计变更管理制度。

二、管理措施

建设工程进度控制的管理措施涉及管理的思想、管理的方法、管理的手段、承发包模式、合同管理和风险管理等。在理顺组织的前提下,科学严谨的管理显得十分重要。

建设工程项目进度控制在管理观念方面存在的主要问题是:

(1)缺乏进度计划系统的概念——分别编制各种独立而互不联系的计划,不能形成计划系统;

(2)缺乏动态控制的观念——只重视计划的编制,而不重视及时地进行计划的动态调整;

(3)缺乏进度计划多方案比较和选优的概念——合理的进度计划应体现在资源的合理使用、工作面的合理安排,有利于提高建设质量,有利于文明施工和合理地缩短建设周期。

用工程网络计划的方法编制进度计划必须很严谨地分析和考虑工作之间的逻辑关系,通过工程网络的计算可以发现关键工作和关键路线,也可以知道非关键工作的时差,工程网络计划的方法有利于实现进度控制的科学化。

承发包模式的选择直接关系到工程实施的组织和协调。为了实现进度目标,应选择合理的合同结构,以避免过多的合同交界面出现而影响工程的进展。工程物资的采购模式也对进度有直接影响,对此应做比较分析。

为实现进度目标,不但应进行进度控制,还应该注意影响工程进度的风险,并在分析的基础上采取风险管理措施,以减少进度失控的风险量。常见的影响工程进度的风险有组织风险、管理风险、合同风险、资源风险、技术风险等。

重视信息技术在进度控制中的应用。虽然信息技术对进度控制而言只是一种管理手段，但是它的应用有利于提高进度信息处理的效率，有利于提高进度信息的透明度，有利于促进进度信息的交流和项目各参与方的协同工作。

三、经济措施

建设工程项目进度控制的经济措施涉及资金需求计划、资金供应的条件和经济激励措施等。为确保进度目标的实现，应编制与进度计划相适应的资源需求计划(资源进度计划)，包括资金需求计划和其他资源(人力和物力资源)需求计划，以反映工程各时段所需要的资源。通过资源需求的分析，我们可以发现所编制的进度计划实现的可能性，若资源条件不具备，则应调整进度计划。资金需求计划也是工程融资的重要依据。常见的进度计划经济措施有：

(1)及时办理工程预付款及工程进度款支付手续；

(2)及时支付特殊的赶工费用；

(3)对工期提前给予奖励；

(4)对工期延误按合同约定收取工期延误赔偿金；

(5)加强索赔管理，公正地处理索赔。

四、技术措施

建设工程项目进度控制的技术措施重点涉及对实现进度目标有利的设计技术和施工技术的选用。不同的设计理念、设计技术路线、实际方案会对工程进度产生不同的影响。施工方案对工程进度有直接的影响，在决策其是否被选用时，不仅应分析该施工方案技术的先进性和经济合理性，还应考虑其对进度的影响。常见的工程进度技术措施有：

(1)选用对实现项目总进度目标有利的工程设计技术、工程施工技术和招标方案；

(2)合理划分标段，清晰界定总包与分包、分包与分包之间的合同界面；

(3)认真审查承包商提供的进度计划，使承包商能在合理的状态下施工；

(4)编制进度控制工作细则，使承包商能在合理的状态下施工；

(5)在公司职能部门的支持下，对技术方案和问题及时论证、及时决策、及时上报，切实为现场施工扫清技术障碍；

(6)采用网络计划技术及其他科学适用的计划方法，并结合电子计算机的应用，对建设工程进度实施动态控制。

第五节 ◉ 案例分析——上海环球金融中心

上海环球金融中心是位于中国上海陆家嘴的一栋摩天大楼，2008年8月29日竣工，是一幢以办公为主，集商贸、宾馆、观光等设施于一体的综合型大厦。上海环球金融中心以将近500 m的高度在上海巍峨矗立,它的造型优雅,是一座以玻璃、钢材和混凝土打造而成的塔楼建筑。

上海环球金融中心是以日本的森大厦株式会社为主体,联合日本、美国等国家和地区的40多家企业投资兴建的项目,总投资额超过 1 050 亿日元。原设计高 460 m,工程地块面积3 万 m²,总建筑面积达 38.16 万 m²,在金茂大厦旁边。1997 年年初开工后,因受亚洲金融危机影响,工程一度停工。2003 年 2 月工程复工。但由于当时中国台北和香港都已在建 480 m 高的摩天大厦,超过上海环球金融中心的原设计高度,而日本方面兴建世界第一高楼的初衷不变,于是对原设计方案进行了修改。修改后的上海环球金融中心比原来增加 7 层,即达到地上101 层,地下 3 层,楼层总面积约 377 300 m²。大楼楼层规划为地下 2 楼至地上 3 楼是商场,7 楼至 77 楼为办公室,79 楼至 93 楼是酒店,94 楼至 100 楼为观光、观景设施,共有 3 个观景台,其中 94 楼为"观光大厅",是一个约 700 m² 的展览场地及观景台,可举行不同类型的展览活动,97 楼为"观光天桥",在第 100 层又设计了一个最高的"观光天阁",长约 55 m,地上高达474 m,超越加拿大国家电视塔的观景台和迪拜的迪拜塔观景台(地上 440 m),成为世界最高的观景台。

建筑的主体是一个正方形柱体,由两个巨型拱形斜面逐渐向上缩窄于顶端交会而成。这座上海超级塔是建筑设计上的终极挑战,由 60 000 多吨钢材和 26 万 m³ 的混凝土兴建而成,动用了业界最优秀的建筑人才和 2 000 名中国的建筑从业人员来监督这项工程。工作人员日夜操劳,必须以每 3 天就盖完 1 个楼层的速度工作,耗费的钢筋长达 15 000 km——足以来回国际太空站 19 趟。工作人员最终动用了 2 000 根钢棒,把塔楼锚固在地面上,再加上一个在功能上相当实用、同时在视觉上令人惊叹的风洞,使大楼在强风中屹立不摇,这其中借鉴了中国庭院建筑中"月门"的设计理念。

这是一座超高大楼,在设计之初,设计者必须处理一个很有趣的议题——如何把天和地连接起来,这也是高楼建筑的使命。而设计师发现了中国古老文化中天圆地方的思想,便融合了这两种形状,以钢铁和玻璃,打造高达 95 层的角柱体,把人类的眼界和灵魂从地面带往天际。但是要兴建这样一座大楼,设计师得先解决一个大问题,尽管浦东的土地寸土寸金,但非常不适合兴建超高大楼,河水渗透土壤,使其成为松软的泥土,施工人员抽水之后土地立刻下陷。从 1920 年起,上海部分地区下陷近 2 m,所以设计师首先要解决浦东地区地质欠佳的问题。上海全都是冲击土壤,没有岩床,不会有花岗岩在土壤几米深处。最终,设计师给出了解决方案——使用摩擦基桩,把 2 000 根钢棒打入浦东的沼泽地底 80 m 处,桩柱越是深入泥地,泥地的反作用力就越强,把钢棒牢牢固定,创造出稳定的地基,上海环球金融中心就像一艘船,漂浮在浦东的渍水土壤上。

除此之外,上海环球金融中心的施工过程还存在以下创造性突破:

(1)塔楼核心筒和巨型柱施工世界先进

1997 年年初,上海环球金融中心采用 2 000 根摩擦基桩将大厦固定在泥土里的设计方案,但是 2003 年复工后,大厦的设计高度发生改变,设计师不得不想办法使得原有基础能够承受新增的 7 层的重量,最终,设计师采取的方法是大厦每隔 12 层设置一个悬臂桁架。

与此同时,超高层建筑施工采用自行开发研制的整体提升钢平台模板体系和进口的液压自动爬模体系,在上海环球金融中心塔楼核心筒和巨型柱结构施工中发挥了独特作用。运用这些先进的工艺和技术,创出了塔楼核心筒和巨型柱施工的世界先进水平。

（2）混凝土一次泵送至492 m高空

高强度、高耐久、高流态、高泵送混凝土技术在上海环球金融中心施工中见奇效，创造了一次连续40 h浇筑主楼底板3万余立方米混凝土的国内房建领域新纪录和混凝土一次泵送至492 m高空的世界纪录。

（3）225.40 t可吊至500 m高空

上海环球金融中心吊装中采用的2台M900D塔吊，是国内房建领域中起重量最大、高度可达500 m的巨型变臂塔吊，塔吊总重量达225.40 t。大厦封顶后该塔吊在500 m高空被拆卸，这在世界范围内属首例。

（4）遭遇强台风不会引起摇晃

为提高遭遇强风时大厦酒店和办公人员使用环境的舒适性，上海环球金融中心在90层安装了2台用来抑制建筑物由于强风引起摇晃的风阻尼器。该装置通过使用传感器，能够探测强风时建筑物的摇晃程度，抑制建筑物的摇晃。

（5）窗户安装难度大

整个大厦需要安装10 000扇窗户，然而大厦顶层储存窗户的空间不足，窗户到位后必须尽快安装，否则当遇到大风天气以及能见度低的天气时，安装工作将会变得相当困难。

（6）防范恐怖袭击的威胁

现阶段的摩天大楼，不仅要满足防风抗震的要求，更面临着恐怖袭击的威胁。为了避免出现像"9·11"事件中位于大火楼层以上的被困者无法逃出大厦的状况，上海环球金融中心在大厦的中间核心部位设置了安全楼梯，使得火灾发生时位于大火楼层以上的被困者可以逃出大厦。

思考题：

1.本案例中进度控制的重点在哪几个方面？

2.在本案例中应采取哪些进度控制措施来保证进度目标的实现？

参考文献

［1］成虎，陈群.工程项目管理［M］.4版.北京：中国建筑工业出版社，2022.

［2］全国一级建造师执业资格考试用书编写委员会.建设工程项目管理［M］.北京：中国建筑工业出版社，2014.

［3］仲景冰，王红兵.工程项目管理［M］.北京：北京大学出版社，2006.

［4］谢颖.工程项目管理［M］.北京：科学出版社，2010.

第四章

工程项目质量控制

第一节 ◉ 工程项目质量概述

工程项目质量是在国家相关法律、法规、技术标准、设计文件以及合同中，所规定的对工程安全性、适用性、经济性、美观及环保的综合要求。工程项目质量是按照建设项目的程序，经过建设项目可行性研究、项目决策、工程设计、工程施工、工程验收等各个阶段逐步形成的，而不仅仅取决于施工阶段。工程项目质量包含工序质量、分项工程质量、分部工程质量和单位工程质量，工程项目质量也包括工程实物质量和工作管理质量，其中工作管理质量是指项目建设各参与方为了保证建设项目质量所从事技术、组织工作的水平和完善程度。

一、工程项目质量的特点

工程项目具有独特性、一次性、全生命周期长等特点，而工程项目质量的特点主要取决于工程项目自身的特点。工程项目质量的主要特点有影响因素多、质量波动大、质量的变异性、质量的隐蔽性、容易产生质量判断错误和终检的局限性，具体见表4-1。

表4-1 工程项目质量的特点

特点	内容
影响因素多	工程项目的质量受到各种自然因素、技术因素和管理因素的影响，如工程项目的地形、地质、水文、气象、规划、决策、设计、材料、机械、施工方法、施工工艺、人员素质、项目管理制度和措施等，这些因素都将直接或间接地影响工程项目的质量
质量波动大	由于建筑生产的单件性、流动性，不同于一般的工业产品生产有固定的生产流水线、规范化的生产工艺和完善的检测技术、成套的生产设备和稳定的生产环境，所以工程项目质量容易产生波动且波动大。同时由于影响工程项目质量的偶然性因素和系统性因素比较多，任何一个因素的变化都会引起工程项目质量的波动。因此，要严防出现系统性因素的质量变异，把质量波动控制在偶然性因素范围内

（续表）

特点	内容
质量的变异性	工程项目的质量不仅受到偶然性因素的影响,也会受到系统性因素的干扰。因此在工程项目施工中,必须建立健全质量管理体系和各种质量管理制度,严格控制质量,预防因系统性因素的出现导致质量变异
质量的隐蔽性	在工程项目施工中,由于工序交接多、中间产品多、隐蔽工程多,质量存在一定的隐蔽性。如果不进行严格的检查监督,不及时发现不合格项目并进行处理,施工完成后仅从表面上检查,就很难发现内在的质量问题,从而留下质量隐患
容易产生质量错误判断	由于工程项目质量具有隐蔽性,以及其自身的特点导致工程项目不能拆解,所以隐蔽性质量的复查就非常困难。另外,由于质量检测方法和手段的限制,工程项目的质量也容易出现判断错误,即容易产生第一类判断错误(将合格品判断为不合格品)和第二类判断错误(将不合格品判断为合格品)
终检的局限性	工程项目建成后不可能像一般工业产品那样依靠终检来判断产品质量,或将产品拆卸、解体来检查其内在的质量,或对不合格零部件进行更换,所以在工程项目的终检(竣工验收)过程中很难发现隐蔽的质量缺陷。因此,工程项目的终检存在一定的局限性,这就要求工程项目质量控制应以预防为主

二、工程项目质量的评价

工程项目质量可以按照工程项目的建设过程、工程项目的组成及工程项目的功能和使用价值三个方面来进行评价。

（一）按工程项目的建设过程评价

工程项目的质量是在建设过程中逐渐形成的,工程项目的建设过程也就是工程项目质量的形成过程,工程项目建设的各个阶段,即可行性研究、决策、设计、施工、竣工验收、生产运行等阶段,都会对工程项目的质量形成产生不同的影响,具体见表4-2。

表4-2 工程项目建设的各个阶段对工程项目质量的影响

项目	内容
项目的可行性研究阶段	项目的可行性研究是在项目建议书和项目策划的基础上,运用经济学原理对投资项目的有关技术、经济、社会、环境等方面进行调查研究,对各种可能的拟建方案和建成投产后的经济效益、社会效益和环境效益等进行技术经济分析、预测和论证,确定项目建设的可行性,并在可行的情况下,通过多方案比较,从中选择出最佳的建设方案,作为项目决策和设计时的依据。在这个过程中,需要确定工程项目的质量要求,并与投资目标相协调。因此,项目的可行性研究直接影响项目的决策质量和设计质量
项目的决策阶段	项目的决策是在项目建议书的基础上,通过可行性研究和项目评估,对项目的建设方案(包括项目的建设规模、布局、投资和进度等)做出决策,使项目的建设不仅符合使用者的意愿,还能够适应地区环境。所以,项目的决策阶段主要确定项目的质量目标和水平

（续表）

项目	内容
项目的设计阶段	项目的设计阶段是根据项目决策阶段已经确定的质量目标和水平,通过设计来解决如何达到并体现出质量目标和水平。所以,项目的设计阶段的作用是使项目的质量目标和水平具体化
项目的施工阶段	项目的施工阶段是指根据设计图纸的要求,利用施工手段形成工程实体,即实现图纸中所描述的实体形态。因此,项目的施工阶段是项目的质量目标和水平的实现阶段
项目的竣工验收阶段	项目竣工验收就是对施工完成的项目进行检查评定、试车运转等,以考核项目质量是否达到设计要求,并且符合决策阶段确定的质量目标和水平,并通过验收确保工程项目的质量,所以项目竣工验收是为了保证产品的最终质量
项目的生产运行阶段	项目的生产运行阶段是指在项目的使用或运行期间进行定期或不定期的质量检查以及日常的维修管理,使工程项目既能充分发挥其功能和效益,又能确保其安全运行。所以,项目的生产运行阶段是项目的质量目标和水平的保持阶段

从表 4-2 可以看出,就工程项目建设的全过程来说,工程项目建设的各阶段对项目质量及其最终形成有着直接影响。可行性研究阶段是确定项目质量目标和水平的依据;决策阶段确定项目的质量目标和水平;设计阶段使项目的质量目标和水平具体化;施工阶段实现项目的质量目标和水平;竣工验收阶段保证项目的质量目标和水平;生产运行阶段保持项目的质量目标和水平。

（二）按工程项目的组成评价

工程项目的组成对工程项目质量的影响见表 4-3。

表 4-3　工程项目的组成对工程项目质量的影响

项目	内容
工程项目的组成	一个工程项目是由若干个单位工程组成的,而一个单位工程又可以分为若干个分部工程,一个分部工程又包括若干个分项工程,一个分项工程可以再分为若干道工序
工程项目的质量	从工程项目组成的角度来看,一个工程项目的质量由单位工程的质量组成,单位工程的质量由分部工程的质量组成,分部工程的质量由分项工程的质量组成,分项工程的质量由若干道工序的质量组成

从表 4-3 的内容可以看出,工序的质量是形成工程项目质量的最基本单位,因此,只有严格管理和控制工序质量才能保证工程项目的质量。

（三）按工程项目的功能和使用价值评价

工程项目的质量常常体现在工程项目的功能和使用价值上,主要分为适用性、可靠性、经济性、美观性以及与环境的协调性五个方面,见表 4-4。

表 4-4　工程项目的功能和使用价值对工程项目质量的影响

项目	内容
适用性（功能）	适用性是指工程满足使用目的的各种性能,主要包括理化性能（如尺寸、规格、保温、隔热、隔声等物理性能;耐酸、耐碱、耐腐蚀、防火、防风化、防尘等化学性能）;结构性能（如地基基础牢固程度,结构的足够强度、刚度和稳定性等）;使用性能（如民用住宅工程要能使居住者安居,工业厂房要能满足生产活动需要,道路、桥梁、铁路航道要能通达、便捷等）;外观性能（如建筑物的造型、布置室内装饰效果、色彩、美观大方、协调等）

（续表）

	项目	内容
可靠性	安全性	安全性是指工程项目在使用过程中能保证安全,确保工程正常使用的性能,也就是说工程结构应具有足够的强度、刚度、稳定性、抗渗性、抗冻性、抗腐蚀性以及抗震、防火等抗灾能力
	耐久性（寿命）	耐久性是指工程在规定的使用条件下,满足规定功能要求所能使用的年限,也就是工程竣工后的合理使用寿命周期。由于建筑物本身结构类型不同、质量要求不同、施工方法不同、使用性能不同,目前国家对建设工程的合理使用寿命周期进行统一的规定。如民用建筑主体结构设计使用年限分为四级（15~30年,30~50年,50~100年,100年以上）;公路工程设计年限一般按等级控制在10~20年;城市道路工程设计年限则因不同道路构成和所用的材料而有所区别。对于工程组成部件（如塑料管道、屋面防水、卫生洁具、电梯等）则结合部件的产品性质和工程的使用寿命周期而规定不同的耐用年限
	使用的灵活性	使用的灵活性是指工程在使用上的灵活程度,如闸门、阀门的开关应自如
经济性	造价（投资）	造价是指工程项目从项目建议书开始,经过可行性研究、勘察、设计、施工到交付使用的全部费用,原则上这部分费用应该越低越好
	运行管理费用	运行管理费用也称为工程的使用成本,包括工程的正常运行费用（如能源消耗维修、养护费用等）和工程管理费用（包括人员工资、办公费、税金等费用）
	效益	效益是指工程投入运行后所产生的效益,包括经济效益和社会效益
美观性		美观性是指工程项目的外观造型和装饰艺术
与环境的协调性		与环境的协调性是指工程项目与周围的生态环境的协调（不影响和破坏生态环境）、与周围社区经济的协调（有利于当地经济、文化的发展）以及与已建工程的协调（不影响和破坏周围已建工程的正常使用和功能的发挥）

三、工程项目质量的影响因素

影响工程项目质量的因素很多,主要有五个方面,即人（Man）、材料（Material）、机械（Machine）、方法（Method）和环境（Environment）,简称为4M1E因素,具体见表4-5。

表4-5 影响工程项目质量的因素

影响因素	内容
人的因素	人是生产经营活动的主体,也是工程项目建设的决策者、管理者、操作者。工程建设的全过程,都是通过人来完成的。人员的素质,即人的文化水平、技术水平、决策能力、管理能力、组织能力、作业能力、控制能力、身体素质及职业道德等,都将直接或间接地对规划、决策、勘察、设计和施工的质量产生影响。而规划是否合理,决策是否正确,设计是否符合所需要的质量和功能,施工能否满足合同、规范技术标准的需要等,都可能对工程质量造成影响,所以人员素质是影响工程质量的一个重要因素。因此,建筑行业实行经营资质管理和各类专业从业人员持证上岗制度来保证人员素质

（续表）

影响因素	内容
材料因素	材料是构成工程建筑物实体的物质基础,一个工程项目要使用各种各样大量的建筑材料、构配件、半成品。这些材料的质量是否合格,材料的技术性能是否符合法规标准、合同、设计文件和图纸的要求,材料的保管、使用是否正确合理,操作工艺和技术是否符合规程和标准的要求等,都会对工程项目的质量产生直接和重大的影响,有时甚至还会影响到工程项目的安全和正常使用
机械因素	施工机械和器具是近代工程项目施工中必不可少的生产手段,一个工程项目的施工,特别是大型工程项目,往往要使用大量的施工机械设备,包括各种垂直和水平运输机械、吊装机械、挖掘机械、打桩机械、夯实机械、空气压缩机械、混凝土拌和机械、振捣机械等。这些机械设备的型式是否符合施工条件和施工特点,机械设备的性能是否先进稳定,操作使用是否安全可靠等,都会影响工程项目的质量
方法因素	方法是指施工方案、施工工艺和施工操作。在工程施工中,施工方案是否合理,施工工艺是否先进,施工操作是否正确,都将对工程质量产生重大的影响。大力推进采用新技术、新工艺、新办法,不断提高工艺技术水平,是保证工程质量稳定提高的重要方法
环境因素	环境因素在影响工程质量特性方面起重要作用,包括工程技术环境因素、工程管理环境因素和工程劳动环境因素。其中,工程技术环境因素包括地形地貌、工程地质、水文、气象等;工程管理环境因素主要包括质量管理体系、质量管理制度等;工程劳动环境因素包括劳动组合、作业环境、作业场所、劳动防护、通风照明等

第二节 ● 项目相关方的质量责任和义务

一、建设单位的质量责任和义务

（一）工程发包

建设单位应当将工程发包给具有相应资质等级的单位,但需要注意的是建设单位不得将建设工程肢解发包。

建设单位应当依法对工程建设项目的勘察、设计、施工、监理以及与工程建设有关的重要设备、材料等的采购进行招标。在招标中建设单位不得迫使承包方以低于成本的价格竞标,不得任意压缩合理工期,不得明示或者暗示设计单位或者施工单位违反工程建设强制性标准,降低建设工程质量。

建设单位必须向有关的勘察、设计、施工、工程监理等单位提供与建设工程有关的真实、准确、齐全的原始资料。

（二）施工图设计文件审查

建设单位应当将施工图设计文件报县级以上人民政府建设主管部门或者其他有关部门审查。未经审查批准的施工图设计文件不得使用。

（三）工程监理

需要监理的建设工程,建设单位应当委托具有相应资质等级的工程监理单位进行监理,也可以委托具有工程监理相应资质等级并与被监理工程的施工承包单位没有隶属关系或者其他利害关系的工程设计单位进行监理。

（四）工程施工

（1）建设单位在领取施工许可证或者开工报告前,应当按照国家有关规定办理工程质量监督手续。

（2）若合同中约定由建设单位采购建筑材料、建筑构配件和设备,建设单位应当保证建筑材料、建筑构配件和设备符合设计文件和合同要求,不得明示或者暗示施工单位使用不合格的建筑材料、建筑构配件和设备。

（3）涉及建筑主体和承重结构变动的装修工程,建设单位应当在施工前委托原设计单位或者具有相应资质等级的设计单位提出设计方案,没有设计方案不得施工;房屋建筑使用者在装修过程中也不得擅自变动。

（五）工程竣工验收

建设单位收到建设工程竣工报告后,应及时组织设计、施工、工程监理等有关单位进行竣工验收工作;建设工程经验收合格后方可交付使用。

建设工程竣工验收应当具备下列条件:

(1)完成建设工程设计和合同约定的各项内容;

(2)有完整的技术档案和施工管理资料;

(3)有工程使用的主要建筑材料、建筑构配件和设备的进场试验报告;

(4)有勘察、设计、施工、工程监理等单位分别签署的质量合格文件;

(5)有施工单位签署的工程保修书。

建设单位应当严格按照国家有关档案管理的规定,及时收集、整理建设项目各环节的文件资料,建立健全建设项目档案,并在建设工程竣工验收后,及时向建设行政主管部门或者其他有关部门移交建设项目档案。

二、勘察、设计单位的质量责任和义务

（一）工程承揽

从事建设工程勘察、设计的单位应当依法取得相应等级的资质证书,并在其资质等级许可的范围内承揽工程,严禁勘察、设计单位承揽其资质等级许可范围之外的工程或者以其他勘察、设计单位名义承揽工程。此外,勘察、设计单位不得转包或者违法分包所承揽的工程。

（二）勘察设计

（1）勘察单位提交的勘察成果,必须真实、准确,能满足规划、设计、施工阶段不同级别的勘察精度要求,保证工程质量。勘察单位未按规定标准进行勘察,或达不到规定的精度要求,造成工程质量事故或经济损失,应依法承担相应责任。

（2）设计单位对设计文件质量负完全责任,应做到设计依据可靠,资料真实,成果准确。设

计文件应满足相关规程、规范和强制性标准要求,达到规定的设计深度并注明工程合理使用年限。

(3)设计单位在设计文件中选用的建筑材料、建筑构配件和设备,应注明规格、型号、性能等技术指标,其质量要求必须符合国家规定的标准。除有特殊要求的建筑材料、专用设备、工艺生产线等外,设计单位不得指定生产厂、供应商。

(4)设计单位应就审查合格的施工图设计文件向施工单位进行技术交底。

(5)设计单位应参与建设工程质量的事故分析,并提出合理的质量事故技术处理方案。

(6)设计单位因未按勘察成果文件进行工程设计、未按工程建设强制性标准进行设计等,造成工程质量事故和经济损失的,应依法承担责任。

三、施工单位的质量责任和义务

(一)工程承揽

施工单位应在等级许可的范围内承揽工程,禁止施工单位超出本单位资质等级许可的业务范围或者以其他施工单位的名义承揽工程或允许其他单位或者个人以本单位的名义承揽工程、转包或者违法分包工程。

(二)工程施工

施工单位对建设工程的施工质量负责。施工单位应当建立质量责任制,确定工程项目的项目经理、技术负责人和施工管理负责人;建立、健全教育培训制度,加强对职工的教育培训,未经教育培训或者考核不合格的人员不得上岗作业。

实行总承包的建设工程,总承包单位应当对全部建设工程质量负责;勘察、设计、施工、设备采购的一项或者多项实行总承包的建设工程,总承包单位应当对其承包的建设工程或者采购的设备的质量负责。

总承包单位依法将建设工程分包给其他单位的,分包单位应当按照分包合同的约定对其分包工程的质量向总承包单位负责,总承包单位对分包工程的质量承担连带责任。

施工单位必须按照工程设计图纸和施工技术标准施工,不得擅自修改工程设计、偷工减料;施工单位在施工过程中发现设计文件和图纸有差错的,应当及时提出意见和建议;施工单位在施工中偷工减料,使用不合格的建筑材料、建筑构配件和设备,或者未按工程设计图纸、施工技术标准施工,造成工程质量不合格的,应负责返工、修理,并赔偿相应损失。

(三)质量检验

施工单位必须按照工程设计要求、施工技术标准和合同约定,对建筑材料、建筑构配件、设备和商品混凝土进行检验,并做书面记录,由专人签字;未经检验或者检验不合格的材料、设备等均禁止使用。施工人员对涉及结构安全的试块、试件以及其他有关材料,应在建设单位或者工程监理单位的监督下现场取样,并送至具有相应资质等级的质量检测单位进行检测。

施工单位还必须建立、健全施工质量的检验制度,严格工序管理,做好隐蔽工程的质量检查和记录,其中重要隐蔽工程应报请项目单位和监理单位联合验收。隐蔽工程在隐蔽前,施工单位应当通知建设单位和建设工程质量监督机构。施工中出现质量问题的建设工程或者竣工验收不合格的建设工程,应当由施工单位负责返修。

四、监理单位的质量责任和义务

（一）业务承担

监理单位应当依法取得相应等级的资质证书,并在其资质等级许可的范围内承担工程监理业务。禁止监理单位超出本单位资质等级许可的范围或者以其他监理单位的名义承担工程监理业务或允许其他单位或者个人以本单位的名义承担工程监理业务;监理单位不得转让工程监理业务。

(1)监理单位派驻工地和设备制造现场的监理机构及其人员,应做到专业配套并在数量上满足监理工作需要,现场监理机构应制定监理规划、监理实施细则并认真执行。

(2)监理单位应当依照法律、法规以及有关技术标准、设计文件和建设工程承包合同,代表项目单位对施工质量实施监理,并对施工质量承担监理责任。监理单位的监理工作不到位或由于监理人员失职、渎职,造成工程质量事故和经济损失的,应按有关规定负赔偿责任。

监理单位与被监理工程的施工承包单位以及建筑材料、建筑构配件和设备供应单位有隶属关系或者其他利害关系的,不得承担该项建设工程的监理业务。

（二）监理工作实施

监理单位应当依照法律、法规以及有关技术标准、设计文件和建设工程承包合同,代表建设单位对施工质量实施监理,并对施工质量承担监理责任。

监理单位应当选派具备相应资格的总监理工程师和监理工程师进驻施工现场。监理工程师应当按照工程监理规范的要求,采取旁站、巡视和平行检验等形式,对建设工程实施监理。未经监理工程师签字的建筑材料、建筑构配件和设备不得在工程上使用或者安装,同时施工单位不得进行下一道工序的施工。未经总监理工程师签字,建设单位不拨付工程款,不进行竣工验收。

第三节 ◉ 工程项目质量控制的实施

工程项目的质量控制是质量管理的重要组成部分,其目的是使产品、体系或过程的固有特性达到规定的要求,即满足顾客、法律、法规等方面所提出的质量要求(如适用性、安全性等),所以,质量控制需要通过采取一系列的作业技术和活动对各个过程实施控制。

质量控制的工作内容包括作业技术和活动,即专业技术和管理技术。为保证产品形成全过程中每一阶段的质量,应对影响其质量的人、材料、机械、方法、环境(4M1E)因素进行控制,并对质量成果进行分阶段验证,以便及时发现问题,查明原因,采取相应的纠正措施,防止发生质量不合格的现象。因此,质量控制应严格贯彻预防为主与检验把关相结合的原则。

质量控制在产品形成和体系运行的每一个过程中都有输入、转换和输出三个环节,通过对每一个过程的三个环节实施有效的控制,进而有效控制各个过程,保障产品符合规定要求。

一、工程项目质量控制过程的主体

工程项目质量控制按其实施主体的不同可以分为自控主体和监控主体。前者是指直接从事质量职能的活动者,后者是指对他人质量能力和效果的监控者。工程项目实施阶段质量控制的主体主要包括政府、勘察设计单位、施工单位、监理单位的质量控制,具体见表4-6。

表4-6 工程项目实施阶段质量控制的主体

项目	内容
政府的质量控制	政府属于监控主体,它对工程项目的质量控制是以法律、法规为依据,对工程项目的报建、设计文件的审查、施工的许可、材料设备的准用、工程质量的监督、强制性法规的实施、重大工程的竣工验收备案等主要环节进行控制
勘察设计单位的质量控制	勘察设计单位属于自控主体,它对工程项目的质量控制是以法律、法规和勘察设计合同为依据,对勘察设计的全过程进行控制,包括勘察设计的工作程序、工作进度、费用及成果文件所包含的功能和使用价值,从而满足建设单位对勘察设计质量的要求
施工单位的质量控制	施工单位属于自控主体,它对工程项目的质量控制是以法律、法规、工程合同、设计文件和图纸为依据,对工程项目的施工全过程进行控制,以达到合同文件规定的质量要求
监理单位的质量控制	监理单位属于监控主体,它是受建设单位的委托,代表建设单位对工程项目进行质量控制。它是以法律法规、监理合同、勘察设计合同、施工合同、设计文件和图纸为依据对工程项目实施的全过程进行控制,以满足建设单位对工程质量的要求

各质量控制主体在工程质量的控制过程中,应遵循以下几条原则:

1. 坚持质量第一

建设工程质量不仅关系到工程的适用性和建设项目投资的效果,而且关系到人民群众生命财产的安全。所以,项目各方在对投资、进度、质量三大目标进行控制时,应自始至终坚持以"质量第一"为基本原则。

2. 坚持以人为核心

人是工程建设的决策者、组织者、管理者和操作者,人的工作质量直接或间接地影响工程项目的质量,所以在质量控制中,要以人为核心,重点控制人的素质和行为,进而更好地保证工程项目的质量。

3. 坚持以预防为主

工程项目质量控制应该是积极主动的,重点做好事前和事中控制,预先分析可能出现的影响因素以及造成的后果,并依据这些分析采取相应的防范措施加以控制,防止出现严重的质量问题,而不能消极被动地等质量问题出现并造成不必要的损失后再采取措施加以处理。所以,工程项目的质量控制应该以预防为主,做到事前控制。

4. 坚持质量标准

质量标准是评价质量的尺度。工程项目的质量标准主要是指工程承包合同、法规、标准、设计文件和图纸。工程项目的施工质量通过质量检验后需与上述质量标准相比较,符合上述质量标准要求的才是能够被认可的合格产品;而不符合质量标准要求的,则必须返修处理直到达到质量标准要求。

5.坚持科学、公正、守法

在工程项目的质量控制中,监理人员必须尊重科学和事实,坚持科学、公正、守法的原则,用真实的数据反映客观事物的规律及其变化,把数据作为判别质量的依据;用数据来分析质量波动的原因,揭示质量波动的规律;用数据进行质量的统计分析,将质量管理工作定量化,以便及时采取相应的对策和措施对质量进行动态控制。因此,数据是质量管理的基础,是科学管理的依据。

二、工程项目质量控制的原理

(一)全面质量管理的思想

全面质量管理是 20 世纪中期开始在欧美和日本广泛应用的质量管理理念和方法,在20世纪 80 年代引进我国并全面推广,其基本原理就是强调在企业或组织最高管理者的质量方针指引下,实行全面、全过程和全员参与的质量管理("三全"管理)。

全面质量管理要求以顾客满意为宗旨;领导参与质量方针和目标的制定;提倡预防为主、科学管理、用数据说话等。建设工程项目的质量管理应贯彻"三全"管理的思想和方法。

1.全面质量管理

建设工程项目的全面质量管理是项目各参与方所进行的工程项目质量管理的总称,包括工程(产品)质量和工作质量的全面管理。工作质量直接影响产品质量,是产品质量的保证。建设单位、监理单位、勘察单位、设计单位、施工总承包单位、施工分包单位、材料设备供应商等,任何一方、任何环节的怠慢疏忽或质量责任不落实都会对建设工程质量造成不利影响。

2.全过程质量管理

全过程质量管理是指根据工程质量的形成规律,从源头抓起,全过程推进。《质量管理体系 基础和术语》(GB/T 19000—2016/ISO 9000 : 2015)强调质量管理的"过程方法"管理原则,要求应用"过程方法"对项目策划与决策过程、勘察设计过程、设备材料采购过程、施工组织与实施过程、检测设施控制与计量过程、施工生产的检验试验过程、工程质量的评定过程、工程竣工验收与交付过程以及工程回访维修服务过程等进行质量控制。

3.全员参与质量管理

根据全面质量管理的思想,组织内部的每个部门和工作岗位都承担着相应的质量职能,组织的最高管理者确定质量方针和目标后,就组织和动员全体员工参与到实施质量方针的系统活动中去。开展全员参与质量管理就是运用目标管理方法,将组织的质量总目标逐级进行分解,形成自上而下的质量目标分解体系和自下而上的质量目标保证体系,充分发挥组织系统内部每个工作岗位、部门或团队在实现质量总目标过程中的作用。

(二)PDCA 循环

工程项目质量控制是对工作结果不断进行评价和改进的动态过程,是以三个阶段控制为基础的 PDCA 循环过程,其循环模式如图 4-1 所示。

该循环以计划和目标控制为基础,通过不断地循环,在新的水平上再次进行 PDCA 循环,使工程项目质量得到持续改进,质量水平不断提高。

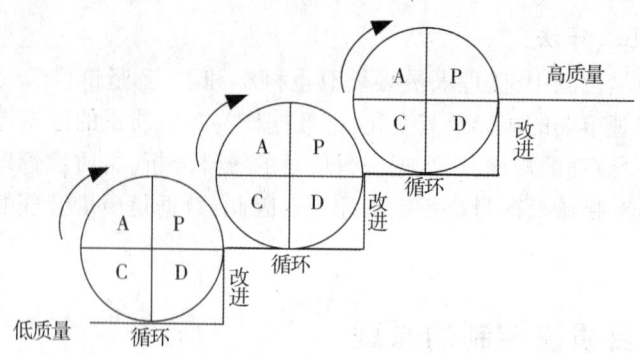

图 4-1　工程项目质量管理的 PDCA 循环模式

1.计划 P（Plan）

计划是"目标—手段链"。质量管理的计划职能包括确定质量目标和制定实现质量目标的行动方案。实践表明,质量计划的严谨周密、经济合理和切实可行,是保证工作质量、产品质量和服务质量的前提条件。

建设工程项目的质量计划,是由项目各参与方根据其在项目实施中所承担的任务、责任范围和质量目标,分别制订质量计划而形成的质量计划体系。其中,建设单位的质量计划包括确定和论证项目总体的质量目标,制定项目质量管理的组织、制度、工作程序、方法和要求。项目其他参与方,则根据国家法律法规和工程合同规定的质量责任和义务,以各自质量目标为基础,制定实施技术方法、业务流程、资源配置、检验试验要求、质量记录方式、不合格处理及相应管理措施等具体内容和做法的质量管理行动方案,同时须对其实现预期目标的可行性、有效性、经济合理性进行分析论证,并按照规定的程序与权限,经过审批合格后执行。

2.实施 D（Do）

实施职能在于将质量的目标值,通过生产要素的投入、作业技术活动和产出过程,转换为质量的实际值。在各项质量活动实施前,根据质量管理计划进行行动方案的部署和交底,以保证工程质量的产出或形成过程达到预期结果;交底是为了使具体的作业者和管理者明确计划的意图和要求,掌握质量标准及其实现的程序与方法。在质量活动的实施过程中,要严格执行计划的行动方案,规范行为,把质量管理计划的各项规定和安排落实到具体的资源配置和作业技术活动中。

3.检查 C（Check）

检查指对计划实施过程进行的各种检查,包括作业者的自检、互检和专职管理者专检。检查包含两大方面:一是检查是否严格执行了计划的行动方案,以及实际条件是否发生变化,不执行计划的原因;二是检查计划执行的结果,即产出的质量是否达到标准的要求。

4.处置 A（Action）

对于质量检查发现的质量问题或质量不合格现象,要及时进行原因分析,采取必要的措施,予以纠正,保持工程质量形成过程时刻处于受控状态。处置分为纠偏和预防改进两个方面。前者是对当前的质量偏差、问题或事故进行处理;后者是将目前质量状况信息反馈到管理部门,总结因计划时的考虑不周而产生的问题,并确定改进目标和措施,为以后的工程项目质量管理提供借鉴。

（三）层次结构模型

工程项目质量控制的层次结构模型从宏观上可以分为硬质量和软质量两个部分,从微观上则可分成 6 个主要管理层次,如图 4-2 所示。

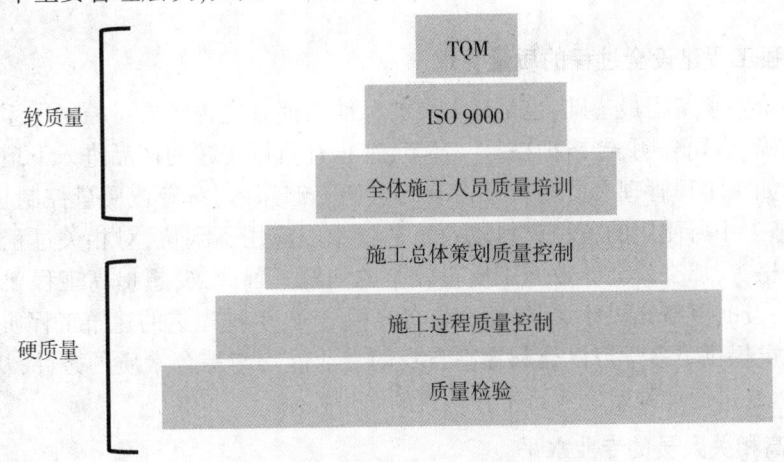

图 4-2　工程项目质量控制的层次结构模型

1.质量检验

质量检验是工程项目质量控制的最低层次,是指对原材料、外购件及中间产品或最终产品的符合性检验。

2.施工过程质量控制

施工过程质量控制是指为保证工程质量,对施工过程中的机械设备及施工工艺情况的监督和控制。

3.施工总体策划质量控制

施工总体策划质量控制主要是指在施工组织设计和作业计划中的质量性能标准的制定、保证和控制。首先,在施工总体策划过程中要保证建筑产品功能与需求的匹配性;其次,在项目规划阶段考虑施工工艺和施工设备等条件对项目设计质量的保证情况;最后,在项目的规划阶段保证建筑质量稳定性,尽量避免产品在竣工使用时受到环境因素影响引发的质量问题。

4.全体施工人员质量培训

全体施工人员质量培训是指对施工企业全体员工及其外包队伍进行质量意识技能培训。培训内容包括质量的概念、质量管理理论、各种质量管理方法和技术。培训能够使全体员工对项目的质量目标和方针以及自身的质量责任等有深刻的理解和认识,从而增强质量意识并在工作中担负起自己的质量责任。

5.ISO 9000

上述 4 个阶段的工作使项目质量体系基本建立,质量管理和质量控制水平也达到了一定的程度,此时再引入 ISO 9000 系列质量管理体系国际标准。贯彻执行该标准,进一步完善项目质量管理体系,使工程项目的质量管理活动制度化、程序化、标准化。

6.全面质量管理(TQM)

这是工程项目质量控制层次结构模型中的最高层次。全面质量管理强调在质量控制中贯彻顾客满意、全员参与和不断改进等原则。

三、工程项目质量控制的措施

（一）加强工程建设全过程的质量管理

质量是评价一项工程最基础，也是最重要的标准。拥有完善的质量控制体系，在质量管理中做到责权明确、赏罚分明，严格把控每一环节，禁止有质量问题的产品进入下道工序，是工程质量的保障。如果工程管理人员对质量控制的认识不够深入，对专业质量控制技术的了解和掌握不足，对施工中所使用的各种材料以及工艺技术的应用不到位，对相关过程考虑不全面、管理控制不严格等，那么就会导致施工质量较差的问题。因此，要想提高工程项目质量，必须要摒弃旧观念，及时更新知识体系，将理论与实践相结合，引进先进的建筑工程质量管理技术，为相关技术人员提供更多学习机会和提高自身的专业能力与综合素质的条件，从而保证每个阶段工作的质量，进而加强整个建筑工程项目的质量控制。

（二）提高相关人员的专业水平

对于一个团队来说，工作人员的专业水平将会对整个建设工程的质量造成直接影响，因此提高工作人员的专业能力至关重要。施工时不按照技术要求施工、使用未经检验的机械设备，为降低建筑成本偷工减料、粗制滥造等，这些情况对施工的质量和工人的人身安全都会构成严重威胁。而工人的专业水平较低主要是因为思想认识不到位，对自己的工作技能水平要求不高；相关企业对施工人员的培训不到位；机制运行不完善，在培训期间对各环节的操作原则、规范执行等把握不准确。所以，提高相关工作人员的专业水平有着直接提高工程质量的作用。而提高工人技能的关键就是要落实计划，严格组织施工人员的教育和技能培训，尤其是职业道德教育，增强工人的职业道德意识。

（三）完善建筑工程项目质量控制体系

建筑业的发展对我国经济的发展具有十分重要的作用，健全建筑工程质量控制体系对项目建设具有良好的引导作用。一个优质的质量控制体系，能做到严格把控各个环节，在发现质量问题时立即采取处理措施，在施工过程中发挥指导性作用，推动建筑行业良性发展。为更好地建立健全质量控制体系，在体制建立的过程中，可以借鉴西方成功的管理模式，邀请具有项目质量管理经验的人士以及相关领域的专家参与，确保建立的制度能够合理有效的实施。制度应包括最基本的责权明确制度、相关的奖惩制度以及安全、环保等相关方面的规定，这不仅能使企业向现代化、规范化的管理模式发展，更有利于增强我国建筑工程领域在国际上的竞争力。

四、工程项目施工过程的质量控制

建设施工项目质量控制指对从施工准备到项目完工为止的全过程进行的质量监控，复杂条件的过程也可分解为若干个相互衔接的子过程来描述和控制。质量控制的出发点是预防不合格、持续的质量改进、定期的评价质量体系。它所涉及的工作量大、面广，所以需要领导班子成员具有较高的综合素质、较强的管理能力、全面的专业和技术知识、较强的策划和协调能力。

（一）基本程序

建设工程施工项目是由一系列相互关联、相互制约的作业过程（工序）构成的，要控制工程项目施工过程的质量，就必须控制全部作业过程，即各道工序的施工质量。

施工作业过程质量控制的基本程序为：

（1）进行作业技术交底，包括作业技术要领、质量标准、施工依据、与前后工序的关系等。

（2）检查施工工序、程序的合理性、科学性，防止工序流程错误，导致工序质量失控。检查内容包括施工总体流程和具体施工作业的先后顺序，在正常的情况下，要坚持先准备后施工、先深后浅、先土建后安装、先验收后交工等顺序。

（3）检查工序施工条件，即每道工序投入的材料、使用的工具、设备以及操作工艺及环境条件等是否符合施工组织设计的要求。

（4）检查工序施工中人员操作程序、操作质量是否符合质量规程要求。

（5）检查工序施工中间产品的质量，即工序质量、分项工程质量。

（6）对工序质量符合要求的中间产品（分项工程）及时进行工序验收或隐蔽工程验收。

（7）质量合格的工序经验收后可进入下道工序施工，未经验收合格的工序不得进入下道工序施工。

（二）施工运行过程各环节的质量控制

1.测量复核控制

凡是涉及施工作业技术活动基准和依据等的技术工作，例如工程的定位、轴线、标高、预留孔洞的位置和尺寸、混凝土配合比等，都应进行复核性检查且必须由专人负责，以避免由于基准失误使得整个工程出现严重质量问题。技术复核属于施工承包单位应履行的技术工作责任范围，复核结果报送项目监理机构复验确认，再进行后续相关工序的施工。

2.质量控制点的设置

质量控制点是为了保证施工质量，将施工中的关键部位与薄弱环节作为重点进行控制的对象。项目监理机构在拟定施工质量控制工作计划时，要先确定质量控制点，分析其可能存在的质量问题并针对性地制定相应处理对策。承包单位在工程施工前需列出质量控制点的名称或控制内容、检验标准及方法等，提交项目监理机构，待审查批准后方可实施质量预控。

3.停工与复工控制

根据业主在委托合同中的授权规定，在工程施工过程中出现下列情况需要停工处理时，监理工程师可以下达停工指令：

（1）施工作业活动存在重大隐患，已经造成质量事故或可能造成质量事故；

（2）施工承包单位未经许可擅自施工或拒绝监理工程师的管理；

（3）施工中出现质量异常情况，监理工程师提出后，承包单位未采取有效措施，或措施不力未能解决的；

（4）隐蔽作业未经依法查验确认合格，而擅自封闭的；

（5）已发生质量缺陷或事故而施工单位未按监理工程师的要求进行处理，或不停工则质量缺陷或事故将继续发展的；

（6）未经监理工程师审查同意，而擅自变更设计或图纸进行施工的。

（三）质量资料控制

在工程开工前,监理工程师可以帮助施工承包单位列出各施工对象的质量跟踪档案清单。施工承包单位在工程开工前按要求建立各级次施工质量跟踪档案,并公布相关资料。施工开始后,承包单位必须持续填写关于材料、半成品生产和建筑物施工、安装等的有关内容。

（四）工程项目施工过程存在质量问题的主要原因

第一,施工组织设计及施工方案编制针对性欠缺,施工作业指导书不能紧贴作业面,有些项目不考虑自身特点而照搬其他工程方案;材料进厂检验及试验不到位导致工程中使用不合格产品而降低工程质量。

第二,工程技术交底太形式化,不够详细具体;过程检验不规范,作业人员和项目质检员无视质量好坏,只是追求尽快完工。

第三,质量控制点的设置与管理不够合理规范,关键、重点部位存在失控现象;工程质量检验评定不够客观及时;施工人员整体素质低下等都会导致工程项目出现严重的质量问题。

（五）提高建筑工程项目质量的措施

1.监理单位要发挥应有的作用

监理单位在施工中不能完全听从施工单位的指挥,监理工作应发挥其应有的作用。监理单位接受建设部门的委托,担负管理建筑工程质量的主要职责,服从业主的管理。但监理单位还需严格依据国家法律法规、设计文件、施工合同对工程项目进行监督,监理工作独立性较强,要求监理人员时刻做到对社会与人民负责,在建筑工程质量管理中切实发挥作用。因此,监理单位要加强对监理工作人员的管理,着重提高监理人员的技术水平、工作能力以及职业素养。当下监理单位存在的主要问题是,工作人员只了解工程设计知识,却不具备实际施工经验,因此及时引进懂设计、掌握丰富施工经验的人才是提高监理质量的重要措施和必要手段。

2.发挥社会监督作用

在建筑工程施工过程中,还要鼓励社会各界对其进行监督,发现有关建筑工程问题及时举报。这就需要建立完善的工程质量诚信体系,只有提高建筑企业诚信意识,加大社会监督力度,建筑工程质量才能得到提高。

第四节 ◉ 工程项目质量验收

⚓ 一、质量验收规定

（一）质量验收的依据

(1)符合"统一标准"和相关"专业验收规范"的规定。

(2)符合工程勘察、设计文件(含设计图纸、图集和设计变更单等)的要求。

(3)符合政府和建设行政主管部门有关质量的规定。

(4)满足施工承发包合同中有关质量的约定。

（二）质量验收的要求

（1）参加质量验收的各方人员应具备规定的资格。这里的资格包括对验收人员技术知识和实践经验的要求以及技术职务、职业资格的要求。如单位工程观感检查人员应具有丰富的经验；分部工程应由总监理工程师组织验收而不能由专业监理工程师替代等。

（2）见证取样检测及有关结构安全检测的工作，应由经过省级以上建设行政主管部门资质认可和已通过质量技术监督部门计量认证的质量检测单位担任。

（3）质量验收均应在施工单位自行检查评定合格后，交由监理单位进行检查。

（4）隐蔽工程隐蔽前应由施工单位通知有关单位进行验收，并填写隐蔽工程验收记录。

（5）涉及结构安全的试块、试件及有关材料，应在监理单位或建设单位人员的见证下，由施工单位试验人员在现场取样，送至有相应资质的检测单位进行测试。进行见证取样送检的比例不得低于检测数量的30%，交通便捷地区的比例可高些。

（6）对涉及结构安全和使用功能的重要分部工程，应按照专业规范的规定进行抽样检测，验证和保证建筑工程的安全性和功能性。

（7）检验批的质量应按主控项目和一般项目进行验收。

（8）工程的观感质量应由验收人员现场检查，共同确认。

二、质量验收方法

质量验收通常采用抽样检验的方法。抽样检验是利用批或过程中随机抽取的样本，对其质量进行检验，做出是否接收的判决的方法。这种方法是介于不检验和百分之百检验之间的一种检验方法。

抽样检验有多种分类方式：按检验目的分为预防、验收、监督抽样检验；按检验方式分为计数、计量抽样检验；按抽取样本的次数分为一次、二次、多次等抽样检验；按抽样方案是否调整分为调整型和非调整型抽样检验。

检验批的质量检验方法，应根据检验项目的特点进行选择。普遍采用的是计数抽样检验，因为计数抽样检验计算简单，使用起来比其他方法更加方便。

计数抽样检验：按照规定的质量标准，把单位产品简单地划分为合格品或不合格品（或者只计算缺陷数），根据抽样样本的检查结果，按预先规定的判断准则（如合格率为80%以上），对检验批做出接收或不接收的判定。

计数抽样的优点在于不必像计量抽样检验那样进行复杂的计算，再按照统计计算结果（如均值、标准差或其他统计量等）是否符合规定的接收准则，对检验批做出接收与否的判定（如统计法评定混凝土强度）。但它的缺点是需要采集大量的样本量。计量抽样检验由于能较充分地利用样本所提供的信息，样本量要少得多，但缺点是计算复杂。具体采用何种抽样检验方案，除应根据检验项目的特点进行选择外，尚应考虑对生产方风险（指合格批被判为不合格的概率，即错判概率 a）和使用方风险（不合格批被判为合格的概率，即漏判概率 β）的控制。

尽管这两类风险在抽样检验中避免不了，但宜控制在以下水平内：

（1）主控项目：对应于合格质量水平的 a 和 β 均不宜超过5%。

（2）一般项目：对应于合格质量水平的 a 不宜超过5%，β 不宜超过10%。

三、质量验收程序

在进行工程项目竣工验收工作时,施工单位在完成工程项目后,必须达到竣工的验收要求,并按照相关规定制定合适的实施报告,在检查合格后,将资料上交给监理单位。负责整个项目的工作人员,需要组织专业的监察工程人员对竣工材料、各个专业过程的工程施工质量情况等进行初步检验,对提交的文件进行审查。这种逐层次检验,要确认工程设计、合同签订与规定的内容是否合理,对潜在的问题进行有效解决,并要求施工单位对其整改,在确定合格并符合相关条件后,经过相关单位签字才能判定其符合工程建设质量。

工程项目竣工验收工作正式实施时,要由建设单位进行组织,保证竣工验收工作的有效实施。同时建设单位的实际验收过程需要由质量监管部门进行监督,在建设单位满足我国建设过程设计工作、验收工作、评估工作相关标准后,由质量监管部门组织合理的竣工验收小组,使其按照相关规范严格执行。在此期间,建设单位还要将工作中的相关文件提交给质量监督部门,以便于质量监督部门对验收小组进行审查,科学分析验收小组是否具备相应的验收资质,保证验收小组能够符合验收工作的相关内容和实施条件的要求。审查合格后,建设单位需要向质量监督部门申请相关的竣工验收报告以及验收备案表格,确保工程验收工作的正常开展。其中,验收小组主要是由建设单位组织的,小组组长由建设单位法人、委托人等担任,小组成员为项目的主要负责人,主要对工程实施勘察、设计、施工、监管等工作。

在竣工验收工作实施期间,其验收的主要内容分为三个部分:其一,对检查单位提供的相关材料进行检验;其二,检查工程的实地情况;其三,对建筑工程的使用功能进行抽查、试验,并分析验收情况,做好相关的汇总与讨论工作,认真分析监督部门对工程质量的监督情况,保证能够对其形成有效意见。在实际验收工作中,针对其存在的问题,特别是工程质量达不到相关标准时,验收小组需要及时对各个单位进行整改,同时该次验收视作无效,再重新验收。针对工程存在的一些其他小问题,需要验收小组给出初步意见,填写文件并签字,在完成整改工作后,保证验收合格,才能保证工程质量。另外,对于一些剩余工程,在不影响使用的基础上,需要经过各个单位的统一协商后,在一定时间内验收,这样才能完成整体的工程验收工作。

四、施工质量验收

(一)检验批质量验收

检验批是构成建筑工程质量验收的最小单位,是判定单位工程质量合格的基础。检验批质量合格应符合下列规定:

1.主控项目和一般项目的质量经抽样检验合格

(1)主控项目是指对检验批质量有致命影响的检验项目,反映该检验批所属分项工程的重要技术性能要求。主控项目中所有子项全部符合各专业验收规范规定的质量指标时才能判定该主控项目质量合格。反之,只要其中任一子项或抽查样本检验后达不到要求,该检验批就应按质量不合格拒收。

主控项目涉及的内容主要有:

①建筑材料、构配件、建筑设备的技术性能及进场复验要求。

②涉及结构安全、使用功能的检测、抽查项目,如试块的强度、构件的刚度、挠度承载力、外窗的三性要求等。

③任一抽查样本的缺陷都可能会造成致命影响,须严格控制的项目有桩的位移、钢结构的轴线、电气设备的接地电阻等。

(2)一般项目是指除主控项目以外,其他对检验批质量有影响的检验项目,当其中缺陷(指超过规定质量指标的缺陷)的数量超过规定的比例,或样本的缺陷程度超过规定的限度后,就会对检验批质量产生影响。它反映了该检验批所属分项工程的一般技术性能要求。

一般项目的合格判定条件:抽查样本的80%及以上(个别项为90%以上,如混凝土规范中梁、板构件上部纵向受力钢筋保护层厚度等)符合各专业验收规范规定的质量指标,其余样本的缺陷通常不超过规定允许偏差值的1.5倍(个别规范规定为1.2倍,如钢结构验收规范等)。具体应根据各专业验收规范的规定执行。

2.具有完整的施工操作依据和质量检查记录

除主控项目和一般项目的质量经抽样检验符合要求外,施工操作依据的技术标准也应符合设计验收规范的要求。采用的企业标准不能低于国家行业标准。有关质量检查的内容、数据、评定,需由施工单位项目专业质量检查员填写,检验批验收记录及结论则由监理单位监理工程师填写完整。

上述两项均符合要求,该检验批质量方能判定合格。若其中一项不符合要求,该检验批质量则判定为不合格。

(二)分项工程质量验收

分项工程质量合格应符合下列规定:分项工程所含的检验批均应符合合格质量的规定;分项工程所含的检验批的质量验收记录应完整。

分项工程是由所含性质、内容一样的检验批汇集而成的,在检验批的基础上进行验收,分项工程实际上是一个对检验批质量验收情况汇总统计的过程,并无新的内容和要求,但验收时需注意以下两点:

(1)应核对检验批的部位是否覆盖分项工程的全部范围,有无缺漏部位未被验收。

(2)检验批验收记录的内容及签字人是否正确、齐全。

(三)分部(子分部)工程质量验收

当分部工程仅含一个子分部时,应在分项工程质量验收的基础上,直接对分部工程进行验收;当分部工程含两个或两个以上子分部时,则应在分项工程质量验收的基础上,先对子分部工程分别进行验收,再将子分部工程进行汇总。

分部(子分部)工程质量验收合格应符合下列规定:

1.分部(子分部)工程所含分项工程质量均应验收合格

(1)分部(子分部)工程所含各分项工程施工均已完成。

(2)所含各分项工程划分正确。

(3)所含各分项工程均按规定通过了合格质量验收。

(4)所含各分项工程验收记录表内容完整,填写正确,收集齐全。

2.质量控制资料应完整

质量控制资料完整是工程质量合格的重要条件。在对分部工程进行质量验收工作时,应根据各专业工程质量验收规范中对分部或子分部工程质量控制资料所做的具体规定,进行系统的检查,尤其要注意检查资料是否齐全、项目是否完整、内容是否准确、签署是否规范。另外在资料检查时,尚应注意以下几点:

(1)有些龄期要求较长的检测资料,在分项工程验收时,尚不能及时提供,应在分部(子分部)工程验收时进行补查,如基础混凝土(有时按 60 d 龄期强度设计)或主体结构后浇带混凝土施工等。

(2)对在施工中质量不符合要求的检验批、分项工程,处理后要按有关规定将资料归档审核。

(3)对建筑材料的复验范围,各专业验收规范都做了具体规定,检验时按产品标准规定的组批规则、抽样数量检验项目进行,但有的规范另有不同要求,在质量控制资料核查时需特别注意。

3.地基与基础、主体结构和设备安装等分部工程有关安全及功能的检验和抽样检测结果应符合有关规定

对涉及结构安全及使用功能检验(检测)的要求,应按设计文件及各专业工程质量验收规范中所做的具体规定严格执行。如对工程桩应进行承载力检测和桩身质量检测的规定,混凝土验收规范对结构实体所做的混凝土强度及钢筋保护层厚度检验规定等。

在验收时还应注意以下几点:

(1)检查各专业验收规范中所规定的各项检验(检测)项目是否都进行了测试。

(2)查阅各项检验报告(记录),核查有关抽样方案、测试内容、检测结果等是否符合有关标准规定。

(3)核查有关检测机构的资质、取样与送样见证人员资格、报告出具单位责任人的签署情况是否符合要求。

4.观感质量验收应符合要求

观感质量验收是指分部所含的分项工程完成后,在前三项检查的基础上,对已完工部分工程的质量,采用目测、触摸和简单测量等方法,所进行的一种宏观检查方式。由于其检查的内容和质量指标已包含在各个分项工程内,所以对分部工程进行观感质量检查和验收,只是对工程质量从外观上做一次重复的、扩大的、全面的检查,这是由建筑施工特点所决定的。

(1)尽管其所包含的分项工程已经过检查与验收,但随着时间的推移、气候的变化、载荷的递增等,可能会出现质量变异情况,如材料收缩,结构裂缝,建筑物的渗漏、变形等。

(2)弥补受抽样方案局限造成的检查数量不足和后续施工部位(如施工洞、井架洞、脚手架洞等)原先检查不到的缺陷,扩大了检查面。

(3)对专业分包工程的质量验收和评价,便于分清质量责任,减少质量纠纷,有利于促进专业分包队伍技术素质的提高,增强后续施工对产品的保护意识。

观感质量验收并不给出"合格"或"不合格"的结论,而是给出"好""一般"或"差"的总体评价。"好"是指在质量符合验收规范的基础上,能达到精致、流畅、匀净的要求,精度控制好;"一般"是指经观感质量检查能符合验收规范的要求;"差"是指勉强达到验收规范的要求,但质量不够稳定,离散性较大。观感质量验收中若发现有影响安全、功能的缺陷,或有超过偏差限值,或明显影响观感效果的缺陷,应及时处理后再进行验收。

分部(子分部)工程质量验收应在施工单位检查评定的基础上进行,勘察、设计单位应在有关的分部工程验收表上签署验收意见,监理单位总监理工程师填写验收意见,并给出"合格"或"不合格"的结论。

(四)单位(子单位)工程质量验收

当单位工程未划分子单位工程时,应在分部工程质量验收的基础上,直接对单位工程进行验收;当单位工程划分为若干子单位工程时,则应在分部工程质量验收的基础上,先对子单位工程分别进行验收,再将子单位工程汇总。

单位(子单位)工程质量验收合格应符合下列规定:

1.单位(子单位)工程所含分部(子分部)工程的质量均应验收合格

(1)设计文件和承包合同所规定的工程已全部完成。

(2)各分部(子分部)工程划分正确。

(3)各分部(子分部)工程均按规定通过了合格质量验收。

(4)各分部(子分部)工程验收记录表内容完整,填写正确,收集齐全。

2.质量控制资料应完整

质量控制资料完整是指所收集到的资料,能反映工程所采用的建筑材料、构配件和建筑设备的质量技术性能,施工质量控制和技术管理状况,涉及结构安全和使用功能的施工试验和抽样检测结果,及建设各参与方参加质量验收的原始依据、客观记录、真实数据和执行见证等资料,能确保工程结构安全和使用功能,满足设计要求。它是评价工程质量的主要依据,是各方各级质量责任的证明,也是工程竣工交付使用的"合格证"与"出厂检验报告"。

尽管质量控制资料在分部工程质量验收时已经检查过,但存在某些资料由于受试验龄期的影响或系统测试的需要等,在分部验收时难以检查到位的问题。所以单位工程验收时,需要对所有分部工程资料的系统性和完整性,进行一次全面的核查,还要在全面梳理的基础上,重点检查是否有需要拾遗补阙的,从而做到检查工作的完整无缺。

涉及结构安全的试块、试件及有关材料,还应按规定进行见证取样、送样检测。需要复验的建筑材料种类除了设计文件和合同约定以外,统一应按各专业工程质量验收规范规定进行。由于专业验收规范涉及的分项工程在单位工程中所处地位的重要性不同,故对需做复验的材料种类、组批量,抽样的频率、试验的项目等并未做统一规定,核查时应注意以下几点:

(1)不同规范或同一规范对同一种材料的不同要求:

①用于混凝土结构工程的砂应进行复验,用于砌筑砂浆、抹灰工程的砂未做规定。

②砌体规范对用于承重砌体的块材要求进行复验,对填充墙未做规定。

③钢结构规范中对建筑结构安全等级为一级,大跨度钢结构中主要受力构件、板厚40 m及以上且设计有 Z 向性能要求的钢材,或进口(无商检报告)、混批、质量有疑义的钢材及设计有复验要求的应进行复验,其他当设计无要求时可不复验等。

(2)材料的取样批量要求。材料取样单位一般按照相关产品标准中检验规则规定的批量抽取,但个别验收规范有不同规定。如水泥应根据水泥厂的年生产能力进行编号后,以每一编号为一取样单位。但混凝土验收规范规定:袋装水泥以不超过 20 t 为取样单位,散装水泥以不超过 500 t 为取样单位。

（3）材料的抽样频率要求。一般按照相关产品标准的规定抽样试验 1 组，但砌体验收规范对用于多层以上建筑基础和底层的小砌块抽样数量，规定不应少于 2 组。

（4）材料的检验项目要求。由于材料用途不一，专业验收规范对检验项目做出了不同的规定，如水泥的检验项目：混凝土、砌体规范规定为"强度"和"安定性"两项；装饰规范对饰面板（砖）粘贴工程还增加"凝结时间"项目，而对抹灰工程仅规定为"凝结时间"和"安定性"两项等。

（5）特殊规定。对无黏结预应力筋的涂包质量，一般情况应做复验，但在有工程经验的前提下，经观察认为质量有保证时，可不做复验。又如对预应力张拉孔道灌浆用水泥和外加剂，当用量较少，且有近期该产品的检验报告时，可不进行复验等。

单位（子单位）工程质量控制资料的检查应在施工单位自查的基础上进行，施工单位应在单位工程质量控制资料核查记录表上填写资料的份数，监理单位应填写核查意见，总监理工程师应给出质量控制资料"完整"或"不完整"的结论。

3.单位（子单位）工程所含分部工程安全和功能的检测资料应完整

上一项检查是对所有涉及单位工程验收的全部质量控制资料进行的普查，本项检查则是在其基础上对其中涉及结构安全和建筑功能的检测资料所做的一次重点抽查，突出了验收规范对涉及结构安全和使用功能方面的强化作用，这些检测资料可以直接反映出建筑物、附属构筑物及其建筑设备的技术性能。检查的内容中大部分项目在施工过程中或分部工程验收时已做了测试，但也有部分项目要待单位工程全部完工后才能做，如建筑物的节能、保温测试、室内环境检测、照明全负荷试验、空调系统的温度测试等；另外，有的项目即使原来在分部工程验收时已做了测试，但随着载荷的增加引起的变化，这些检测项目需循序渐进，持续进行，如建筑物沉降及垂直度测量、电梯运行记录等。在单位工程验收时对这部分检测资料进行核查是对原有检测资料所做的一次延续性的补充、修正和完善，是整个工程项目检验的重要组成部分。单位（子单位）工程安全和功能检测资料核查的份数应由施工单位填写，总监理工程师应逐一进行核查，尤其对检测的依据、结论、方法和签署情况应认真审核，并填写核查意见，给出"完整"或"不完整"的结论。

4.主要功能项目的抽查结果应符合相关专业质量验收规范的规定

上述第三项中的检测资料与第一项质量控制资料中的检测资料共同构成了一份完整的建筑产品型式检验报告，本项对主要建筑功能项目的抽样检查，则是建筑产品在竣工交付使用以前所做的最后一次质量检验，相当于产品的出厂检验。这项检查是在施工单位自查全部合格的基础上，由参加验收的各方人员商定，监理单位实施抽查。在抽查时可选择容易发生质量问题或施工单位质量控制比较薄弱的项目和部位进行抽查。其中涉及应由有资质检测单位检查的项目，监理单位应委托相关检测单位进行检测，其余项目自行进行实体检查，施工单位配合。抽样方案则根据现场施工质量控制等级、施工质量总体水平和监理监控的效果选择合适的方案。

房屋建筑功能质量关系到用户的切身利益，检查时应从严处理。对于检查到的影响使用功能的质量问题，必须做全数整改，直至达到各专业验收规范的要求。而检查中的倾向性质量问题，则可以通过调整抽样方案或扩大抽样样本数量，甚至是全数检查的方案进行质量检查。

主要功能抽查完成后,总监理工程师应在单位工程安全和功能检验资料核查及主要功能抽查记录表上填写抽查意见,并给出"符合"或"不符合"验收规范的结论。

5.观感质量验收应符合要求

单位(子单位)工程观感质量验收的重要性与主要功能项目一样,相当于产品的出厂检验。其检查的要求、方法与分部工程相同。凡是在工程上出现的项目,均应按规定进行相应的检查,并逐项填写"好""一般"或"差"的质量评价。为避免检查人员的个人主观意识造成不利影响,观感检查应至少3人共同参加,共同确定。

观感质量验收不只是单纯地对工程外表质量进行检查,也是对部分使用功能和使用安全做的宏观检查,如门窗启闭是否灵活、关闭后是否严密等,又如室内顶棚抹灰层的空鼓、楼梯踏步高差过大等。涉及使用安全的项目也应该着重检查,在检查中若发现有影响使用功能和使用安全的缺陷或不符合验收规范要求的缺陷,应及时进行处理后再次进行验收。

观感质量检查应在施工单位自查的基础上进行,总监理工程师在单位工程观感质量检查记录表中填写观感质量综合评价后,给出"符合"与"不符合"要求的检查结论。

单位(子单位)工程质量验收完成后,按单位工程质量竣工验收记录表的要求填写工程质量验收记录,其中验收记录由施工单位填写;验收结论由监理单位填写;综合验收结论于参加验收各方共同商定后,由建设单位填写,并应对工程质量是否符合设计和规范要求及总体质量水平做出正确合理的评价。

第五节 ◉ 工程项目质量验收不合格的处理

一、工程质量问题

(一)工程质量不合格与质量缺陷

根据我国标准《质量管理体系 基础和术语》的规定,凡是工程产品没有满足某个规定的要求,就称为质量不合格;而未满足某个与预期或规定用途有关的要求,称为质量缺陷。

(二)质量问题和质量事故

凡是由于工程质量不合格,影响建筑使用功能或工程结构安全,造成永久质量缺陷或存在重大质量隐患,甚至直接导致工程倒塌或人身伤亡的,必须进行返修、加固或报废处理。按照由此造成人员伤亡和直接经济损失的大小区分,小于规定限额的为质量问题,大于规定限额的为质量事故。通常,按事故造成的损失,工程质量事故可分为4个等级:

(1)特别重大事故,是指造成30人以上死亡,或者100人以上重伤,或者1亿元以上直接经济损失的事故;

(2)重大事故,是指造成10人以上30人以下死亡,或者50人以上100人以下重伤,或者5 000万元以上1亿元以下直接经济损失的事故;

(3)较大事故,是指造成3人以上10人以下死亡,或者10人以上50人以下重伤,或者1 000万元以上5 000万元以下直接经济损失的事故;

（4）一般事故，是指造成3人以下死亡，或者10人以下重伤，或者100万元以上1000万元以下直接经济损失的事故。

该等级划分所称的"以上"包括本数，所称的"以下"不包括本数。

二、工程质量事故的预防

为了预防施工质量问题和质量事故，需要建立健全施工质量管理体系，加强施工质量控制，在保证工程质量合格的基础上不断提高工程质量。施工质量控制的所有措施和方法，其最根本的都是预防施工质量事故的措施。具体来说，为预防施工质量事故的发生，可以运用风险管理的理论和方法，寻找和分析可能导致施工质量事故发生的原因，针对影响施工质量的各种因素和施工质量形成过程的各个环节，采取合理的预防控制措施。

（一）质量事故发生的原因

1.技术原因

技术原因指在项目勘察、设计、施工中的技术失误引发质量事故。例如，地质勘察过于疏略，对水文地质情况判断错误，致使在地基基础设计时采用了不正确的方案；或结构设计方案不正确，计算失误，导致构造设计不符合规范要求；施工管理及实际操作人员的技术素质差，采用了不合适的施工方法或施工工艺等。这些技术上的失误是造成质量事故的常见原因。

2.管理原因

管理原因指管理上的不完善或失误引发质量事故。例如，施工单位或监理单位的质量管理体系不完善，质量管理措施落实不到位，施工管理混乱，不遵守相关规范，违章作业，检验制度不完善，质量控制不严格，检测仪器设备因管理不善而失准，以及材料质量检验不严格等原因引起质量事故。

3.社会、经济原因

社会、经济原因指社会上存在的不正之风及经济上的原因，助长了建设中的违法违规行为，导致质量事故发生。例如，违反基本建设程序，无立项、无报建、无开工许可、无招投标、无资质、无监理、无验收的"七无"工程；边勘察、边设计、边施工的"三边"工程；某些施工企业盲目追求利润而不顾工程质量，在投标报价中随意压低标价，中标后则依靠违法的手段或修改方案追加工程款，甚至偷工减料等，都会导致重大工程质量事故发生。

4.人为事故和自然灾害原因

人为事故和自然灾害原因指人为的设备事故、安全事故连带发生质量事故，以及严重的自然灾害等不可抗力造成质量事故。

（二）质量事故的预防措施

1.严格按照基本建设程序办事

在工程项目施工前先要做好项目可行性论证，不得在未经深入的调查分析和严格论证的情况下就盲目拍板定案；要详细了解工程地质水文条件后方可开工；严厉杜绝无证设计、无图施工；禁止任意修改设计和不按图纸施工；工程竣工未进行试车运转、未经验收不得交付使用。

2.认真做好工程地质勘察

地质勘察时要合理布置钻孔位置和设定钻孔深度。若钻孔间距过大,则不能全面反映地基实际情况;若钻孔深度不够,则难以查清地下软土层、滑坡、墓穴、孔洞等有害地质构造。地质勘察报告必须详细、准确,防止因勘察资料与实际情况不符而采用错误的基础方案,导致施工过程中或者建筑使用期间出现地基不均匀沉降、失稳,上部结构及墙体开裂、破坏、倒塌的现象。

3.科学地加固处理好地基

对软弱土、冲填土、杂填土、湿陷性黄土、膨胀土、岩层出露、岩溶、土洞等不均匀地基要进行科学合理的加固处理。根据不同地基的工程特性,按照地基处理与上部结构稳定相结合的原则,从地基处理与设计措施、结构措施、防水措施、施工措施等方面综合考虑治理。

4.进行必要的设计审查复核

邀请具有合格专业资质的审图机构对施工图进行审查复核,防止出现设计考虑不周、结构构造不合理、设计计算错误、沉降缝及伸缩缝设置不当、悬挑结构未通过抗倾覆验算等情况,从而避免后期质量事故的发生。

5.严格把好建筑材料及制品的质量关

从采购订货、进场验收、质量复验、存储和使用等几个环节,严格控制建筑材料及制品的质量,防止不合格或是变质、损坏的材料和制品被使用或安装到建筑工程上。

6.对施工人员进行必要的技术培训

通过技术培训,施工人员可以掌握基本的建筑结构和建筑材料知识,在施工中遵守施工验收规范,自觉遵守操作规程,不蛮干,不违章操作,不偷工减料,使得工程质量得到保证。

7.依法进行施工组织管理

施工管理人员要认真学习、严格遵守国家相关政策法规和施工技术标准,依法进行施工组织管理;施工人员要熟悉图纸,对关键工序、关键部位以及工程的难点编制专项施工方案并严格执行;施工作业必须按照图纸和施工验收规范、操作规程进行;施工技术措施和施工顺序要正确,脚手架和楼面不可超载堆放构件和材料;要严格按照制度进行质量检查和验收。

8.做好应对不利施工条件和各种灾害的预案

根据当地气象资料的分析和预测,针对可能出现的风、雨、高温、严寒、雷电等不利施工条件,预先制定相应的施工技术措施;还要对不可预见的人为事故和严重自然灾害做好应急预案,并做好相应的人力、物力储备。

9.加强施工安全与环境管理

许多施工安全和环境事故都会连带发生质量事故,加强施工安全与环境管理,也是预防施工质量事故的重要措施。

三、质量事故报告和调查处理程序

(一)事故报告

工程质量事故发生后,事故现场有关人员应当立即向工程建设单位负责人报告;工程建设单位负责人接到报告后,应于1 h内向事故发生地县级以上人民政府住房和城乡建设主管部门及有关部门报告;同时应按照应急预案采取相应措施。情况紧急时,事故现场有关人员可直接向事故发生地县级以上人民政府住房和城乡建设主管部门报告。

事故报告应包括下列内容:

(1)事故发生的时间、地点、工程项目名称、工程各参建单位名称;

(2)事故发生的简要经过、伤亡人数和初步估计的直接经济损失;

(3)事故原因的初步判断;

(4)事故发生后采取的措施及事故控制情况;

(5)事故报告单位、联系人及联系方式;

(6)其他应当报告的情况。

（二）事故调查

事故调查要按规定区分事故的大小分别由相应级别的人民政府直接或授权委托有关部门组织事故调查组进行调查。未造成人员伤亡的一般事故,县级人民政府也可以委托事故发生单位组织事故调查组进行调查。事故调查应力求及时、客观、全面,以便为事故的分析与处理提供正确的依据。调查结果要整理、撰写成事故调查报告,其主要内容应包括:

(1)事故项目及各参建单位概况;

(2)事故发生经过和事故救援情况;

(3)事故造成的人员伤亡和直接经济损失;

(4)事故项目有关质量检测报告和技术分析报告;

(5)事故发生的原因和事故性质;

(6)事故责任的认定和对事故责任者的处理建议;

(7)事故防范和整改措施。

（三）事故的原因分析

原因分析要建立在事故情况调查的基础上,避免在情况不明时就主观推断事故的原因。特别是对涉及勘察、设计、施工、材料和管理等方面的质量事故,事故的原因往往错综复杂,因此,必须对调查得到的数据、资料进行仔细的分析,依据国家有关法律法规和工程建设标准分析事故的直接原因和间接原因,必要时对事故项目进行检测鉴定和专家技术论证,去伪存真,找出造成事故的主要原因。

（四）制定事故处理的技术方案

事故的处理要建立在原因分析的基础上,要广泛地听取专家及有关人士的意见,经科学论证,决定事故是否要进行技术处理和如何处理。在制定事故处理的技术方案时,应做到安全可靠、技术可行、不留隐患、经济合理、具有可操作性、满足项目的安全和使用功能要求。

（五）事故处理

事故处理的内容包括:事故的技术处理,按经过论证的技术方案进行处理,解决事故造成的质量缺陷问题;事故的责任处罚,依据有关人民政府对事故调查报告的批复和有关法律法规的规定,对事故相关责任者实施行政处罚,负有事故责任的人员涉嫌犯罪的,依法追究刑事责任。

（六）事故处理的鉴定验收

质量事故的技术处理是否达到预期的目的，工程是否依然存在隐患，应当通过检查鉴定和验收做出确认。事故处理的质量检查鉴定，应严格按施工验收规范和相关质量标准的规定进行，必要时还应通过实际测量、试验和仪器检测等方法获取必要的数据，以便准确地对事故处理的结果做出鉴定，形成鉴定结论。

（七）提交事故处理报告

事故处理完成后，必须尽快提交完整的事故处理报告，其内容包括事故调查的原始资料、测试的数据；事故原因分析和论证结果；事故处理的依据；事故处理的技术方案及措施；实施技术处理过程中有关的数据、记录、资料；检查验收记录；对事故相关责任者的处罚情况和事故处理的结论等。

四、质量缺陷处理的基本方法

（一）重新验收

经返工重做或更换器具、设备的检验批，应重新验收。

返工重做是指对该检验批的全部或局部推倒重做，或更换设备、器具等的处理，经处理或更换后，应重新按程序进行验收。如某住宅楼一层砌砖，验收时发现砖的强度等级为 MU5，达不到设计要求的 MU10，推倒后重新使用 MU10 砖砌筑，其砖砌体工程的质量应重新按程序进行验收。

重新验收时，要对该检验批重新抽样、检查和验收，并重新填写检验批质量验收记录表。

（二）专业检测单位鉴定

经有资质的检测单位检测鉴定能够达到设计要求的检验批，应予以验收。

这种情况多数是指留置的试块失去代表性，或因故缺少试块，以及试块试验报告中缺少某项有关主要内容，甚至是对试块或试验结果有怀疑时，经有资质的检测机构对工程进行检测测试。若测试结果显示该检验批的工程质量能够达到设计图纸要求，则按正常情况给予验收。

（三）原设计单位核算

有资质的检测单位检测鉴定达不到设计要求，但原设计单位核算认可能够满足结构安全和使用功能的检验批，可予以验收。

这种情况是指某项质量指标达不到设计图纸的要求，如留置的试块失去代表性，或是因故缺少试块以及试块试验报告有缺陷，不能有效证明该项工程的质量情况，或是对该试验报告有怀疑时，要求对工程实体质量进行检测。经有资质的检测单位检测鉴定达不到设计图纸要求，但差距不是太大的情况下，原设计单位进行核算后认为仍可满足结构安全和使用功能，可不必进行加固补强。如原设计计算混凝土强度为 27 MPa，而选用了 C30 混凝土。同一验收批中共有 8 组试块，8 组试块混凝土立方体抗压强度的平均值达到混凝土强度评定要求，其中 1 组强度不满足最小值要求，经检测结果为 28 MPa，设计单位认可能满足结构安全，并出具正式的认可证明，由注册结构工程师签字，加盖单位公章，由设计单位承担责任。因为设计工作就是设计单位负责，出具认可证明，也在其质量责任范围内，故可予以验收。

（四）按技术处理方案和协商文件验收

经返修或加固处理的分项、分部工程，虽改变外形尺寸但仍能满足安全使用要求，可按技术处理方案和协商文件进行验收。

这种情况是指某项质量指标达不到设计图纸的要求，经有资质的检测单位检测鉴定也未达到设计图纸的要求，并且经过设计单位验算后的确达不到原设计要求。分析找出事故原因，分清质量责任，同时经过建设单位、施工单位、设计单位、监理单位等协商，同意进行加固补强，协商好加固费用的处理、加固后的验收等事宜。由原设计单位出具加固技术方案，虽然改变了建筑构件的外形尺寸，或留下永久性缺陷，包括改变工程的用途在内，按协商文件进行验收，验收的条件就是由责任方承担经济损失或赔偿等。这种情况实际是工程质量达不到验收规范的合格规定，应属不合格工程的范畴。但根据《建设工程质量管理条例》的第 24 条、第 32 条等对不合格工程的处理规定，经过技术处理（包括加固补强），最后能保证安全和使用功能的工程，也是可以通过验收的。这一做法是为了减少社会财富不必要的损失，出了质量事故的工程只要能保证结构安全和使用功能，也可不必推倒报废而作为特殊情况进行验收，属于一种让步接收的做法，不属于违反《建设工程质量管理条例》，但其有关技术处理和协商文件应在质量控制资料核查记录表和单位（子单位）工程质量竣工验收记录表载明。

（五）严禁验收

通过返修或加固处理仍不能满足安全使用要求的分部（子分部）工程、单位（子单位）工程严禁验收。

这种情况应坚决返工重做，严禁验收。

第六节 ● 案例分析——法国戴高乐机场

结构工程师最初设计时往往胆子很大，认为结构倒塌是很遥远的事，因为结构安全保障系数众多，结构整体失效概率极低。然而，建筑因结构破坏而意外倒塌的事故从未间断过。

法国戴高乐机场坐落于巴黎，是欧洲主要的航空中心，也是法国主要的国际机场。法国戴高乐机场经过 7 年的计划与建设，于 1974 年正式启用。

法国戴高乐机场共有 9 个航站楼：Terminal 1, Terminal 2A, Terminal 2B, Terminal 2C, Terminal 2D, Terminal 2E, Terminal 2F, Terminal 2G, Terminal 3, 在机票上以 T1, T2A, T2B, T2C, T2D, T2E, T2F, T2G, T3 标注。

其中 2E 航站楼为旅客提供 3 200 m² 的商店和 1 400 m² 的酒吧和餐厅, 5 000 个座位, 配备伸长座椅的休息区, 配备电子游戏机的娱乐区和 7 个配备手提电脑插座的工作区。但是, 如此重要的一个航站楼, 竟然在 2004 年 5 月 23 日突发屋顶坍塌事故（见图 4-3），造成包括两名中国公民在内的 4 人不幸遇难, 3 人受伤。

图4-3 法国戴高乐机场坍塌现场

发生坍塌事故的2E航站楼的结构属于非常规结构形式(见图4-4)。

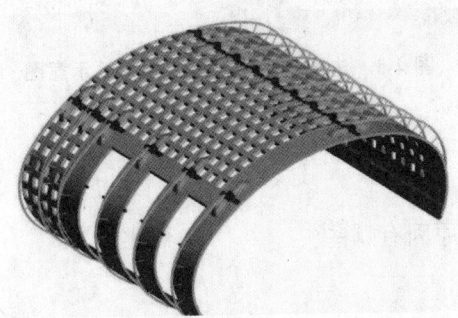

图4-4 2E航站楼结构

屋盖的跨度为26.2 m,分成左、中、右三段,由宽4 m、厚300 mm的曲线状的混凝土板壳单元组成,壳体外覆盖了玻璃屋面。出于造型和使用需要,屋盖壳体上有规律地开了一些小洞,在登机桥介入的位置开了较大的洞口,对结构的承载能力造成了较大的削弱。屋盖结构不是纯粹的壳体结构,左右段结构在载荷下承受了较大的弯矩,外侧受拉。因此设计师在混凝土壳体外侧用钢结构进行了加强,通过间隔的撑杆将钢结构与混凝土壳体连接,整体结构的重力传导给下部框架的纵向梁来支撑。2E航站楼的结构形式、构造的适用性、混凝土蠕变及温度效应均超出了行业规范的范围。在事发前约1.5 h,候机厅巡警先发现屋顶出现裂缝,有一大块混凝土剥离掉下来(在两个直撑杆之间的位置)。随后混凝土板块跌落,候机厅结构整体坍塌,相邻的登机桥被砸塌。法国戴高乐机场坍塌事故示意图见图4-5。

法国戴高乐机场2E航站楼是在没有明显外加载荷下突然坍塌的。事发后,相关方成立了调查委员会对事故进行全面调查。调查表明2E航站楼结构承载力的储备很低,分析中没有计算整体的温度作用,也并未详尽地考虑各种不利因素,导致混凝土壳厚度小,钢撑杆处应力集中造成了混凝土裂缝。同时,施工时混凝土配筋不足或错放又进一步加速了裂缝的形成。

同时,在结构建成后的两年多时间里,超长的航站楼结构承受着温差的反复作用,裂缝扩展,结构损伤不断累积,承载力逐渐降低。当裂缝扩展到一定程度时,混凝土部分剥落,钢撑杆对壳体冲切破坏。失去撑杆作用后,原有的结构体系就不能成立。外侧的钢构件失效,混凝土壳的抗弯承载力不足以继续维持结构稳固,发生弯折破坏。北侧结构失效后,中部屋面的壳体作用不再成立。结构没有备用的传力路径,屋面相继坍塌。在屋面坍塌的过程中,南侧的支座处产生了较大的推力,导致支座从纵梁上脱落。坍塌的结构砸坏了登机桥。

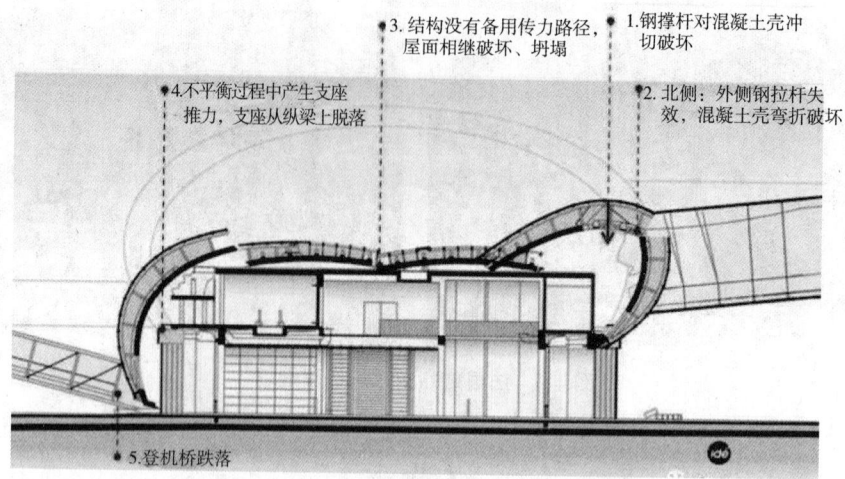

3.结构没有备用传力路径，屋面相继破坏、坍塌

1.钢撑杆对混凝土壳冲切破坏

4.不平衡过程中产生支座推力，支座从纵梁上脱落

2.北侧：外侧钢拉杆失效，混凝土壳弯折破坏

5.登机桥跌落

图4-5　法国戴高乐机场坍塌事故示意图

思考题：

1.工程质量事故为几级？

2.造成工程质量事故的原因有哪些？

参考文献

[1] 赵凌.建筑工程项目管理的质量控制策略分析[J].中国新技术新产品,2017,(4):103-104.

[2] 丁国胜.建筑工程项目质量验收方法及评价[J].低碳世界,2016,(27):174-175.

[3] 高军.建筑工程项目质量验收方法及评价对策之研究[J].建筑与预算,2015,(12):20-22.

[4] 冯昆荣.建筑施工项目的全面质量管理和质量控制[D].成都:西南交通大学,2007.

[5] 付中锋.浅谈工程项目验收质量管理[J].新材料新装饰,2014,(6):108.

[6] 姚斌.浅谈工程项目质量控制与管理[J].中国高新技术企业,2008,(23):216+218.

[7] 孙巍,马广生.浅谈建设工程施工现场质量标准化管理示范工程监管[J].安徽建筑,2015,22(1):53-64.

[8] 刘军锋.浅谈建设工程项目参建各方的质量责任和义务[J].价值工程,2011,30(3):37.

[9] 谢红霞.论工程质量管理[J].科技资讯,2006,(7):244.

[10] 金强华.浅谈建筑施工项目管理的质量控制[J].项目管理技术,2003,(6):33-36.

[11] 王超.谈工程项目质量与成本控制的协调机理[J].山西建筑,2018,44(12):245-246.

[12] 郭忠民.业主对工程建设项目质量的控制管理[J].四川建材,2018,44(6):212-213.

[13] 孟德峰.业主对工程建设项目质量的控制管理[J].今日科苑,2008,(24):107.

[14] 周海涛.建筑与结构工程施工质量控制与验收[M].太原:山西科学技术出版社,2004.

[15] 刘章瑜.工程项目施工质量管理[M].武汉:华中科技大学出版社,2012.

[16] 刘伟.工程质量管理与系统控制[M].武汉:武汉大学出版社,2004.

［17］全国一级建造师执业资格考试用书编写委员会.建设工程项目管理［M］.北京:中国建筑工业出版社,2017.

第五章
工程项目合同管理

工程项目合同是指发包方和承包方为完成指定的项目,明确当事人双方权利和义务的协议。工程项目涉及多方面的经济利益,往往需要多个合同来协调各方关系。一般的工程项目所涉及的合同主要有勘察设计合同、建设工程承包合同、设备采购合同、设备租赁合同、贷款合同、技术协作合同、保险合同等。

工程项目合同管理是对项目合同的编制、订立、履行、变更、索赔、争议处理和终止等的管理活动。施工合同和分包合同必须以书面形式订立。施工过程中的各种原因造成的洽商变更内容,必须以书面形式签认,并作为合同的组成部分。

工程项目的顺利实施需要各种合同加以规范。因此,在现代工程项目管理中,合同管理越来越受到决策者们的重视。一方面,现代工程项目的规模越来越宏大,技术越来越复杂。工程项目合同的复杂程度也相应提高,导致了合同执行过程中争议和索赔发生率上升。因此,工程项目需要专业化的合同管理。另一方面,合同管理是项目管理的核心内容。合同将工程项目中各部分的目标统一起来,划分相关方的责任和权利,作为一条主线贯穿始终。如果工程项目缺乏合同管理,那么项目管理目标不统一,各相关方就无法通过协作配合形成一个良好运作的整体系统。

第一节 ◉ 工程招投标流程与方法

一、工程招标的方式和范围

(一)工程招标的方式

从竞争程度进行分类,工程招标可以分为公开招标和邀请招标;从招标范围进行分类,工程招标可以分为国际招标和国内招标。

1.公开招标

公开招标,又称无限竞争性招标,是指由招标人通过公共媒体(报纸、广播、电视等)向社会发布招标公告,凡对此项目感兴趣并符合规定条件的承包人或供应商均可自愿平等参加投标竞争,招标人进行择优选择的招标方式。公开招标是最具竞争性的招标方式。在国际上,谈到招标通常都是指公开招标。公开招标也是费用最高、耗时最长的招标方式。

公开招标有利于真正意义上的竞争,能有效地防止腐败,最充分地展示公开、公正、平等竞争的招标原则;有利于保证工程质量,缩短建设工期,节约建设资金,创造最合理的利益回报;有利于防范招标投标从业人员和监督人员的舞弊行为。

尽管公开招标具有显著优点,但也存在一些不足,如招标人审查投标人资格和投标文件的工作量大,周期长,花费人力、物力、财力支出多。

2.邀请招标

邀请招标也称有限竞争性招标或选择性招标。这种招标方式不发布公告,而是由招标人根据自己的经验和掌握的信息资料,选择三个及以上符合招标条件的承包商或供应商发出投标邀请。只有收到邀请书的单位才有资格参加投标竞争,继而招标人从中再选出中标者。

邀请招标的组织工作较容易且工作量较小。但参加投标的单位较少,竞争性较差,因此招标单位对投标单位的选择余地少。如果招标单位在选择邀请单位前所掌握信息资料不足,则会错失发现最适合承担该项目的承包人的机会。

3.公开招标与邀请招标的区别

公开招标和邀请招标都必须按规定的招标程序进行,投标人必须按招标文件的规定进行投标,但两者在操作方式上略有区别:

(1)发布信息的方式不同

前者是利用招标公告发布招标信息,而后者是依靠投标邀请书发布招标信息。

(2)对投标人资格审查的时间不同

公开招标时,由于投标者较多,为保证投标人具备相应的实施能力,缩短评标的时间,突出投标的竞争性,通常设置资格预审程序。而邀请招标由于竞争范围较小且招标人对邀请对象的能力有所了解,不需要再进行资格预审,但需要进行"资格后审"。"资格后审"是指评标阶段对各投标人的资格和能力进行审查和比较。

(3)公开的程度不同

公开招标中,所有的活动都必须严格按照事先预定的程序和标准公开进行,其作弊的可能性大大减小。而邀请招标的公开程度相对较低,容易产生违法操作。

(4)时间和费用不同

公开招标程序较复杂,投标人的数量没有限定,所以时间会更长、费用会更多。而邀请招标只在有限的投标人中进行,所以时间短、费用也相对少。

(二)工程招标的范围

1.强制招标的范围

《中华人民共和国招标投标法》(以下简称《招标投标法》)自 2000 年 1 月 1 日起实施,并于 2017 年 12 月 27 日进行了修改。《招标投标法》规定,凡在中华人民共和国境内进行下列工程建设项目包括项目的勘察、设计、施工、监理以及与工程建设有关的重要设备、材料等的采购,必须进行招标:

①大型基础设施、公用事业等关系社会公共利益、公共安全的项目;

②全部或者部分使用国有资金投资或国家融资的项目;

③使用国际组织或者外国政府贷款、援助资金的项目。

上述项目的范围在 2018 年 6 月 1 日起施行的《必须招标的工程项目规定》中都做了明确的规定。

其中，全部或者部分使用国有资金投资或者国家融资的项目包括：

①使用预算资金 200 万元人民币以上，并且该资金占投资额 10%以上的项目；

②使用国有企业事业单位资金，并且该资金占控股或者主导地位的项目。

使用国际组织或者外国政府贷款、援助资金的项目包括：

①使用世界银行、亚洲开发银行等国际组织贷款、援助资金的项目；

②使用外国政府及其机构贷款、援助资金的项目。

对以上的各类工程项目，其勘察、设计、施工、监理以及与工程建设有关的重要设备、材料等的采购达到下列标准之一的，必须进行招标：

①施工单项合同估算价在 400 万元人民币以上；

②重要设备、材料等货物的采购，单项合同估算价在 200 万元人民币以上；

③勘察、设计、监理等服务的采购，单项合同估算价在 100 万元人民币以上。

同一项目中可以合并进行的勘察、设计、施工、监理及与工程建设有关的重要设备、材料等的采购，合同估算价合计达到前款规定标准的，必须招标。

其他需要招标的大型基础设施、公用事业等关系社会公共利益、公众安全的项目，必须招标的具体范围由国务院发展改革部门会同国务院有关部门按照确有必要、严格限定的原则制定，报国务院批准。

2.可以采用邀请招标的工程范围

①项目技术复杂或有特殊要求，只有少量几家潜在投标人可供选择的；

②受自然地域环境限制的；

③涉及国家安全、国家秘密或者抢险救灾，适宜招标但不宜公开招标的；

④拟公开招标的费用与项目的价值相比，不值得的；

⑤法律、法规规定不宜公开招标的。

国家重点建设项目的邀请招标，应当经国务院发展计划部门批准；地方重点建设项目的邀请招标，应当经各省、自治区、直辖市人民政府批准。

3.可以不进行招标的工程范围

①涉及国家安全、国家秘密或者抢险救灾而不适宜招标的；

②属于利用扶贫资金实行以工代赈需要使用农民工的；

③施工主要技术采用特定的专利或者专有技术的；

④施工企业自建自用的工程，且该施工企业资质等级符合工程要求的：

⑤在建工程追加的附属小型工程或者主体加层工程，原中标人仍具备承包能力的；

⑥法律、行政法规规定的其他情形。

二、工程招标的方法

（一）一次招标

一次招标是指从项目的前期工作开始，直到竣工验收、交付生产使用和有一定期限保修服务等的整个过程全部工作的招标。这种招标方法一次就确定了整个工程承发包的内容,便于管理。但必须事先做好所有的招标准备工作,招标时间较长。

(二)多次招标

多次招标是指把建设项目的某些阶段(如工程设计、工程施工、设备制造和安装等)的工作分别进行招标。目前我国大多数工程项目建设采用的就是这种招标方法。采用多次招标方法,项目的建设单位需要按阶段分别与中标单位签订合同,并须负责协调工程设计、施工和设备制造及供应等方面出现的矛盾。由于项目的建设工期和投资控制较难,竣工后的保修服务也有一定困难。因此,建设单位一般都委托一个高水平的工程咨询公司来做好各阶段招标过程中的协调管理工作。

(三)专项招标

专项招标是指某一个建设阶段的某一专项技术的招标。有些专业技术性较强的工程项目(例如核电站反应堆)需要进行这种招标;有些工程项目专业技术性虽然不强,但由于工程比较庞大,关系错综复杂,建设时也需要将整个项目分解成若干个专项来进行,这类项目也需要进行专项招标。

随着新技术水平的提高,现代化的工业、交通、公共工程和民用建筑的工程结构发生了显著变化,逐渐向大型化、自动化以及高层、深基、轻质高强结构的方向发展,而且抗渗要求高、整体浇筑多、浇筑速度快、操作要求严、施工难度大。这类工程项目在工程总承包后也需要进行专项招标。

三、工程招投标的程序

工程招标是招标人选择中标人并与其签订合同的过程,而投标则是投标人力争获得实施合同的竞争过程,招标人和投标人均需遵循招标投标的法律法规来进行招标投标活动。

工程招标程序如图5-1所示。

按照招标人和投标人参与程度,可将招标过程粗略划分成招标准备阶段、招标投标阶段和决标成交阶段。

(一)招标准备阶段的主要工作

招标准备阶段的主要工作有:

1.选择招标方式

招标人根据工程特点、工程项目建设总进度计划、合同类型、招标前准备工作的完成情况等因素以及招标人的管理能力来确定招标方式。

2.办理招标备案

招标备案是招标人向建设行政主管部门办理申请招标的手续。招标备案文件应说明招标方式、计划工期、招标工作范围、对投标人的资质要求、招标项目前期准备工作的完成情况、招标组织形式(自行招标还是委托代理招标)等内容。获得认可后招标人方可开展招标工作。

3.编制招标文件

招标文件是由招标单位或招标单位委托工程咨询公司编制并发布的具备纲领性和实施性

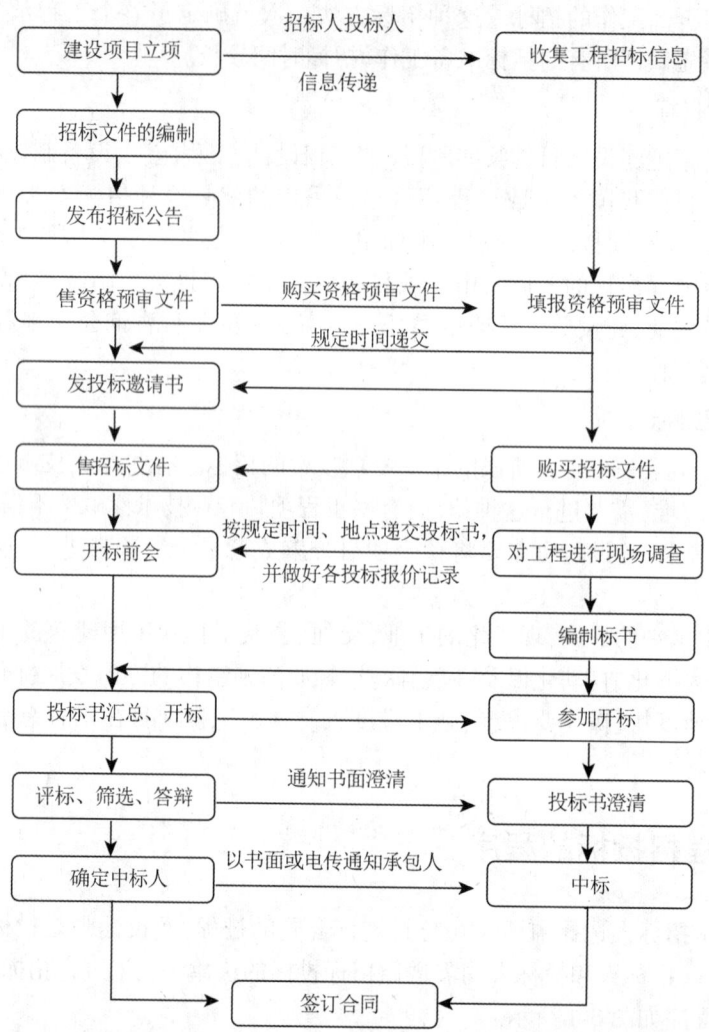

图 5-1　工程招标程序

的文件。它既是向投标单位介绍工程情况和招标条件的文件,也是签订承发包合同的基础文件。招标文件需与合同文件同时提出。招标文件质量的好坏与招标工作的成败和项目建设期的科学管理紧密相关。因此,招标文件的内容要全面,文字要简明,概念要准确,逻辑要严密,表达要科学,层次要清晰。

(1)编制招标文件应具备的基本条件包括:

①编制工程项目总承包招标文件,应依据审批机关批准的项目建议书和所确定的总投资额;

②编制勘察设计招标文件,应依据经审批机关批准的可行性研究报告和投资(或计划)部门所提供的资金;

③编制设备、材料招标文件,应依据设计单位提供的设备、材料清单和所必需的资金;

④编制工程施工招标文件,应依据经审批机关批准的工程建设计划、设计文件、施工图纸和投资部门提供的年度投资额(或投资计划)。

（2）编制招标文件内容的要点主要包括：

建设项目概况（包括项目名称、建设规模、建设工期、质量标准、投资估算及工艺技术要求等）；外部协作条件要求及主要技术经济指标；工程建设的保证措施；投资收益分配和投资风险的分担及方式；标书编制和报送的要求；投标、开标日期及地点等；合同的主要条款和要求等。

其中，工程总承包招标文件的主要内容包括：

①项目概况，包括项目名称、建设规模、投资概算、产品方案、主要工艺、主要设备及技术经济指标等；

②批准的项目建议书或可行性研究报告及有关审批意见；

③建设地点及对资源外部条件的要求等；

④对总平面布置、规划的要求；

⑤建设工期及交付生产、使用的时间要求；

⑥质量要求及采用的技术标准；

⑦物资供应方式及可提供的物资数量和价格；

⑧投标须知，包括对投标人的资格要求，标书编制和投送的要求，组织现场踏勘、招标文件答疑及投标、开标等活动的日程安排等；

⑨合同的主要条款和要求等。

工程设计招标文件的主要内容包括：

①项目综合说明，包括对工程内容、设计范围和深度，图纸内容、图幅，建设周期和设计进度及投标单位的资质要求等；

②设计依据文件，包括批准的项目建议书或可行性研究报告及有关的审批意见；

③设计基础资料供应的内容、方式和时间；

④投标须知，包括标书编制和投送的要求，组织现场踏勘，招标文件答疑及投标、开标等活动的日程安排等；

⑤设计取费标准及奖励、罚款的原则；

⑥合同的主要条款和要求等。

工程施工招标文件的主要内容包括：

①工程综合说明，包括工程名称、地址、现场情况、发包范围和对投标单位的资格要求等；

②必要的设计图纸和资料；

③单位工程的分部、分项工程量清单；

④物资供应方式及计价办法；

⑤标价的计算基础和调整差价的办法；

⑥标价汇总表格式和工程价款结算方式；

⑦建设工期（或分期投产日期）及质量要求；

⑧投标须知，包括标书编制和投送的要求，组织现场踏勘，招标文件答疑及投标、开标等活动的日程安排等；

⑨合同的主要条款和要求等。

工程监理招标文件的主要内容包括：

①投标须知：包括工程项目综合说明，委托的监理范围和监理业务，投标文件的格式、编制、递交，无效投标文件的规定，投标的起止时间，开标、评标、定标时间和地点，评标的原则等；

②合同条件；

③业主提供的现场办公条件，包括交通、通信、住宿、办公用房等；

④对监理单位的要求，包括对现场监理人员、检测手段、工程技术难点等方面的要求；

⑤有关技术规定，必要的设计文件、图纸和有关资料。

设备招标文件的主要内容包括：

①投标须知，包括招标单位名称、项目名称、招标内容简要说明、投标的起止日期和地点、设计图纸和说明书；

②招标设备清单，包括设备的名称、型号、规格、数量、技术要求以及专用或非标准设备的设备图纸和说明书；

③设备的交货期限、方式、地点及检验方法；

④制造设备所需原材料的数量、供应方式及价格；

⑤引进国外设备的外汇数量及解决途径；

⑥合同的主要条款和要求等。

（二）招标投标阶段的主要工作

公开招标时，从发布招标广告开始到投标截止日期为止的期间称为招标投标阶段；若为邀请招标，则从发出投标邀请函开始，到投标截止日期为止的期间称为招标投标阶段。在这个阶段，招标人应做好招标的组织工作，投标人则按招标有关文件的规定和具体要求进行投标报价竞争。

1.发出项目招标通告或邀请投标函

其作用是让潜在投标人获得招标信息，便于进行项目筛选，进而确定是否参与竞争。招标人可以自定招标广告或投标邀请函的具体格式，内容一般包括：招标单位名称；工程项目概况；招标工作范围的简要介绍；建设项目资金来源；购买资格预审文件的地点、时间和价格等有关事项。

2.投标资格审查

资格审查，主要是考察潜在投标人总体能力是否具备完成招标工作所要求的条件。公开招标时设置资格预审程序，一是保证参与投标的法人或组织的资质和能力能够满足要求；二是招标人可以优选并邀请综合实力较强的投标人参加投标竞争，以减小评标的工作量。

资格审查应根据国家有关规定进行，其主要内容有：投标企业的资质等级、主要工程设计和施工的业绩、技术资质及管理人员的基本情况、机械装备能力及主要测试手段、正在承建和已经完成的工程设计或施工项目、企业的现有资金和财务状况、其他方面的特殊要求等。

3.发放招标文件

招标人向合格的投标人发放招标文件。投标人收到招标文件、图纸和相关资料后，应认真核对。投标人核对无误后应以书面形式予以确认。投标人对招标文件若有疑问需要招标人解答、解释的，应在收到招标文件后在规定时间内以书面形式向招标人提出。招标人应以书面形式或在投标预备会（答疑会）上对投标人的疑问予以解答。

招标文件的任何澄清或修改，须报建设行政主管部门备案，并在投标截止日期的 15 日前以书面形式发给购买招标文件的投标人。如果距离原招标文件上规定的投标截止时间不足 15 天，应当相应延长投标截止时间。投标人收到招标文件的澄清或修改后，应以书面形式予以确认。

招标文件的澄清或修改内容应为招标文件的组成部分,对招标人和投标人起着约束作用。

4.现场考察

招标人在投标须知规定的时间内组织投标人自费进行现场考察。设置此程序的目的出于以下两方面的考虑:一方面让投标人了解工程项目的现场情况、自然条件、施工条件以及周围环境条件,以便投标人编制投标书;另一方面避免在合同履行过程中投标人以不了解现场情况为由推卸应承担的合同责任。

5.解答投标人的质疑

投标人研究招标文件和现场考察后会以书面形式提出某些问题,招标人应及时给予书面解答。招标人对任何一位投标人所提问题的解答,必须发送给每一位投标人,保证招标的公开和公平,但不必说明问题的来源。回答函件作为招标文件的组成部分。如果书面解答的问题与招标文件规定的不一致,以函件的解答为准。

(三)决标成交阶段的主要工作

从开标日到签订合同这一期间称为决标成交阶段。这个阶段分为开标、评标和决标三个部分。

1.开标

开标是指投标截止后,招标人按招标文件所规定的时间和地点,开启投标人提交的投标文件,公开宣布投标人的名称、投标价格及投标文件中的其他主要内容的活动。

(1)开标时间和地点

《招标投标法》规定:"开标应当在招标文件确定的提交投标文件截止时间的同一时间公开进行;开标地点应当为招标文件中预先确定的地点。"根据这一规定,投标文件截止时间即是开标时间,它一般都精确至某年某月某时某分。之所以这样规定,是避免开标与投标截止时间之间存在时间间隔,从而防止泄露投标内容等一些不端行为的发生。

开标地点在招标文件中明确规定,有利于投标人准时参加开标,更好地维护了其合法利益。

(2)开标的程序

开标由招标人主持,邀请所有投标人参加。邀请所有投标人参加,是为了保证招标投标的公正,使他们了解开标的过程和其他投标人的投标情况,从而对评标结果是否合理做出判断,这对招标人可起到一定的监督作用。开标时,还可邀请招标主管部门、评标委员会、监察部门的有关人员参加,也可委托公证部门对整个开标过程依法进行公证。

开标时,由投标人或其推选的代表检验投标文件的密封情况,也可由招标人委托的公证机构检查并公证;经确认无误后,工作人员当众拆封;宣读投标人名称、投标价格和投标文件的其他主要内容。所有在投标致函中提出的附加条件、补充声明、优惠条件、替代方案等均应宣读。如投标文件没有密封,或有被开启的痕迹,则该投标应被认定为投标无效,其内容不予宣读。招标项目如果有标底也应公布。开标过程应当记录在案,由主持人和其他工作人员签字确认后,存档备查。开标后,任何投标人都不允许更改投标书的内容和报价,也不允许再增加优惠条件。投标书经启封后不得再更改招标文件中说明的评标、定标办法。

2.评标

评标是通过对各投标书优劣的比较来确定最终中标人。评标工作由评标委员会负责。

（1）评标机构的组成

评标和决标均由依法组建的评标委员会负责。评标委员会的成员由招标单位提名，报请主管部门批准。评标委员会的组成应符合国家有关部委的规定。其成员人数应为五人以上的单数，其中技术、经济方面的专家和学者不得少于成员总数的三分之二。评标委员会成员应当事先确定及保密。

（2）评标原则

评标工作应当坚持公平、公正的原则。评标委员会的成员不得倾向任何单位。不得根据上级主管部门的授意或暗示来评定中标单位。在整个评标过程中，由有关部门负责监督并检查评标的公正性、独立性和严肃性。

①工程承包招标的评标主要是根据总承包单位组织工程建设的能力、工程总平面布置、设计方案、技术经济指标、工期质量、报价和安全保证措施等进行综合考虑，择优选定中标单位。

②工程设计招标的评标主要是选定设计方案优、工艺技术水平高、工程造价低、经济（社会）效益好、设计进度快、收费低以及资质高和社会信誉好的单位。

③工程施工招标的评标应对施工方案、技术组织措施、工期、报价和企业的信誉等进行综合评价，择优选定中标单位。

（3）评标程序

①初评

初评即对投标文件的符合性进行鉴定，筛选出符合要求的合格投标书。评标委员会以招标文件为依据，审查各投标书是否为响应性投标，确定投标书的有效性。检查内容包括投标人的资格、投标文件的有效性、投标文件的完整性、与招标文件的一致性、报价计算的正确性等。

投标文件与招标文件实质性要求和条件响应的偏差分为重大偏差和细微偏差两大类。所有存在重大偏差的投标文件在初评阶段应该被淘汰。存在细微偏差的投标书，评标委员会可以书面要求投标人在评标结束前予以澄清、说明或者补正，但不得超出投标文件的范围或者改变投标文件的实质性内容。

②详评

详评即对技术标和商务标进行评审。评标委员会对各投标书的实施方案和计划进行实质性评价与比较。设有标底的，评标时应参考标底。

详评通常分为两个步骤进行。第一个步骤是对各投标书进行技术和商务方面的审查，评定其合理性以及可能给招标人带来的风险。评标委员会可以单独约请投标人对投标书中含义不明确的内容做必要的澄清或说明，但澄清或说明不得超出投标文件的范围或改变投标文件的实质性内容。澄清内容以书面形式呈现，作为投标书的组成部分。第二个步骤是在对投标书审查的基础上，评标委员会依据评标规则量化比较各投标书的优劣，并编写评标报告。

由于工程项目的规模不同、各类招标的标的额不同，评审方法可以分为定性评审和定量评审两大类。对于标的额较小的中小型工程评标可以采用定性评审的专家评议法，评标委员会对各标书共同分项进行认真分析比较后，以协商和投票的方式确定候选中标人。而大型工程常采用"综合评分法"或"评标价法"对各个投标书进行科学的定量评审。

（4）评标方法

①综合评分法

综合评分法是指事先将评审内容分类并分别赋予不同权重，评标委员依据评分标准采用不记名方式进行相应的打分,最后计算的累计分值反映投标人的综合水平,得分最高的投标书为最优。对商务标的评分有三类方法:以标底衡量、以复合标底衡量和无标底比较。

以标底衡量的综合评分法要求评标委员会首先以预先的允许报价浮动范围(如±5%)确定入围的有效投标,然后按照评标规则计算各项得分,最后以累计得分比较投标书的优劣。

以标底作为报价评定标准时,有可能因编制的标底不够正确导致报价评分不合理。故应采用标底的修正值作为衡量标准,这种方法称为以复合标底衡量的综合评分法。其实施具体步骤为:计算各投标书报价的算数平均值→将标书平均值与标底算数平均,并以算出的值为中心,按预先确定报价得分的允许浮动范围(如±10%)确定入围的有效投标书→计算入围的有效投标书的报价算数平均值为 A→将标底和 A 值进行平均(算术平均或加权平均),作为确定报价得分的衡量标准→依据评标规则确定的计算方法,按报价与标准的偏离度计算各投标书的该项得分。

为了鼓励投标人的报价竞争,可以预先不用设定标底,用反映投标人报价的平均水平值作为衡量基准。这种方法称为无标底的综合评分法。这种方法在招标文件中应说明比较的标准值和报价与标准值偏差的计分方法,根据报价与其偏离度的大小来确定各标书的分值高低。采用较多的方法有:

a.以最低报价为标准值。在所有投标书的报价中以最低者为标准(该项满分),其他投标人的报价按预先确定的偏离百分比计算相应得分。但应注意,最低的投标报价与次低投标人的报价如果相差悬殊(例如 20%以上),则应先考察最低报价者是否有低于其企业成本的竞标,若报价的费用组成合理,才可以作为标准值。

b.以平均报价为标准值。开标后,首先计算各报价项的标准值。可以采用简单的算数平均值或平均值下浮某一预先规定的百分比作为标准值。标准值确定后,再按预先的规则,根据各投标书的报价与标准值的偏离程度,计算各投标书的该项得分。

②评标价法

评标价法是指评审过程中以该标书的报价为基础,将报价之外需要评定的要素按预先规定的折算办法换算为货币价值,根据对招标人有利或不利的原则在投标报价上增加或扣减一定金额,最终构成评标价格。因此,"评标价"既不是投标价也不是中标价,只是用价格指标作为评审标书优劣的衡量方法,评标价最低的投标书为最优。定标后签订合同时,仍以报价作为中标的合同价。

(5)评标结果

评标结束后,评标委员会应向招标人提交书面评标报告,并就中标人提出意见,根据不同情况,可有三种不同意见。

一是推荐中标候选人。评标委员会可在评标报告中推荐 1~3 个中标候选人,最终中标人由招标人确定。二是直接确定中标人。在得到招标人授权的情况下,评标委员会可在评标报告中确定最终中标人。三是否决所有投标人。经评审,评标委员会认为所有投标人都不符合招标文件要求,所以否决所有投标。此时,强制招标的项目应当重新进行招标。

3.决标

决标是指招标人根据评标委员会提出的评标报告和推荐的中标候选人确定最终中标人的过程。决标也称定标。

（1）发出中标通知书

中标人确定后，招标人向中标人发出中标通知书，并同时将结果通知所有未中标的投标人并退还他们的投标保证金或保函。中标通知书应包括招标人名称、建设地点、工程名称、中标人名称、中标标价、中标工期、质量标准等主要内容。中标通知书对招标人和中标人同时具有法律效力，招标人改变中标结果或中标人拒绝签订合同均要承担相应的法律责任。

（2）签订合同

中标通知书发出后的 30 天内，双方应按照招标文件和中标人的投标文件订立书面合同，不得做实质性修改。招标人不得向中标人提出任何不合理要求作为订立合同的条件，双方也不得私下订立背离合同实质性内容的协议。双方在签订合同前，应到建设行政主管部门或其授权单位进行合同审查。招标合同内容主要包括：

①工程项目招标合同包括建设规模、总投资、建设工期、投资各方分担投资额及支付期、投资收益分配和投资风险分担方式等。

②工程设计招标合同包括方案设计综合说明、方案设计内容和图纸、建设工期安排意见、主要施工技术要求、投资估算和经济分析、设计进度和收费标准等。

③工程施工招标合同主要包括工程量及工程造价、工程期限、质量标准及主要技术安全措施、物资采购方式以及工程价款结算等。

④设备招标合同包括设备的名称、型号、规格数量、技术标准、供货时间和供货地点，检验方法及价格的结算方式等。

⑤工程总承包招标合同包括工程设计和施工及设备等招标合同规定的内容。

（3）招标投标情况备案

依法必须进行招标的项目，招标人应将工程招标、开标、评标情况，根据评标委员会编写的评标报告编制招标投标情况书面报告；并在自确定中标人之日起 15 天内，将招标投标情况的书面报告和有关招标投标情况备案资料、中标人的投标文件向建设行政主管部门备案。

第二节 ● 工程项目合同的主要内容

工程项目的顺利实施离不开参与单位的共同合作。由于不同的建设任务往往由不同的单位分别承担，这些参与单位与业主之间就必须通过合同来明确其承担的任务和责任以及所拥有的权利。

根据工程项目的规模和特点的差异，不同项目的合同数量可能会有很大的差别。根据合同中的任务内容可将合同划分为勘察合同、设计合同、施工承包合同、工程物资采购合同、工程监理合同、咨询合同、代理合同等。根据《中华人民共和国合同法》（以下简称《合同法》），勘察合同、设计合同、施工承包合同等属于建设工程合同，工程监理合同、咨询合同等属于委托合同。

本部分主要探讨施工承包合同、工程物资采购合同等的主要内容。

一、合同

（一）合同的概念

合同是平等主体的自然人、法人、其他组织之间设立、变更、终止民事权利义务关系的协议。合同作为一种协议，必须是两个以上当事人意思表示一致，且合同当事人做出的意思表示必须合法。

（二）合同的内容

合同的内容由当事人约定，这是合同自由的重要体现。《合同法》规定了合同一般应当包括的条款，但具备这些条款不是合同成立的必要条件。

1.当事人的名称或姓名、住所

当事人的名称或姓名是指法人和其他组织的名称，当事人的住所是指它们的主要办事机构所在地。

2.标的

标的是指合同当事人双方权利和义务共同指向的事物，即合同法律关系的客体。标的可以是货物、劳务、工程项目或者货币等。根据合同种类的不同，合同的标的也各有不同。例如，建筑工程合同的标的是工程建设项目；货物运输合同的标的是运输劳务；买卖合同的标的是货物；借款合同的标的是货币；委托合同的标的是委托人委托受托人处理委托事务等。

标的是合同的核心，它是合同当事人权利和义务的焦点。尽管当事人双方签订合同的主观意向各有不同，但最后必须集中在一个标的上。因此，当事人双方签订合同时，要明确合同的标的，合同没有标的或者标的不明确，必然会导致合同无法履行，甚至产生纠纷。

3.数量

数量，是计算标的的尺度。它将标的定量化，以便确立合同当事人之间的权利和义务的量化指标，从而计算价款或报酬。根据《在我国统一实行法定计量单位和命令》的规定，签订合同时，必须使用国家法定计量单位，做到计量标准化、规范化。如果计量单位不统一，一方面会降低工作效率，另一方面也会因发生误解而引起纠纷。

4.质量

质量，是标的物的内在特殊物质属性和一定的社会属性，是标的物性质差异的具体特征。它是标的物价值和使用价值的集中表现，并决定着标的物的经济效益和社会效益，还直接关系到生产的安全和人身的健康。因此，当事人签订合同时，必须对标的物的质量做出明确的规定。标的物的质量，在有国家标准的情况下按国家标准签订；在没有国家标准，而有行业标准的情况下按行业标准签订，或者在有地方标准的情况下按地方标准签订；如果标的物是新产品且没有上述标准时，可按企业新产品鉴定的标准（如产品说明书、合格证），写明相应的质量标准。国家鼓励企业采用国际质量标准。

5.价款或者酬金

价款，通常是指当事人一方为取得对方出让的标的物，而支付的一定数额的货币；酬金，通常是指当事人一方为对方提供劳务、服务等，而向对方收取的一定数额的货币酬金。在社会主义市场经济活动中,当事人签订合同时,应接受有关部门的监督,不得违反有关规定。

6.履行期限、地点和方式

履行期限是指当事人交付标的和支付价款或报酬的日期。履行期限是权利人依据合同的约定要求义务人履行义务的请求权发生时间。合同的履行期限是一项重要条款,当事人必须写明具体的履行起止日期,避免因履行期限不明确而产生纠纷。

履行地点是指当事人交付标的和支付价款或报酬的地点。它包括标的物的交付、提取地点;服务、劳务或工程项目建设的地点;价款或酬金结算的地点等。合同履行地点也是一项重要条款,它不仅关系到当事人实现权利和承担义务的发生地,还关系到人民法院受理合同纠纷案件的管辖地问题。因此,合同当事人双方签订合同时,必须将履行地点写明,并且要写得具体、准确,以免因合同发生差错而引起纠纷。

履行方式是指合同当事人双方约定以哪种方式转移标的物和结算价款。履行方式应视所签订合同的类别而定。例如,买卖货物、提供服务、完成工作合同,其履行方式均有所不同。此外,在某些合同中还应当写明包装结算等方式,以利于合同的完善履行。

7.违约责任

违约责任是指合同当事人约定当一方或双方不履行或不完全履行合同义务时必须承担的法律责任。违约责任包括支付违约金、偿付赔偿金以及发生意外事故的处理等责任。法律有规定责任范围的按规定处理;法律没有规定责任范围的,由当事人双方协商议定办理。

8.解决争议的方法

解决争议的方法,是指合同当事人选择解决合同纠纷的方式、地点等。根据我国法律的有关规定,当事人解决合同争议时,实行"或裁或审制",即当事人在合同中约定选择仲裁机构或人民法院解决争议;当事人可以就仲裁机构或诉讼的管辖机关的地点进行议定选择。当事人如果在合同中既没有约定仲裁条款,事后又没有达成新的仲裁协议,那么,当事人只能通过诉讼的途径解决合同纠纷。

(三)合同的形式

合同的形式,是指合同当事人双方对合同的内容、条款经过协商,做出共同的意思表示的具体方式。

《合同法》规定,当事人订立合同,有书面形式、口头形式和其他形式。书面形式是指合同书、信件和数据电文(包括电报、电传、传真、电子数据交换和电子邮件等)可以有形地表现所载内容的形式。公证、审批、登记等是书面合同的特殊形式。在下列两种情况下,应当采用书面形式:

(1)法律、行政法规规定采用书面形式;

(2)当事人约定采用书面形式的。

二、施工承包合同

建设工程施工合同有施工总承包合同和施工分包合同之分。施工总承包合同的发包人是建设工程的建设单位或取得建设项目总承包资格的项目总承包单位,在合同中一般称为业主或发包人。施工总承包合同的承包人是承包单位,在合同中一般称为承包人。施工分包合同又有专业工程分包合同和劳务作业分包合同之分。分包合同的发包人一般是取得施工总承包合同的承包单位,在分包合同中一般仍沿用施工总承包合同中的名称,即仍称为承包人。而分包合同的承包人一般是专业化的专业工程施工单位或劳务作业单位,在分包合同中一般称为分包人或劳务分包人。

(一)施工承包合同示范文本组成

各种施工合同示范文本一般都由以下3部分组成:

①协议书;

②通用条款;

③专用条款。

施工合同文件的组成部分,除了协议书、通用条款和专用条款以外,一般还应该包括:中标通知书、投标书及其附件、有关的标准、规范及技术文件、图纸、工程量清单、工程报价单或预算书等。

作为施工合同文件组成部分的上述各个文件,其优先顺序是不同的,解释合同文件优先顺序的规定一般在合同通用条款内,可以根据项目的具体情况在专用条款内进行调整。原则上应把文件签署日期在后的和内容重要的排在前面,即更加优先。例如《建设工程施工合同(示范文本)》(GF-2013-0201)通用条款规定的优先顺序如下:

①合同协议书;

②中标通知书(如果有);

③投标函及其附录(如果有);

④专用合同条款及其附件;

⑤通用合同条款;

⑥技术标准和要求;

⑦图纸;

⑧已标价工程量清单或预算书;

⑨其他合同文件。

各种施工合同示范文本的内容一般包括:

①词语定义与解释;

②合同双方的一般权利和义务,包括代表业主利益进行监督管理的监理人员的权利和职责;

③工程施工的进度控制;

④工程施工的质量控制;

⑤工程施工的投资控制;

⑥施工合同的监督与管理;

⑦工程施工的信息管理;

⑧工程施工的组织与协调;

⑨施工安全管理与风险管理等。

(二)发包方的责任与义务

发包人的责任与义务有许多,最主要的有:

1.图纸的提供和交底

发包人应按照专用合同条款约定的期限、数量和内容向承包人免费提供图纸,并组织承包人、监理人和设计人进行图纸会审和设计交底。发包人向承包人提供图纸的时间最迟不得晚于开工通知载明的开工日期前14天。

2.对化石、文物的保护

发包人、监理人和承包人应按有关政府行政管理部门要求对施工现场发掘的所有文物、古迹以及具有地质研究或考古价值的其他遗迹、化石、钱币或物品采取妥善的保护措施,由此增加的费用和(或)延误的工期由发包人承担。

3.出入现场的权利

除专用合同条款另有约定外,发包人应根据施工需要,负责取得出入施工现场所需的批准手续和全部权利,以及取得因施工所需修建道路、桥梁以及其他基础设施的权利,并承担相关手续费用和建设费用。承包人应协助发包人办理场内外道路、桥梁以及其他基础设施修建的手续。

4.场外交通

发包人应提供场外交通设施的技术参数和具体条件,承包人应遵守有关交通法规,严格按照道路和桥梁的限制载荷行驶,执行有关道路限速、限行、禁止超载的规定,并配合交通管理部门的监督和检查。场外交通设施无法满足工程施工需要的,由发包人负责完善并承担相关费用。

5.场内交通

发包人应提供场内交通设施的技术参数和具体条件,并应按照专用合同条款的约定向承包人免费提供满足工程施工所需的场内道路和交通设施。由于承包人原因造成上述道路或交通设施损坏的,承包人负责修复并承担由此增加的费用。

6.许可或批准

发包人应遵守法律,并办理法律规定由其办理的许可、批准或备案,包括但不限于建设用地规划许可证、建设工程规划许可证、建设工程施工许可证、施工所需临时用水、临时用电、中断道路交通、临时占用土地等许可和批准。发包人应协助承包人办理法律规定的有关施工证件和批件。由于发包人原因未能及时办理上述许可、批准或备案,由发包人承担由此增加的费用和(或)延误的工期,并支付承包人合理的利润。

7.提供施工现场

除专用合同条款另有约定外,发包人应最迟于开工日期7天前向承包人移交施工现场。

8.提供施工条件

除专用合同条款另有约定外,发包人应负责提供施工所需要的条件,包括:

①将施工用水、电力、通信线路等施工所必需的条件接至施工现场内;

②保证向承包人提供正常施工所需要的进入施工现场的交通条件;

③协调处理施工现场周围地下管线和邻近建筑物、构筑物、古树名木的保护工作,并承担相关费用。

9.提供基础资料

发包人应当在移交施工现场前向承包人提供施工现场及工程施工所必需的毗邻区域内供

水、排水、供电、供气、供热、通信、广播电视等地下管线资料;气象和水文观测资料;地质勘察资料;相邻建筑物、构筑物和地下工程等有关基础资料,并对所提供资料的真实性、准确性和完整性负责。按照法律规定在开工后方能提供的基础资料,发包人应尽其努力及时地在相应工程施工前的合理期限内提供,合理期限应以不影响承包人的正常施工为限。

10.资金来源证明及支付担保

除专用合同条款另有约定外,发包人应在收到承包人要求提供资金来源证明的书面通知后的28天内,向承包人提供能够按照合同约定支付合同价款的相应资金来源证明。除专用合同条款另有约定外,发包人要求承包人提供履约担保的,发包人应当向承包人提供支付担保。支付担保可以采用银行保函或担保公司担保等形式,具体由合同当事人在专用合同条款中约定。

11.支付合同价款

发包人应按合同约定向承包人及时支付合同价款。

12.组织竣工验收

发包人应按合同约定及时组织竣工验收。

13.现场统一管理协议

发包人应与承包人、由发包人直接发包的专业工程的承包人签订施工现场统一管理协议,明确各方的权利、义务。施工现场统一管理协议作为专用合同条款的附件。

(三)承包人的一般义务

承包人在履行合同过程中应遵守法律和工程建设标准规范,并履行以下义务:

①办理法律规定应由承包人办理的许可和批准,并将办理结果书面报送发包人留存;

②按法律规定和合同约定完成工程,并在保修期内承担保修义务;

③按法律规定和合同约定采取施工安全和环境保护措施,办理工伤保险,确保工程及人员、材料、设备和设施的安全;

④按合同约定的工作内容和施工进度要求,编制施工组织设计和施工措施计划,并对所有施工作业和施工方法的完备性和安全可靠性负责;

⑤在进行合同约定的各项工作时,不得侵害发包人与他人使用公用道路、水源、市政管网等公共设施的权利,避免对邻近的公共设施产生干扰。承包人占用或使用他人的施工场地,影响他人作业或生活的,应承担相应责任;

⑥按约定负责施工场地及其周边环境与生态的保护工作;

⑦按约定采取施工安全措施,确保工程及其人员、材料、设备和设施的安全,防止因工程施工造成的人身伤害和财产损失;

⑧将发包人按合同约定支付的各项价款专用于合同工程,且应及时支付其雇用人员工资,并及时向分包人支付合同价款;

⑨按照法律规定和合同约定编制竣工资料,完成竣工资料立卷及归档,并按专用合同条款约定的竣工资料的套数、内容、时间等要求移交发包人;

⑩应履行的其他义务。

三、工程物资采购合同

工程物资采购合同,是指具有平等主体的自然人、法人、其他组织之间为实现工程物资买卖,而设立、变更、终止相互权利义务关系的协议。依照协议,出卖人转移工程物资的所有权于买受人,买受人接受该项工程物资并支付价款。工程物资采购合同属于买卖合同,它具有买卖合同的一般特点又有自己的特点:

①工程物资采购合同应依据施工合同订立;

②工程物资采购合同以转移财物和支付价款为基本内容;

③工程物资采购合同的标的品种繁多,供货条件复杂。

工程物资采购合同的标的是建筑材料和设备,它包括钢材、木材、水泥和其他辅助材料以及机电成套设备,这些建设物资的特点在于品种、质量、数量和价格差异较大,根据建设工程的需要,有的数量庞大,有的要求技术条件较高。因此,在合同中必须对各种所需物资逐一明确,以确保工程施工的需要。

工程物资采购合同应按实际履行。

由于工程物资采购合同是依据施工合同订立的,工程物资采购合同的履行直接影响施工合同的履行。因此,工程物资采购合同一旦订立,卖方义务一般不能解除,不允许卖方以支付违约金和赔偿金的方式代替合同的履行,除非合同的迟延履行对买方影响不大。

建设工程物资采购合同应采用书面形式。

工程物资采购合同,一般分为材料采购合同和设备采购合同。

(一)材料采购合同

材料采购合同是指平等主体的自然人、法人、其他组织之间,以工程项目所需材料为标的、以材料买卖为目的,供货人转移材料的所有权于采购人,采购人支付材料价款的合同。

1.材料采购合同的主要条款

①双方当事人的名称、地址,法定代表人的姓名。委托代订合同的,应有授权委托书并注明代理人的姓名、职务等。

②合同标的。材料的名称、品种、型号、规格等应符合建设工程合同的规定。

③技术标准和质量要求。质量条款应明确各类材料的技术要求、试验项目、试验方法、试验频率以及国家法律规定的国家标准和行业标准。

④材料数量及计量方法。材料数量的确定由当事人协商,应以材料清单为依据,并规定交货数量的正负尾差、合理磅差和在途自然减(增)量及计量方法。计量单位采用国家规定的度量衡标准,计量方法按国家的有关规定执行,没有规定的,可由当事人协商执行。

⑤材料的包装。材料的包装是保护材料在储运过程中免受损坏的不可缺少的环节。包装质量可按国家和有关部门规定的标准签订,当事人有特殊要求的,可由双方商定标准,但应保证材料包装适合建筑材料的运输方式,并根据材料特点采取防潮、防雨、防锈、防震、防腐蚀的保护措施,提供包装物的当事人及包装品回收等。

⑥材料交付方式。材料交付可采取送货、自提和代运三种不同方式。由于工程用料数量多、体积大、品种繁多、时间性强,当事人应采取合理的交付方式,明确交货地点,以便及时、准

确、安全、经济地履行合同。

⑦材料的交货期限。材料的交货期限应以建设工程合同进度安排为前提,规定交货的批次、交货时间。

⑧ 材料价格及结算。材料的价格应在订立合同时明确定价,也可采用交货时的市场价,但应以交货时全国性物资交易市场的成交价为标准。材料价款应通过银行转账或票据结算,并在交货验收后付款。

⑨违约责任。在合同中,当事人应对违反合同的责任做出明确规定。

⑩ 特殊条款。如果双方当事人对一些特殊条件或要求达成一致意见,也可在合同中明确规定,成为合同的条款。当事人对以上条款达成一致意见形成书面协议后,经当事人签名盖章,即产生法律效力,若当事人要求鉴证或公证的,则经鉴证机关或公证机关盖章后方可生效。

2.材料采购合同的订立方式

(1)公开招标

公开招标就是由招标单位通过报刊、广播、电视等新闻媒体公开发表招标广告。采用公开招标方式进行材料采购适用于大宗材料采购合同。与工程施工招标相比,材料采购的公开招标程序比较简单。其招标程序如下:

①由主持招标的单位编制招标文件。

招标文件应包括招标通告、投标者须知、投标格式、合同格式、货物清单、质量标准(技术规范)以及必要的附件。

②刊登招标广告。

③询价、报价、签订合同。

建设材料买受人向若干建材厂商或建材经销商发出询价函,表明其所需材料的品种、规格、质量、数量,要求他们在规定的期限内做出报价。建设材料买受人在收到厂商的报价后,经过充分比较,实地考察,从中选定报价合理、社会信誉高、有充分生产能力的厂商签订合同。

(2)直接订购

建设材料买受人直接向材料生产厂商或材料经销商报价,生产厂商或经销商接受报价,则签订合同。

在实际材料采购中较常见的是第二种方式订立的采购合同。对于标的数额较大的,采用招标方式,能使采购人获得经济实惠的商品;对于标的数额较小的、用时很紧的建设材料,可采用直接订购方式。

3.材料采购合同的履行

材料采购合同依法订立后,当事人应当全面履行合同规定的义务,否则,不仅会影响当事人的经济利益,而且会影响施工合同的全面履行。因此,要求合同当事人按照实际履行原则和全面履行原则履行经济合同。

(1)按约定的标的物履行

供货人交付的货物必须与合同规定的名称、品种、规模、型号相一致,这是贯彻实际履行原则的根本要求。除非采购人同意,供货人不得以其他货物代替合同的标的,也不允许以支付违约金或赔偿金的方式,代替履行合同。特别是在有些材料的供求波动比较大的情况下,强调这一原则更具有重要意义。

（2）按合同规定的期限、地点支付货物

交付货物的日期应在合同规定的交付期限内,交付的地点应符合合同指定的地点。如果实际交付日期早于或迟于合同规定的交付日期,即视为提前交付或逾期交付。提前交付,采购人可拒绝接受;逾期交付,则供货人应承担逾期交付的责任。如果逾期交货,采购人不再需要,应在接到供货人通知后15天内通知供货人,逾期未通知,则视为同意延期交货。交付标的应视为买卖双方的行为,只有在双方协调配合下才能完成货物的移交,而不应视为只是供货人的义务。对于采购人来说,依据合同规定接受货物既是权利,也是义务,不能按合同规定接受货物同样应当承担责任。

（3）按合同规定的数量和质量交付货物

对于交付的货物应当场检验,清点数目后,由双方当事人签字。对质量的检验,外在质量可当场检验;对内在质量,需做物理或化学试验的,以试验结果为验收的依据。供货人在交货时,应将产品合格证(或质量保证书)随同产品(或运单)交予采购人,据此验收。在合同履行中,货物质量是比较容易发生争议的方面,特别是工程施工用料必须经监理工程师认可。因此,采购人在验收材料时,可根据需要采取适当的验收方式,如驻厂验收、入库验收或提单验收等,以满足工程施工对材料的要求。

4.材料采购合同的违约责任

当事人任何一方不能正确履行合同义务时,均应以违约金的形式承担违约赔偿责任。双方应通过协商,将具体采用的比例书写在合同条款内。

（1）供货人的违约责任

①未能按合同约定交付货物

这类违约行为包括不能供货和不能按期供货两种情况,由于这两种错误行为给对方造成的损失不同,因此承担的违约责任的形式也不完全一样。

a.如果由于供货人的原因导致不能全部或部分交货,应按合同约定的违约金比例乘以不能交货部分货款计算违约金。若违约金不足以偿付采购人所受到的实际损失,可以修改违约金的计算方法,使实际受到的损害能够得到合理的补偿。例如,施工承包人为了避免停工待料,不得不以较高价格紧急采购不能供应部分的货物而受到的价差损失等。

b.供货人不能按期交货的行为,分为逾期交货和提前交货两种情况。

逾期交货:不论合同内规定由供货人将货物送达指定地点交接,还是采购人自提,均要按合同约定依据逾期交货部分货款总价计算违约金。对约定由采购人自提货物而不能按期交付的,若发生采购人的其他额外损失,这笔实际开支的费用也应由供货人承担。例如,采购人已按期派车到指定的地点接收货物,而供货人又不能交付,则派车损失应由供货人承担。发生逾期交货事件后,供货人还应在发货前与采购人就发货的有关事宜进行协商。采购人仍需要时,可继续发货照数补齐,并承担逾期交货责任;如果采购人认为已不再需要,则有权在接到发货协商通知后的15天内,通知供货人办理解除合同手续,但逾期不予答复则视为同意供货人继续发货。

提前交货:属于约定由采购人自提货物的合同,采购人接到对方发出的提前提货通知后,可以根据自己的实际情况拒绝提前提货;对于供货人提前发运或交付的货物,采购人仍可按合同规定的时间付款,而且对多交货部分,以及品种、型号、规格、质量等不符合合同规定的产品,在代为保管期内实际支出的保管、保养等费用由供货人承担。代为保管期内,不是因采购人保管不善原因而导致的损失,仍由供货人负责。

交货数量与合同不符:交付的数量多于合同规定,若采购人不接受,可在承付期内拒付多交付部分的货款和运杂费。合同双方在同一城市,采购人可以拒收多交部分;双方不在同一城市,采购人应先把货物接收下来并负责保管,然后将详细情况和处理意见在到货后的 10 天内通知对方。当交付的数量少于合同规定时,采购人凭有关的合法证明在承付期内可以拒付少交部分的货款,也应在到货后的 10 天内将详情和处理意见通知对方。供货人接到通知后应在 10 天内答复,否则视为同意对方的处理意见。

②产品的质量缺陷

当交付货物的品种、型号、规格、质量不符合合同规定时,如果采购人同意使用,应当按质论价;当采购人不同意使用时,由供货人负责包换或保修。不能修理或调换的产品,按供货人不能交货对待。

③供货人的运输责任

供货人的运输责任主要涉及包装责任和发运责任两个方面:

a.合理的包装是安全运输的保障,供货人应按合同约定的标准对产品进行包装。凡因包装不符合规定而造成货物运输过程中的损坏或灭失,均由供货人负责赔偿。

b.如果供货人将货物发至错误的收货地点或接货人,除应负责运交合同规定的到货地点或接货人外,还应承担对方因此多支付的一切实际费用和逾期交货的违约金。供货人应按合同的约定路线和运输工具发运货物,如果未经对方同意私自变更运输工具或路线,要承担由此增加的费用。

(2)采购人的违约责任

①不按合同约定接受货物

在合同签订或履行过程中,采购人要求中途退货的,应向供货人支付按退货部分货款总额计算的违约金。对于实行供货人送货或代运的物资,采购人违反合同规定拒绝接货的,要承担由此造成的货物损失和运输部门的罚款。约定为自提的产品,采购人不能按期提货的,除须支付按逾期提货部分货款总值计算延期付款的违约金之外,还应承担逾期提货时间内供货人实际发生的代为保管、保养费用。逾期提货,可能是未按合同约定的日期提货;也可能是已经同意供货人逾期交付货物,而接到提货通知后未在合同规定的时限内提货。

②逾期付款

采购人逾期付款,应按照合同内约定的计算办法,支付逾期付款利息。按照中国人民银行有关延期付款的规定,延期付款利率一般按每天万分之五计算。

③货物交接地点错误的责任

不论是由于采购人在合同内错填到货地点或接货人,还是未在合同约定的时限内及时将变更的到货地点或接货人通知对方,导致供货人送货或代运过程中不能顺利交接货物,所产生的后果均由采购人承担。责任范围包括自行运到所需地点或承担供货人及运输部门按采购人要求改变交货地点的一切额外支出。

(二)设备采购合同

设备采购合同是指采购人(可能是业主,也可能是承包人)与供货人(大多是生产厂家,也可以是供货商)为提供工程项目所需的设备而签订的合同。设备采购合同的标的物可能是非标准产品,需要专门加工制作,也可能虽是标准产品,但技术复杂需求量较小,一般没有现货供应,待双方签订合同后由供货人专门进行加工制作,因此属于承揽合同范畴。

1.设备采购合同的格式

设备采购合同的内容可分为三部分。第一部分为约首,即合同开头部分,包括项目名称、合同号、签约日期、地点、双方当事人名称等条款。第二部分为本文,即合同的主要内容,包括合同文件、合同范围和条件、货物数量、合同金额、付款条件、交货时间和交货地点及合同生效条款等。其中合同文件包括合同条款、投标格式和投标人提交的投标报价表、要求一览表、技术规范、履约保证金、规格响应表、采购人授权通知书等;货物数量、交货时间和交货地点等均在要求一览表中明确表示;合同金额指合同的总价,分项价格则在投标报价表中确定;合同生效条款规定本合同经双方授权代表签字盖章并在采购人收到供货人提供的履约保证金后生效。第三部分为约尾,即合同的结尾部分,包括双方的名称、签字盖章及签字时间、地点等。

2.设备采购合同的条款

(1)定义

对合同中的术语做统一解释如下:

"合同"系指买卖双方签署的,合同格式中载明的买卖双方所达成的协议,包括所有的附件、附录和构成合同的所有文件。

"合同价"系指根据合同规定,供货人在完全履行合同义务后采购人应付给的金额。

"货物"系指供货人根据合同规定须向采购人提供的一切设备、机械、仪表、备件、工具、手册和其他技术资料及其他资料。

"服务"系指根据合同规定供货人承担与供货有关的辅助服务,如运输、保险以及其他的服务,安装、调试、提供技术援助、培训和其他类似义务。

"采购人"系指根据合同规定支付货款的需方单位。

"供货人"系指根据合同规定提供货物和服务的法人、其他组织或自然人。

(2)技术规范

提供和交付的货物技术规范应与合同文件的规定一致。

(3)专利权

供货人应保证采购人在使用该货物或其他任何部分时不受第三方提出侵犯其专利权、商标权和工业设计权的起诉。

(4)包装要求

供货人提供货物的包装应适应运输、装卸、仓储的要求,确保货物安全无损运抵现场,并在每份包装箱内附一份详细装箱单和质量合格证,在包装箱表面做醒目的标识。

(5)装运条件及装运通知

供货人应在合同规定的交货期前30天以电报或电传形式将合同号,货物名称、数量、包装箱号、总毛重、总体积和备妥交货日期通知采购人,同时应该通过挂号信将详细交货清单、对货物运输的仓储的特殊要求及注意事项通知采购人。如果供货人交货超过合同规定的数量或重量,则产生的一切法律后果由供货人负责。供货人在货物装完24 h内应以电报或电传的方式通知采购人。

（6）保险

出厂价合同,货物装运后由采购人办理保险。目的地交货价合同,由供货人办理保险。

（7）支付

供货人按合同规定履行义务后,采购人可按供货人提供的单据和交付货物的价款按比例付款。

（8）技术资料

供货人应在合同生效后的一定时间内将设备和仪器的技术资料一套寄给采购人。并在发货时另行随货物发运一套。

（9）质量保证

供货人须保证货物是全新的未使用过的,并完全符合合同规定的质量、规格和性能的要求。在货物最终验收后的质量保证期内,供货人应对由于设计、工艺或材料的缺陷而发生的任何不足或故障负责,费用由供货人负担。

（10）检验

在发货前,供货人应对货物的质量、规格、性能、数量和重量等进行准确而全面的检验,并出具证书,但检验结果不能视为最终检验。采购人在货物运抵现场后,可申请有关部门进行检验,如有与合同不符的情况,凭该检验证书在规定的期限内向供货人提出索赔。

（11）违约罚款

在履行合同过程中,如果供货人遇到不能按时交货或提供服务的情况,应及时以书面形式通知采购人,并说明不能交货的理由及延误时间。采购人在收到通知后,经分析可通过修改合同,酌情延长交货时间。如果供货人毫无理由地拖延交货,则采购人可没收履约保证金,加收罚款或终止合同。

（12）不可抗力

发生不可抗力事件后,受事故影响一方应及时书面通知另一方,双方协商延长合同履行期限或解除合同。

（13）履约保证金

供货人应在收到中标通知书 30 天内,通过银行向采购人提供相当于合同总价 10% 的履约保证金,其有效期到货物保证期满为止。

（14）争议的解决

执行合同中所发生的争议,双方应通过友好协商解决,如协商不能解决时,当事人应该通过仲裁解决或诉讼解决,具体解决方式应在合同中明确规定。

（15）破产终止合同

供货人破产或无清偿能力时,采购人可以书面形式通知供货人终止合同,并有权请求供货人赔偿有关损失。

（16）转包和分包

双方应对供货人能否完全或部分转让其应履行的合同义务达成一致意见。

（17）其他

其他的内容有合同生效时间、合同正本份数、修改或补充合同的程序等。

3.设备采购合同的履行

与材料采购合同相似,设备采购合同的履行也应贯彻实际履行原则和全面履行原则。

（1）交付货物

供货人应按合同的规定，按时、按质、按量地履行供货义务，并做好现场服务工作，及时解决有关设备的技术质量、缺损件等问题。

（2）验收

采购人对供货人交货应及时进行验收，根据合同规定，对设备的质量和数量进行核实检验，特别要核查配套设备与配件是否齐全，如有异议，应及时与供货人协商解决。

（3）结算

采购人对供货人交付的货物检验没有发现问题的，应按合同的规定及时付款；如果发现问题，在供货人及时处理并达到合同要求后，也应及时履行付款义务。

4.设备采购合同的违约责任

为了保证合同双方的合法权益，在合同内还应约定承担违约责任的条件、违约金的计算办法和违约金的最高赔偿限额。违约金通常包括以下几个方面内容：

（1）供货人的违约责任

①延误责任的违约金

a.设备延误到货的违约金；

b.未能按合同规定时间交付严重影响施工的关键技术资料的违约金；

c.因技术服务的延误、疏忽或错误导致工程延误违约金。

②质量责任的违约金

经过两次性能试验后，一项或多项性能指标达不到保证指标时，各项具体性能指标违约金的计算办法。

③由于供货人责任而造成采购人员的返工费

由于供货人委托采购人施工人员进行加工、修理、更换设备，或由于供货人设计图错误以及因供货人技术服务人员的指导错误造成返工，供货人应承担因此所发生合理费用的责任。向采购人支付的费用可按发生时的费率水平用如下公式计算：

$$P = a \cdot h + c \cdot m + M \tag{5-1}$$

式中：P——总费用（元）；

a——人工费（元/小时·人）；

h——人员工时（小时·人）；

M——材料费（元）；

c——机械台班数（台·班）；

m——每台机械设备的台班费（元/台·班）。

④不能供货的违约金

合同履行过程中，如果因供货人原因不能交货，则按不能交货部分设备约定价格的某一百分比计算违约金。

（2）采购人的违约责任

①延期付款应支付违约金。

②延期付款应支付相应利息。

③如果采购人中途要求退货，则按退货部分设备约定价格的某一百分比计算违约金。

在违约责任内还应分别列明任何一方严重违约时,对方可以单方面终止合同的条件、终止程序和后果责任。

第三节 ● 工程项目合同计价方式

工程项目合同计价方式主要有三种,即总价合同、单价合同和成本加酬金合同。

一、总价合同

总价合同是指根据合同规定的工程施工内容和有关条件,业主应付给承包商的款额是一个规定的明确的金额总价。总价合同也称作总价包干合同,即根据施工招标时的要求和条件,当施工内容和有关条件不发生变化时,业主付给承包商的价款总额就不发生变化。总价合同又分为固定总价合同和变动总价合同。

(一)固定总价合同

固定总价合同指以图纸和工程说明书为依据,将工程造价一次包死的合同。对业主来说,只需配备少量管理和技术人员对项目实施进行监督、验收、服务,便于管理。对承包方来说,如果工程地质资料及设计图纸和说明书都相当详细,能据以进行精确估价,方便省事;但如果所需资料不详细,不能进行精确估价,则承包方会承担较大的风险。承包商的风险主要有两个方面:一是价格风险,价格风险有报价计算错误、漏报项目、物价和人工费上涨等;二是工作量风险,工作量风险有工程量计算错误、工程范围不确定、工程变更或者由于设计深度不够所造成的误差等。因此,承包商的报价中不可避免地要增加一笔较高的不可预见风险费。

在国际上,这种合同被广泛接受和采用,有非常成熟和丰富的经验。对业主而言,在合同签订时就可以基本确定项目的总投资额,对投资控制有利;在双方都无法预测的风险条件下和可能有工程变更的情况下,承包商承担了较大的风险,业主的风险较小。但是,工程变更和不可预见的困难也常常引起合同双方的纠纷或者诉讼,最终导致其他费用的增加。

当然,在固定总价合同中还可以约定,在发生重大工程变更、累计工程变更超过一定幅度或者其他特殊条件下可以对合同价格进行调整。因此,需要定义重大工程变更的含义、累计工程变更的幅度以及调整合同价格的特殊条件,以及如何调整合同价格等。

固定总价合同适于规模小、技术不复杂的工程。

(二)变动总价合同

变动总价合同又称为可调总价合同,合同价格是以图纸及规定、规范为基础,按照时价进行计算,得到包括全部工程任务和内容的暂定合同价格。它是一种相对固定的价格,在合同执行过程中,由于通货膨胀等原因使所使用的工、料成本增加时,可以按照合同约定对合同总价进行相应的调整。当然,一般由于设计变更、工程量变化和其他工程条件变化所引起的费用变化也可以进行调整。因此,通货膨胀等不可预见因素的风险由业主承担,其风险较大;对承包商而言,其风险相对较小。

在工程施工承包招标时,施工期限一年左右的项目一般实行固定总价合同,以签订合同时的单价和总价为准,不考虑价格调整问题,因此,物价上涨的风险全部由承包商承担。

但是对建设周期一年半以上的工程项目,应采用变动总价合同,考虑下列因素引起的价格变化问题:

(1)劳务工资以及材料费用的上涨;

(2)其他影响工程造价的因素,如运输费、燃料费、电力等价格的变化;

(3)外汇汇率的不稳定;

(4)国家或者省、市立法的改变引起的工程费用的上涨。

采用总价合同时,对承发包工程的内容及其各种条件都应基本清楚、明确,避免承发包双方有蒙受损失的风险。因此,一般是在施工图设计完成,施工任务和范围比较明确,且业主的目标、要求和条件都清楚的情况下才采用总价合同。

二、单价合同

单价合同指根据工程单价(如每立方米或每米的价格)进行招标投标所签订的合同。通常先确定分部和分项工程的单价,然后根据中标单位提出的施工图需要完成的工程量,按合同规定的单位工程量的单价计算工程总造价。在实物工程量完成时,单价可随工资和材料价格指数的变化而调整。

一般情况下,当施工发包的工程内容和工程量不能明确、具体地予以规定时,可以采用单价合同。单价合同的特点是单价优先,例如,在 FIDIC 土木工程施工合同中,业主给出的工程量清单表中的数字是参考数字,而实际工程款则按实际完成的工程量和合同中确定的单价计算。在工程款结算中也以单价优先,对于投标书中明显的数字计算错误,业主有权利先做修改再评标,当总价和单价的计算结果不一致时,以单价为准调整总价。

单价合同允许随工程量变化而调整工程总价,因此业主和承包商都不存在工程量方面的风险,对合同双方都比较公平。此外,招标前发包单位也无须对工程范围做出完整的、详尽的规定,可以缩短招标准备时间;投标人也只需对所列工程内容报出自己的单价,从而缩短投标时间。

但采用单价合同时,业主需要安排专门力量来核实已经完成的工程量,需要在施工过程中花费不少精力,协调工作量大。用于计算应付工程款的实际工程量也可能超过预测的工程量,即实际投资容易超过计划投资,对投资控制不利。

单价合同又分为固定单价合同和变动单价合同。

固定单价合同条件下,无论价格等因素怎么变动,都不对单价进行调整,所以,对承包商而言就存在一定的风险。固定单价合同适用于工期较短、工程量变化幅度不会太大的项目。当采用变动单价合同时,合同双方可以约定一个估计的工程量,当实际工程量发生较大变化时可以对单价进行调整,同时还应该约定如何对单价进行调整;合同双方也可以约定,在通货膨胀达到一定水平或者国家政策发生变化的情况下,可以对哪些工程内容的单价进行调整以及如何调整等。所以,承包商的风险就相对较小。

三、成本加酬金合同

成本加酬金合同也称为成本补偿合同,这是与固定总价合同正好相反的合同,工程施工的最终合同价格将按照工程的实际成本再加上一定的酬金进行计算。在合同签订时,工程实际成本往往不能确定,只能确定酬金的取值比例或者计算原则。

采用这种合同,承包商不承担任何价格变化或工程量变化的风险,这些风险主要由业主承担,对业主的投资控制很不利。承包商往往缺乏控制成本的积极性,常常不仅不愿意控制成本,甚至还会期望提高成本以提高自己的经济效益。一旦被那些不道德或不称职的承包商滥用,会损害工程的整体效益。因此,应该尽量避免采用这种合同。

成本加酬金合同通常用于以下情况:

(1)工程特别复杂,工程技术、结构方案不能预先确定,或者即使可以确定工程技术和结构方案,但也不可能进行竞争性的招标活动并以总价合同或单价合同的形式确定承包商的情况(如研究开发性质的工程项目);

(2)时间特别紧迫,来不及进行详细计划和商谈的情况(如抢险、救灾工程)。

对业主而言,采用这种合同的优点有:可以通过分段施工缩短工期,而不必等待所有施工图完成才开始招标和施工;可以减少承包商的对立情绪,当工程变更和不可预见情况发生时,承包商的反应会比较积极和快捷;可以利用承包商的施工技术专家,帮助改进或弥补设计中的不足;业主可以根据自身力量和需要,较深入地介入和控制工程施工和管理;也可以通过确定最大保证价格约束工程成本不超过某一限值,从而转移一部分风险。对承包商来说,这种合同比固定总价的风险低,利润比较有保证,因而承包商比较有积极性。

其缺点是合同的不确定性。由于设计未完成,无法准确确定合同的工程量、工程内容以及合同的终止时间,难以对工程计划进行合理安排。

此类合同具体做法有四种:

1.成本加固定百分比酬金

在工程成本中直接加一定比例的报酬费,报酬部分的比例在签订合同时由双方确定。这种方式的酬金总额会随成本增加而增加,不利于缩短工期和降低成本。一般在工程初期很难描述工作范围和性质,或工期紧迫,无法按常规编制招标文件招标时采用:

$$C = C_s(1+P) \tag{5-2}$$

式中:C——工程总造价;

  C_s——工程实际发生的直接成本;

  P——固定的百分数。

这种方法虽然简便,但总价会随直接成本的增加而增加,不能起到鼓励承包人缩短工期、降低成本的作用,现在较少采用。

2.成本加固定酬金

根据工程规模、估计工期、技术要求、工作性质及复杂性、所涉及的风险等因素由双方协商确定一笔固定数目的报酬金额作为管理费及利润,对人工、材料、机械台班等直接成本则实报实销。如果设计变更或增加新项目,当直接费用超过原估算成本的一定比例(如10%)时,固定

的报酬也要增加。一般在工程刚开始总成本估计不准、可能变化不大的情况下,考虑采用此合同形式:

$$C = C_s + F \tag{5-3}$$

式中:C——工程总造价;

$\quad C_s$——工程实际发生的直接成本,实报实销;

$\quad F$——事先商定的酬金,为一固定项目。

这种方式不能鼓励承包人降低成本,但由于承包人总是希望尽快完工,尽早取得报酬,因此,可鼓励承包人缩短工期。

3.成本加浮动酬金

该承包方法是预先商定项目成本和酬金的预期水平,待实物工程完工后,根据实际成本与预期成本的差距,酬金上下浮动。

如果 $C_s = C_p$,则有 $C = C_s + F$。

如果 $C_s < C_p$,则有 $C = C_s + F + \Delta F$。

如果 $C_s > C_p$,则有 $C = C_s + F - \Delta F$。

式中:C_s——工程直接发生的直接成本;

$\quad C_p$——预先商定的直接成本水平(预期成本);

$\quad C$——工程总造价;

$\quad F$——预先商定的酬金;

$\quad \Delta F$——因节约成本而可增加的酬金(可以是绝对数,也可以是百分比)。

这种方法的优点是可鼓励承包人降低成本,缩短工期;其缺点是不易于确定。

4.目标成本加奖罚

这是在仅有初步设计和工程说明书即迫切要求开工的情况下采用的一种方法,其计价方式与成本加浮动酬金基本相同。通常先根据粗略估算的工程量和适当的单价表编制概算作为目标成本。另规定一个百分数作为酬金,如果实际成本高于目标成本并超过事先商定的界限,则减酬金;如果实际成本低于目标成本并超过事先商定的界限,则加酬金。

计算公式为:

$$C = C_s + P_1 C_m + P_2 (C_m - C_s) \tag{5-4}$$

式中:C——工程总造价;

$\quad C_s$——工程实际发生的直接成本;

$\quad C_m$——目标成本;

$\quad P_1$——基本酬金百分数;

$\quad P_2$——奖罚百分数。

总的来说,成本加酬金合同适用于工程设计招标后设计单位还没有提出施工图设计的情况,或遭受地震、水灾或战争破坏后急待修复的工程项目。

第四节 ◉ 工程项目索赔

一、索赔的概念

索赔是当事人在合同实施过程中,根据法律、合同规定及惯例,对于因合同对方应承担责任且并非自身过错的情况下造成损失后,向对方提出补偿要求的过程。在工程建设的各个阶段,都有可能发生索赔,但在施工阶段的索赔发生较多。

索赔有广义和狭义两种解释。广义的索赔是指合同双方向对方提出的索赔,既包括承包人向业主的索赔,也包括业主向承包人的索赔。狭义的索赔仅指承包人向业主的索赔。

对施工合同双方来说,索赔是维护双方合法利益的权利,它与合同条件中双方的合同责任一样,构成严密的合同制约关系。

施工索赔是在工程承包合同履行中,当事人一方由于另一方未履行合同所规定的义务或者出现了应当由对方承担的风险而遭受损失时,向另一方提出赔偿要求的行为。在实际工作中,索赔是双向的,我国《建设工程施工合同(示范文本)》(以下简称《示范文本》)中的索赔就是双向的,既包括承包人向发包人的索赔,也包括发包人向承包人的索赔。通常情况下,索赔是指承包人(施工单位)在合同实施过程中,对非自身原因造成的工程延期、费用增加而要求发包人给予补偿损失的一种权利要求。

二、索赔的分类

索赔贯穿于工程项目全过程,发生的范围比较广泛,其分类随标准、方法不同而不同,主要有以下几种:

(一)按索赔的合同依据分类

按索赔的合同依据可以将施工索赔分为合同中明示的索赔和合同中默示的索赔。

1.合同中明示的索赔

合同中明示的索赔是指承包人所提出的索赔要求,在该工程项目的合同文件中有文字依据。承包人可以据此提出索赔要求,并取得经济补偿。这些在合同文件中有文字规定的合同条款,称为明示条款。

2.合同中默示的索赔

合同中默示的索赔,即承包人的该项索赔要求,虽然在工程项目的合同条款中没有专门的文字叙述,但可以根据该合同的某些条款的含义,推论出承包人有索赔权。这种索赔要求,同样有法律效力,有权得到相应的经济补偿。

(二)按索赔目的分类

按索赔目的可以将施工索赔分为工期索赔和费用索赔。

1.工期索赔

由于非承包人责任的原因而导致施工进程延误，要求批准顺延合同工期的索赔，称之为工期索赔。工期索赔形式上是对权利的要求，以避免在原定合同竣工日不能完工时，被发包人追究拖期违约责任。一旦获得批准合同工期顺延后，承包人不仅免除了承担拖期违约赔偿费的严重风险，而且可能提前工期得到额外的经济奖励。

2.费用索赔

费用索赔的目的是要求经济补偿。当施工的客观条件改变导致承包人增加开支，要求对超出计划成本的附加开支给予补偿，以挽回不应由他承担的经济损失。

（三）按索赔事件的性质分类

按索赔事件的性质可以将工程索赔分为工程延误索赔、工程变更索赔、合同被迫终止索赔、加速施工索赔、意外风险和不可预见因素索赔以及其他索赔。

1.工程延误索赔

因发包人未按合同要求提供施工条件，如未及时交付设计图纸、施工现场、道路等，或因发包人指令工程暂停或不可抗力事件等造成工期拖延的，承包人对此提出索赔。这是工程中常见的一类索赔。

2.工程变更索赔

由于发包人或监理工程师指令增加或减少工程量或增加附加工程、修改设计、变更工程顺序等造成工期延长和费用增加，承包人对此提出索赔。

3.合同被迫终止索赔

由于发包人或承包人违约以及不可抗力事件等造成合同非正常终止，无责任的受害方因其蒙受经济损失而向对方提出索赔。

4.加速施工索赔

加速施工索赔是指由于发包人或工程师指令承包人加快施工速度，缩短工期，引起承包人人力、财力、物力的额外开支而提出的索赔。

5.意外风险和不可预见因素索赔

意外风险和不可预见因素索赔是指在工程实施过程中，因人力不可抗拒的自然灾害、特殊风险以及一个有经验的承包人通常不能合理预见的不利施工条件或外界障碍，如地下水、地质断层、溶洞、地下障碍物等引起的索赔。

6.其他索赔

其他索赔是指因货币贬值、汇率变化、物价、工资上涨、政策法令变化等引起的索赔。

（四）按索赔的处理方式分类

按索赔的处理方式可以将工程索赔分为单项索赔和总索赔。

1.单项索赔

单项索赔是针对某一干扰事件提出的索赔。该索赔在合同实施的过程中，干扰事件发生时或发生后立即执行。它由合同管理人员处理，并在合同规定的索赔有效期内提交索赔意向书和索赔报告，它是索赔有效性的保证。

单项索赔通常会及时处理,实际损失易于计算。例如,工程师指令将某分项工程混凝土改为钢筋混凝土,对此只需提出与钢筋有关的费用索赔即可。

单项索赔报告必须在合同规定的索赔有效期内提交监理工程师,由监理工程师审核后交给业主,由业主做答复。(此章中,工程师指的是发包人派驻施工场地履行合同的代表;监理工程师指的是监理单位委派的总监理工程师。)

2.总索赔

总索赔又称为一揽子索赔或综合索赔。一般在工程竣工前,承包人将施工过程中未解决的单项索赔集中起来,提出一篇总索赔报告。合同双方在工程交付前后进行最终谈判,以一揽子方案解决索赔问题。

三、索赔的原因

引起索赔的原因是多种多样的,通常包括以下几个方面:

(一)业主违约

业主违约常常表现为业主或其委托人未能按合同规定为承包人提供应由其提供的、使承包人得以施工的必要条件,或未能在规定的时间内付款。比如:业主未能按规定时间向承包人提供场地使用权,监理工程师未能在规定时间内发出有关图纸、指示、指令或批复,监理工程师拖延发布各种证书(进度付款签证、移交证书等),业主提供的材料不符合合同标准,监理工程师做出的决定不适当和苛刻检查等。

(二)合同缺陷

合同缺陷常常表现为合同文件规定的不严谨甚至矛盾、合同中的遗漏或错误。这不仅包括商务条款中的缺陷,也包括技术规范和图纸中的缺陷。在这种情况下,监理工程师有权做出解释。但如果承包人执行监理工程师的解释后引起成本增加或工期延长,则承包人可以为此提出索赔,监理工程师应给予证明,业主应给予补偿。一般情况下,业主作为合同起草人,要对合同中的缺陷负责。承包人有义务根据法律在投标前发现并及时向业主指出在合同中的缺陷。

(三)施工条件变化

在工程施工中,尽管在开始施工前承包人已分析了地质勘察资料,并且也进行了现场实地考察,但很难准确无误地发现施工现场的全部问题。如果发生有经验的承包人也无法预料的施工条件的变化,那么会对合同价格和工期产生较大的影响。在这种情况下,必然会引起施工索赔。

经常遇到的施工条件变化包括不利的外界障碍和条件,如无法合理预见的地下水、地质断层等;发现化石、古迹等;发生不可抗力事件,如洪水、地震等自然灾害。

(四)工程变更

在土木工程施工中,工程量的变化是不可避免的,施工时实际完成的工程量可能会与工程量表中所列的预计工程量不符,在施工过程中,监理工程师发现设计、质量标准和施工顺序等问题时,往往会增加新的工作,改换建筑材料,暂停施工或加速施工等。这些变更指令必然会引起施工费用的增加,或需要延长工期。所有这些情况,都迫使承包人提出索赔要求,以弥补自己不应承担的经济损失。

（五）工程师指令

工程师指令通常表现为监理工程师指令承包人加速施工,进行某项工作,更换某些材料,采取某种措施或停工等。监理工程师是受业主委托来进行工程建设监理的,其作用是监督所有工作按合同规定进行,督促承包人和业主完全合理地履行合同,保证合同顺利实施。为了保证合同工程达到既定目标,监理工程师可以发布各种必要的现场指令。相应地,因这种指令（包括错误指令）而造成的成本增加和(或)工期延误,承包人当然有权进行索赔。

（六）国家政策及法律、法令变更

国家政策及法律、法令变更,通常指直接影响到工程造价的某些政策及法律、法令的变更,比如限制进口、外汇管制或税收及其他收费标准的提高。毫无疑问的是,工程所在国的政策及法律、法令是承包人投标报价的重要依据之一。就国内工程而言,因国务院各有关部门、各级建设行政管理部门或其授权的工程造价管理部门公布的价格调整,比如定额、取费标准、税收、上缴的各种费用等的调整,可以调整合同价款（专用条款另有规定者除外）;如未予调整,承包人可以要求索赔。

（七）其他承包人干扰

其他承包人干扰通常是指其他承包人未能按时、按序进行并完成某项工作,各承包人之间配合协调不好等而给本承包人的工作带来的干扰。大中型公路工程项目,往往会有若干承包人在现场施工。由于各承包人之间没有合同关系,监理工程师作为业主委托人,有责任组织协调好各个承包人之间的工作。否则,将会给整个工程和各承包人的工作带来严重影响,引起承包人索赔。比如,某承包人不能按期完成其工作,其他承包人的相应工作也会因此延误。在这种情况下,被迫延迟的承包人就有权向业主提出索赔。在其他方面,如场地使用、现场交通等等,各承包人之间也都有可能发生相互干扰的问题。

（八）第三方原因

第三方的原因通常表现为因与工程有关的其他第三方的问题而引起的对本工程的不利影响。比如,业主在规定时间内,按规定方式向银行寄出了要求向承包人支付款项的付款申请,但由于邮路延误,银行迟迟没有收到该付款申请,因而导致承包人没有在合同规定的期限内收到工程款。在这种情况下,由于最终表现出来的结果是承包人没有在规定的时间内收到款项,所以承包人往往会向业主索赔。对于第三方原因造成的索赔,业主给予补偿之后,应根据其与第三方签订的合同或有关法律规定再向第三方追偿。

四、索赔的证据

索赔证据是当事人用来支持其索赔成立或和索赔有关的证明文件和资料。索赔证据作为索赔文件的组成部分,在很大程度上关系到索赔的成功。证据不全、不足或没有证据,索赔是很难获得成功的。索赔的依据主要是法律、法规、合同条件及"惯例"。不同的工程采用了不同的合同文件,因此索赔的依据也就不完全相同,合同当事人的索赔权利也不同。

在工程项目的实施过程中,会产生大量的工程信息和资料,这些信息和资料是开展索赔的重要依据。如果项目资料不完整,索赔就难以顺利进行。因此在施工过程中应始终做好资料积累工作,建立完善的资料记录和科学管理制度,认真系统地积累和管理合同文件、质量、进度及财务收支等方面的资料。对于可能会发生索赔的工程项目,从开始施工时就要有目的地收集证据资料,系统地拍摄现场,妥善保管开支收据,有意识地为索赔积累必要的证据材料。常见的索赔证据主要有:

(1)各种合同文件,包括工程合同及附件、中标通知书、投标书、标准和技术规范、图纸、工程量清单、工程报价单或预算书、有关技术资料和要求等。具体的如发包人提供的水文地质、地下管网资料,施工所需的证件、批件、临时用地或占地证明手续、坐标控制点资料等。

(2)经监理工程师批准的承包人施工进度计划、施工方案、施工组织设计和具体的现场实施情况记录,各种施工报表等。

(3)施工日志及工长工作日志、备忘录等,施工中发生的影响工期或工程资金的所有重大事情均应写入备忘录存档,备忘录应按年、月、日顺序编号,以便查阅。

(4)工程有关施工部位的照片及录像等。保存完整的工程照片和录像能有效地显示工程进度。因而除了标书上规定需要定期拍摄的工程照片和录像外,承包人自己应经常注意拍摄工程照片和录像,注明日期,作为自己查阅的资料。

(5)工程各往来信件、电话记录指令、信函、通知、答复等。

(6)工程各项会议纪要、协议及其他各种签约、与业主代表的谈话资料等。

(7)发包人或监理工程师发布的各种书面指令书和确认书,承包人要求、请求、通知书等。

(8)气象报告和资料,如有关天气的温度、风力、雨雪的资料等。

(9)投标前业主提供的参考资料和现场资料。

(10)施工现场记录。工程施工过程中的有关设计交底记录、变更图纸、变更施工指令等,工程图纸、图纸变更、交底记录的送达份数及日期记录,工程材料和机械设备的采购、订货、运输、进场、验收、使用等方面的凭据及材料供应清单、合格证书,工程送电、送水、道路开通、封闭的日期及数量记录,工程停电、停水和干扰事件影响的日期及恢复施工的日期等。

(11)工程各项经业主或监理工程师签证的资料,如承包人的付款申请、监理确认的工程量计量单等。

(12)工程结算资料和有关财务报告,如工程预付款、进度款拨付的数额及日期记录,工程结算书、保修单等。

(13)各种检查验收报告和技术鉴定报告。

(14)各类财务凭证。

(15)其他证据,包括分包合同、官方的物价指数、汇率变化表以及国家、省、市有关影响工程、造价、工期的文件、规定等。

五、索赔的程序

索赔程序是指从索赔事件产生到最终处理的整个过程中所包括的工作内容和工作步骤。索赔工作实际上是承包人和业主在分担工程风险方面的重新分配过程,索赔涉及双方的众多经济利益,因而是一项烦琐、细致、耗费精力和时间的过程。因此,合同双方必须严格按合同规定的索赔程序进行工作,才能圆满解决索赔问题,承包人的索赔才能获得成功。

具体工程的索赔工作程序,应根据双方签订的施工合同产生。在工程实践中,索赔工作程序一般可分为以下主要步骤:

(一)索赔意向通知

索赔意向通知是一种维护自身索赔权利的文件。在工程实施过程中,承包人发现索赔或意识到存在潜在的索赔机会后,要做的第一件事就是在合同规定的时间内将自己的索赔意向用书面形式及时通知业主和监理工程师,亦即向业主或监理工程师就某一个或若干个索赔事件表明索赔愿望、要求或声明保留索赔的权利。索赔意向的提出是索赔工作程序中的第一步,其关键是要抓住索赔机会,及时提出索赔意向。

索赔意向通知,一般仅仅是向业主或监理工程师阐明索赔意向,所以应当简明扼要。通常只要说明以下几点内容:索赔事由发生的时间、地点、简要事实情况和发展动态,索赔所依据的合同条款和主要理由,索赔事件对工程成本和工期可能产生的不利影响。

《公路工程国内招标文件范本》合同通用条款中规定,承包人应在索赔事件发生后的21天内[FIDIC合同条件及我国《建设工程施工合同(示范文本)》(下文简称《示范文本》)规定28天]将其索赔意向以正式函件通知监理工程师。如果承包人没有在合同规定的期限内提出索赔意向或通知,承包人则会丧失在索赔中的主动和有利地位,业主和监理工程师也有权拒绝承包人的索赔要求,这是索赔成立的有效的、必备的条件之一。因此,在实际工作中,承包人应避免合理的索赔要求由于未能遵守索赔时限的规定而导致无效。在实际的工程承包合同中,对索赔意向提出的时间限制不尽相同,只要双方经过协商达成一致并写入合同条款即可。

合同条款要求承包人在规定期限内需要提出索赔意向,是基于下述考虑:

(1)提醒业主或监理工程师要及时关注索赔事件的发生、发展的全过程;

(2)为业主或监理工程师的索赔管理做准备,如应进行合同分析、收集证据等;

(3)如属业主责任引起索赔,业主有机会采取必要的改进措施,以防止损失的进一步扩大。

对于承包人来讲,索赔意向通知可以对其合法权益起到保护作用,使承包人避免"因被称为'志愿者'而无权取得补偿"的风险。

(二)索赔资料的准备

从提出索赔意向到提交索赔文件,属于承包人索赔的内部处理阶段和索赔资料准备阶段,此阶段的主要工作有:

(1)跟踪和调查索赔事件,掌握事件产生的详细经过和前因后果。

(2)分析索赔事件产生的原因,划清各方责任,确定由谁承担,并分析这些索赔事件是否违反了合同规定,是否在合同规定的赔偿或补偿范围内,即确定索赔根据。

(3)损失或损害调查或计算。对比实际与计划的施工进度和工程成本,分析经济损失或权利损害的范围和大小,并由此计算出工期索赔和费用索赔值。

(4)收集证据。从索赔事件产生、持续直至结束的全过程,都必须保留完整的同期记录,这是索赔成功的重要条件。在实际工作中,许多承包人的索赔要求都因没有或缺少书面证据而得不到合理解决,这个问题应引起承包人的高度重视。

(5)起草索赔文件。按照索赔文件的格式和要求,将上述各项内容系统地反映在索赔文件中。

索赔的成功很大程度上取决于承包人对索赔做出的解释和真实可信的证明材料。即使抓住合同履行中的索赔机会，如果拿不出索赔证据或证据不充分，其索赔要求也往往难以成功或被大打折扣。因此，承包人在正式提出索赔报告前的资料准备工作极为重要。这就要求承包人注意记录和积累工程施工过程中的各种资料，并可随时从中提取与索赔事件有关的证明资料。

（三）索赔文件的提交

承包人必须在合同规定的索赔时限内向业主或监理工程师提交正式的书面索赔文件。《公路工程国内招标文件范本》中的合同通用条款、《示范文本》中的合同通用条款及 FIDIC 合同条件中都详细、具体地规定了索赔文件提交的时间限制，这也就体现了索赔的时效性。如果承包人未能按时间规定提交索赔报告，那他就失去了对该项事件请求补偿的索赔权利，此时他所受到损害的补偿，将不超过监理工程师认为应主动给予的补偿额，或把该事件损害提交仲裁解决时，仲裁机构依据合同和同期记录可以证明的损害补偿额。

（四）工程师对索赔文件的审核

在业主与承包人之间的索赔事件发生、处理和解决过程中，监理工程师是一个核心人物。监理工程师在接到承包人的索赔文件后，必须以完全独立的身份，站在客观公正的立场上审查索赔要求的正当性，必须对合同条件、协议条款等有详细的了解，以合同为依据来公平处理合同双方的利益纠纷。监理工程师应该建立自己的索赔档案，密切关注事件的影响和发展，有权检查承包人的有关同期记录材料，随时就记录内容提出他的不同意见或他认为应予以增加的记录项目。

监理工程师根据业主的委托或授权，对承包人的索赔进行审核。审核工作主要分为判定索赔事件是否成立和核查承包人的索赔计算是否正确、合理两个方面。监理工程师应在业主授权的范围内做出自己独立的判断，对索赔做出评估。

1. 索赔评估

索赔评估主要从下述几个方面进行：

（1）承包人提供的索赔资料的真实性、全面性、系统性以及能否满足评审的需要；

（2）申请索赔的依据是否正确、充分；

（3）索赔的理由是否正确、充分；

（4）索赔数额的计算原则与方法是否正确、数量是否真实、价格是否合理等。

2. 索赔应具备的条件

承包人索赔的成立必须同时具备以下四项条件：

（1）与合同相比较，事件已经造成了承包人实际的额外费用增加或工期损失；

（2）费用增加或工期损失不是由承包人自身的责任所造成；

（3）这种经济损失或权利损害不是由承包人应承担的风险所造成；

（4）承包人在合同规定的期限内提交了书面的索赔意向通知和索赔文件。

上述四项条件没有先后、主次之分，必须同时具备，承包人的索赔才能成立。

3. 监理工程师对索赔文件的审查重点

审查重点主要有两个方面：

（1）重点审查承包人的申请是否有理有据，即承包人的索赔要求是否有合同依据，所受损失是否由承包人负责的原因造成，提供的证据是否足以证明索赔要求成立，是否需要提交其他补充材料等。

（2）监理工程师应以公正的立场、科学的态度，重点审查并核算索赔值的计算是否正确、合理；分清责任，对不合理的索赔要求或不明确的地方提出反驳和质疑，或要求承包人做出进一步的解释和补充，并拟定自己计算的合理索赔款项和工期延展天数。

（五）监理工程师与承包人、业主协商后提出索赔处理意见

监理工程师核实并初步确定应予以补偿的额度往往与承包人索赔报告中要求的额度不一致，甚至差额较大，主要原因大多为对承担事件损害责任的界限划分不一致、索赔证据不充分、索赔计算的依据和方法分歧较大等，因此双方应就索赔的处理进行协商，有时甚至需要反复协商。通过协商达不成共识的，监理工程师有权单方面做出处理决定，承包人仅有权得到所提供的证据满足监理工程师认为索赔成立那部分的付款和工期延展。不论监理工程师通过协商与承包人达成一致，还是监理工程师单方面做出的处理决定，如果批准给予补偿的款额和延展工期的天数在业主授权范围之内，则可将此结果通知承包人，并抄送业主。补偿款将计入本期或下一期的期中支付证书内，业主应在合同规定的期限内付款；延展的工期加到原合同工期中去。如果批准的额度超过监理工程师的权限，则应报请业主批准（通常，无论是否超过授权，审批索赔前都应与业主协商）。

对于工期索赔持续影响时间超过21天（或按《示范文本》、FIDIC合同条件为28天）以上的延误事件，当索赔条件成立时，对承包人每隔21天（或28天）报送的阶段索赔临时报告进行审查后，每次均应做出批准临时延长工期的决定，并于事件影响结束后21天（或28天）内承包人提出最终的索赔报告后，批准延展工期总天数。应当注意的是，最终批准的总延展天数，不应少于以前各阶段已同意延展天数之和。条款规定承包人在事件影响期间每隔21天（或28天）提出一次阶段报告，可以使监理工程师能及时根据同期记录批准该阶段应予延展的工期天数，避免事件影响时间太长而不能准确确定索赔值。

监理工程师经过对索赔文件的认真评审，并与业主、承包人进行了较为充分的讨论后，应提出自己的索赔处理决定。通常，监理工程师的处理决定不是终局性的，对业主和承包人不具有强制性的约束力。

《示范文本》合同条件规定，监理工程师收到承包人送交的索赔报告和有关资料后应在28天内给予答复，或要求承包人进一步补充索赔理由和证据；如果在28天内既未予答复也未对承包人做进一步要求，则视为承包人提出的该项索赔要求已经认可。《公路工程国内招标文件范本》合同通用条款未对监理工程师对索赔的审批期限做出限定，但监理工程师应及时处理承包人提出的索赔问题。

（六）业主对索赔的审查

当索赔数额超过业主对监理工程师的授权范围（额度）时，应由业主直接审查索赔报告，并与承包人谈判解决，监理工程师作为索赔争议的调解人应参加业主与承包人之间的谈判。业主首先根据事件发生的原因、责任范围、合同条款，审核承包人的索赔文件和监理工程师的处理报告，再依据工程建设的目的、投资控制、竣工投产日期要求以及针对承包人在施工中的缺陷或违反合同规定等的有关情况，决定是否批准监理工程师的处理决定。例如，承包人某项索赔理由成立,监理工程师根据相应条款的规定,既同意给予一定的费用补偿,也批准延展相应的工期,但业主权衡了施工的实际情况和外部条件的要求后,可能不同意延展工期而宁愿给承包人增加费用补偿额,要求其采取赶工措施,按期或提前完工,这样的决定只有业主才有权做出。索赔报告经业主审查后,监理工程师即可签发有关索赔审批书。对于数额比较大的索赔,一般需要业主、承包人和监理工程师三方反复协商才能做出最终处理决定。

（七）承包人不接受索赔处理结果,可以仲裁或诉讼

如果承包人同意接受最终的处理决定,索赔事件的处理即告结束;如果承包人不同意,则可根据合同约定,进入合同纠纷的解决程序:监理工程师裁定——友好协商或上级调解——仲裁——诉讼,使索赔问题得到最终解决。在仲裁或诉讼过程中,监理工程师作为工程全过程的参与者和管理者,可以作为见证人提供证据,提供证词、证言。

工程项目实施中会发生各种各样、大大小小的索赔、争议等问题,应该强调的是:合同各方应该争取尽量在最早的时间、以最低的层次,尽最大可能以友好协商的方式解决索赔问题,不要轻易提交仲裁或诉讼。因为有争议的仲裁或诉讼往往是非常复杂的,要花费大量的人力、物力、财力和精力,对工程建设也会带来不利的影响,有时甚至产生严重的影响。

六、索赔报告

（一）索赔报告的一般内容

索赔报告是合同一方向另一方提出索赔的书面文件,它全面反映了一方当事人对一个或若干个索赔事件的所有要求和主张,对方当事人通过对索赔报告的审核、分析和评价来做出认可、要求修改、反驳甚至拒绝,索赔报告也是双方进行索赔谈判或调解、仲裁、诉讼的依据。因此,索赔报告的表达与内容对索赔的解决有重大影响,索赔方必须认真编写索赔报告。

在合同履行过程中,一旦出现索赔事件,承包人应该按照索赔报告的构成内容,及时地向业主提交索赔报告。单项索赔报告的一般格式如下:

1.题目

索赔报告的标题应该能够简要、准确地概括索赔的中心内容,如"关于……事件的索赔"。

2.事件

详细描述事件过程,主要包括事件发生的工程部位、发生的时间、原因和经过、影响的范围以及承包人当时采取的防止事件扩大的措施、事件持续时间、承包人已经向业主或监理工程师报告的次数及日期、最终结束影响的时间、事件处置过程中的主要人员办理的有关事项等,也包括双方的信件交往、会谈,并指出对方如何违约、证据的编号等。

3.理由

理由是指索赔的依据,主要是法律依据和合同条款的规定。合理引用法律和合同的有关规定,建立事实与损失之间的因果关系,说明索赔的合理、合法性。

4.结论

指出事件造成的损失或损害及其大小,主要包括要求补偿的金额及工期,这部分只需列举各项明细数字及汇总数据即可。

5.详细计算书(包括损失估价和延期计算两部分)

为了证实索赔金额和工期的真实性,必须指明计算依据及计算资料的合理性,包括损失费用、工期延长的计算基础、计算方法、计算公式及详细的计算过程及计算结果。

6.附件

附件包括索赔报告中所列举的事实、理由、影响等各种证明文件和证据、图表。对于一揽子索赔,其格式比较灵活,它实质上是将许多未解决的单项索赔加以分类和综合整理。一揽子索赔报告往往需要很大的篇幅来描述其细节。一揽子索赔报告的主要组成部分如下:

(1)索赔致函和要点;

(2)总情况介绍(叙述施工过程、对方失误等);

(3)索赔总表(将索赔总数细分、编号,每一条目写明索赔内容的名称和索赔额);

(4)上述事件详述;

(5)上述事件结论;

(6)合同细节和事实情况;

(7)分包人索赔;

(8)工期延长的计算和损失费用的估算;

(9)各种证据材料等。

(二)索赔报告编写要求

编写索赔报告需要实际工作经验。索赔报告如果起草不当,索赔方会失去有利地位和条件,使正当的索赔要求得不到合理解决。对于重大索赔或一揽子索赔,最好能在律师或索赔专家的指导下进行。编写索赔报告有以下基本要求:

1.符合实际

索赔事件要真实、证据确凿。索赔的根据和款额应符合实际情况,不能虚构和夸大,更不能无中生有,这是索赔的基本要求。这既关系到索赔的成败,也关系到承包人的信誉。一个符合实际的索赔文件,可使审阅者看后的第一印象是合情合理,不会立即予以拒绝;相反,如果索赔要求缺乏根据,不切实际地漫天要价,使对方一看就极为反感,甚至连其中有道理的索赔部分也被置之不理,不利于索赔问题的最终解决。

2.说服力强

(1)符合实际的索赔要求,本身就具有说服力,但除此之外索赔报告中责任分析应清楚、准确。一般索赔所针对的事件都是由非承包人责任而引起的,因此,在索赔报告中要善于引用法律和合同中的有关条款,详细、准确地分析并明确指出对方应负的全部责任,并附上有关证据材料,不可在责任分析上模棱两可、含糊不清。对事件叙述要清楚明确,不应包含任何估计或猜测。

(2)强调事件的不可预见性和突发性。说明即使一个有经验的承包人对该事件也不可能有预见或有准备,并且承包人为了避免和减轻该事件的影响和损失已尽了最大的努力,采取了能够采取的措施,从而使索赔理由更加充分,更易于被对方接受。

(3)论述要有逻辑。明确阐述由于索赔事件的发生和影响,使承包人的工程施工受到严重干扰,并为此增加了支出,拖延了工期。应强调索赔事件、对方责任、工程受到的影响和索赔之间有直接的因果关系。

3.计算准确

索赔报告中应完整列入索赔值的详细计算资料,指明计算依据、计算原则、计算方法、计算过程及计算结果的合理性,必要的地方应做详细说明。计算结果要反复校核,做到准确无误,要避免高估冒算。计算上的错误,尤其是扩大索赔款的计算错误,会给对方留下恶劣的印象,并认为提出的索赔要求太不严肃,其中必有多处弄虚作假,从而直接影响到索赔的成功。

4.简明扼要

索赔报告在内容上应组织合理、条理清楚,各种定文、论述,结论正确,逻辑性强,既能完整地反映索赔要求,又要简明扼要,使对方能够很快地理解索赔的本质。索赔文件最好采用活页装订,印刷清晰。同时,用语应尽量婉转,避免使用强硬、不礼貌的语气。

5.按要求的格式编写

索赔报告及其表格,应按照工程具体规定的格式编写,报送。

第五节 ◉ 案例分析——国家体育场

国家体育场位于北京奥林匹克公园中心区南部,为 2008 年北京奥运会的主体育场。工程总占地面积 21 公顷,场内观众座席约为 91 000 个。在国家体育场里举行过奥运会、残奥会开闭幕式、田径比赛及足球比赛决赛。奥运会后国家体育场成为北京市民参与体育活动及享受体育娱乐的大型专业场所和地标性的体育建筑和奥运遗产。

国家体育场于 2003 年 12 月 24 日开工建设,2008 年 3 月完工,总造价 22.67 亿元。作为国家标志性建筑和 2008 年北京奥运会主体育场,国家体育场的结构特点十分显著。体育场为特级体育建筑、大型体育场馆。主体结构设计使用年限 100 年,耐火等级 1 级,抗震设防烈度 8 度,地下工程防水等级 1 级。

参照国内外先进经验,为降低项目的融资成本、运营成本、提高运营效率,北京市政府决定引进市场化机制,采用公开招标方式选择项目法人合作方(PPP)。投资人与代表北京市政府的北京市国有资产公司签订合作经营合同,双方共同组建项目公司,负责 PPP 项目的设计、融资、投资、建设、运营及移交等全面工作。

(一) 项目总体情况

1.招标情况

项目名称:国家体育场项目法人合作方招标。

招标人:北京市人民政府。

咨询服务及招标机构:国信招标集团(原名为"国信招标有限责任公司")。

资格预审公告:在中国采购与招标网、《人民日报》《中国日报》等发布。

发标时间:2003 年 4 月 21 日。

开标时间:2003 年 6 月 30 日。

招标方式:公开招标,"一次招标、两步进行"。

第一步招商,先进行资格预审和意向征集,对全球 39 家申请人的投标资格、建设方案设想、融资计划思路、运营方案意向等进行评估,确定 5 名投标入围者。

第二步招标,对投标人递交的优化设计方案、建设方案、融资方案、运营方案以及移交方案等进行综合评审,最终确定项目法人合作方。

投标单位有中国中信集团联合体、北京建工集团联合体、筑巢国际联合体、MAX BOEGL 联合体(德国)等四家单位。中标单位是中国中信集团联合体。

签约仪式:2003 年 8 月 9 日上午,在人民大会堂举行,北京奥组委常务副主席、北京市副市长刘敬民、国信招标集团董事长叶青和中标人代表参加签约仪式。

2.特许经营期

2008 年北京奥运会后 30 年。

3.融资情况

招标控制价:中标人出资不得超过 49%(政府投资比例不得低于 51%)。

融资比例:中标人出资 42%(政府出资 58%)。

北京市政府的投资部分注入项目公司,委托北京市国有资产公司作为出资人代表。

4.相关权利

政府按出资比例拥有项目所有权、决策权、监管权,但不参与项目的收益分配;中标人有经营权、收益权,但没有项目的处置权。经营期满,项目公司向北京市政府移交全部资产。

(二)顾问服务内容

国信招标集团作为国家体育场 PPP 项目的总顾问单位,为本项目提供了咨询服务及招标代理工作。内容包括:

1.编制《特许经营实施方案》

首先通过市场调研,组织潜在投资人尽职调查,让投资人了解项目情况,以利于做出科学的投资决策;政府也能了解投资人的实力及投资意愿,便于制定对策。然后编制《特许经营实施方案》,内容包括工作计划、实施步骤、边界条件、风险分析;搭建财务模型、进行财务测算,提出政府与投资人出资比例建议等,为政府决策提供依据。

2.发布信息,进行全球招商

中国采购与招标网是国家指定发布招标公告的唯一网络媒体,国内外用户关注度非常高,每天的访问量达百万以上。国家体育场 PPP 项目在中国采购与招标网、《人民日报》等同时发布,吸引全球 39 家投资人参与竞争。各投资人提交了项目初步方案,包括建设方案设想、融资思路、运营方案等。

3.编制招标文件

国家体育场 PPP 项目招标文件包括《资格预审文件》《招标文件》《合作经营合同》《特许权协议》《国家体育场协议》等中英文全套法律文件。

(1)招标文件组成部分

第一卷《投标人须知》:第一章《总则》;第二章《投标人资格》;第三章《招标文件》;第四章《投标文件的构成与要求》;第五章《投标文件的编制要求》;第六章《开标、评标与定标》;第七章《授予合同》;附件《投标文件格式》。

第二卷《合同与协议》:第一篇《特许权协议》;第二篇《国家体育场协议》;第三篇《合作经

营合同》。

第三卷《设计条件和设计大纲》:第一篇《国家体育场规划设计条件》;第二篇《国家体育场奥运工程设计大纲》;第三篇《岩土工程勘察报告》。

第四卷《建筑概念设计方案》。

第五卷《参考资料》。

(2)评标办法为综合评估法

评审因素及权重如下:

建筑设计优化方案:10%

建设方案:15%

融资方案:20%

运营方案:25%

财务分析:5%

保险方案:5%

移交方案:5%

对合同文件响应:15%

4.组织招标投标工作

经过资格预审确定了5家合格投标人,其中有4家投标单位参加了投标。评标委员会由北京市政府出资人代表和技术、经济、法律、财务、体育设施运营和国际奥林匹克事务管理等方面的专家组成,成员人数为17人。评标委员会依照评标办法,针对各投标人的上述评审因素进行了综合评审,编写中英文《评标报告》,推荐中标人。

5.合同谈判,签署协议

由于招标文件中附有《合作经营合同》《特许权协议》《国家体育场协议》,投标人均做出了充分响应,谈判时没有出现实质性修改,双方只就细节问题进行了讨论并很快达成一致,因而合同谈判愉快而高效。

(1)《合作经营合同》由中标人与北京市国有资产公司签署,由双方共同出资设立项目公司,负责项目的投资、融资、设计、施工、运营管理、维护维修及移交等事项,包括项目公司的章程、出资比例、收益分配、法人治理结构、劳动管理、财务管理、招标采购、解散及终止等,从公司的设立、运行到终止全过程约定。

(2)《特许权协议》由项目公司与北京市政府签署,协议界定了双方权益和责任,明确了政府对特许经营企业有监管的权利;约定双方责任义务,如特许范围、特许年限、建设质量和服务标准、经营权的使用、变更及终止、设施的所有权与使用权、设施的使用维修及更新、安全管理、违约责任及争议解决等。

(3)《国家体育场协议》由项目公司与北京奥组委及北京市政府签署,是项目公司为奥运会提供服务的协议。协议规定北京奥组委使用国家体育场的权利和义务,项目公司为北京奥组委服务的内容及标准,包括设计、施工、竣工验收、交付使用、运行维护、服务管理、安全保卫、知识产权等。

思考题:

1.项目招投标流程是否符合要求?

2.PPP 模式下,项目招投标程序有无特别要求?

参考文献

[1] 刘燕.工程招投标与合同管理[M].北京:人民交通出版社,2015.

[2] 严玲,尹贻林.工程计价学[M].2版.北京:机械工业出版社,2014.

[3] 雷俊卿,杨平.土木工程合同管理与索赔[M].武汉:武汉理工大学出版社,2003.

[4] 曾朝霞.土木工程建设中的合同管理[J].中国城市经济,2011,(11):302-303.

[5] 王发明,李显赫.建设施工期间的合同管理[J].黑龙江交通科技,2006,29(6):89+91.

[6] 李强,吴聪颖,李迎军.工程计价方法的探索与研究[J].工业建筑,2007,37(s1):1168-1170.

[7] 刘贵波.工程计价方式变革的浅析[J].中国招标,2007(13):23-25.

[8] 任晓东,王春玲.路基、路面工程计价方法及注意事项[J].黑龙江科技信息,2010,(12):190-191.

[9] 何艳.建设工程计价原理与两种计价方法[J].科技情报开发与经济,2007,17(10):285-286.

[10] 王国富.城市轨道交通工程计价体系探讨[J].铁路工程造价管理,2011,26(3):19-22.

[11] 袁芳,李启明.工程量清单计价下的施工企业成本管理[J].建筑经济,2006,(1):60-63.

第六章
工程项目信息管理

随着科技的进步与时代的发展,利用信息与技术进行项目管理已经成为企业在市场竞争中制胜的有力武器之一。因此,企业有必要根据自身战略及项目特点,广泛采用建立在信息技术基础上的各种管理技术和决策手段,逐步实现项目管理信息化的建设,以增强企业的竞争力。

第一节 ◉ 工程项目信息管理概述

一、信息

(一)信息的概念

有关信息(Information)的定义,有狭义和广义之分。从狭义上说,信息是经过加工处理后能对客观事物产生影响的数据,可供接受者参考,对当前或未来的行动或决策具有现实或潜在的价值。就其广义而言,信息就是对客观事物的反映。从本质上看,信息是对社会及自然界的事物特征、现象、本质及规律的描述,普遍存在于自然界、人类社会和思维领域中。

数据和信息是两个容易混淆的概念,有着紧密的联系。一般来说,数据本身没有特定的意义,只是记录事物性质、形态、数量特征的抽象符号,是中性的概念。数据是反映客观实体的属性值,可以用数字、文字、声音、图像或图形等形式表示。而信息具有一定的含义,是指被处理加工成某种形式并对实体行为产生影响的数据,如账簿、清单、报表等。信息是数据的含义,数据是信息的载体。而数据和信息又是相对的概念。在施工单位中,某项目工程部的月度财务报表对于项目经理而言,仅仅是原始数据;但对该项目计财部的工作人员来说,却是重要信息。数据与信息的关系就是原料与成品的关系。数据只有经过加工和解释,才能具有意义、深化为信息。因此,可以认为信息比数据更有价值,用途更加广泛。

(二)信息的属性

一般而言,信息都具有以下基本属性:

1.真实性

信息的真实性是信息反映和描述客观世界及其变化的准确程度,是信息最基本的要求。

人们应该从客观实际出发,实事求是,不能人为地夸大或缩小,也不能在加工整理中随意修饰。信息、物质和能源三者有机地联系在一起,形成三位一体的客观存在,故离开了物质基础的信息只能是虚构的信息。人们在捕捉信息时,需认真筛选,去伪存真,使信息在决策活动中发挥正确作用。

2.层次性

信息适应于管理的要求,分为不同的层次:战略级、策略级和执行级。不同层次信息的特征如表6-1所示。例如:某房屋建筑工程,建设单位关心的是战略级信息,如工程的规模大小、进度快慢、工期长短和工程的融资方式及投资计划等。而设计单位和监理单位关心的是策略级信息,如设计单位更注重设计的安全度、技术的先进度及经济的合理度等;监理单位则对业主负责,对施工的质量、成本、进度等更感兴趣。施工单位处于执行层,关心的是执行级信息,如承包项目的进度、成本、质量是否与计划一致等。当然,若目标出现变化,管理层与信息层也会随之改变,需灵活看待。

表6-1 不同层次信息的特征

属性 信息层次	信息来源	信息寿命	处理精度	处理方法	使用频率	保密要求
战略级	外部为主	长	低	灵活	低	高
策略级	内外均有	中	中	适中	中	中
执行级	内部为主	短	高	固定	高	低

3.扩压性

信息既可以扩散,也可以压缩。信息的扩散是其本性,力图冲破保密的非自然约束,通过多种手段和渠道向四面八方传播。信息的浓度越大,信息源和接收者之间的梯度越大,信息的扩散速度就越快。一般而言,越离奇、越耸人听闻的信息传播越快,扩散面也越大。信息的扩散存在两面性:一方面它加速了信息的传播;另一方面,它又可能导致信息贬值。因此,针对此特性,应根据不同情况采取相应措施。

信息也具有可压缩性。人们为了更高效地利用信息,在不丢失其本质的前提下,对信息进行归纳整理、综合概括的活动,即为信息压缩。如提案、新闻、报告等都是在大量信息的基础上压缩而成的。

4.滞后性

信息由数据加工和传输而得,这两项活动均需要时间,因此信息总是不可避免地落后于原始数据;同时,信息是客观事物的描述和反映,故必然滞后于事情的发生。信息的滞后性,要求信息的发出必须及时且正确,才能使信息发挥应有的作用。

5.共享性

在共享方面,信息与物质有较大区别。物质是守恒的,在交换过程中遵循等值补偿的原则。物质共享的结果是必然有一方物质会减少。例如水泥厂给了施工单位1 t水泥,水泥厂就失去了这吨水泥。而信息不具备独占性,不会因为某一方的掌握而有所缺失。信息共享之后,双方不仅都有享用的资格,还会巩固和增加新的信息。如水泥厂给施工单位发送报价信息,水泥厂仍然拥有这条信息。当然,信息的共享也具有两面性,应注意共享过程中产权保护等问题。

6.增值性

信息的增值性主要表现在两个方面：一方面是指信息在被使用的过程中会产生价值，有利于信息的使用者进行行动和决策；另一方面是指信息在被处理和扩散的过程中会有所变化并产生新价值。例如在工程招标中，对己方而言，开标后各投标单位的报价信息在本次竞争中就不再有价值。但若把每次工程招标中各承包商的报价信息汇总起来并进行归纳整理，信息越多，就能对以后的投标竞争越有把握。信息的增值性使人们能从无用的信息中提炼出有用的信息，在日常信息中分析出重要趋势，更可能使信息的量变产生质变。

7.可转换性

信息、物质和能源是构成自然社会的基本要素，三者紧密联系，可以相互转换。由于信息价值的实现是建立在持有者采用信息的基础之上的，因此，不仅物质和能源可以转换为信息，信息也可以转换为物质和能源。

（三）信息在管理中的作用

信息存在于管理的全过程之中。管理活动是利用信息协调系统的目标、内部资源和外部环境来实现系统功能的。因此，信息是管理的基础与纽带，是使各项管理职能得以充分发挥的前提。具体来说，信息在管理中的地位和作用表现在如下五个方面：

（1）作为管理系统的基本构成要素之一，信息促使各要素之间形成有机联系。信息反映了组织内部的权责结构、资源状况和外部环境的状态，使管理者能够据此做出正确的决策，所以信息是管理系统的各要素形成有机联系的媒介。换言之，管理活动的存在是以信息为基础的。

（2）信息是使管理活动得以顺利进行的重要媒介。所有管理活动都可以归结为信息的输入、变换、输出和反馈的过程，说明管理过程是以信息为媒介的。正是因为信息的介入，管理活动才能得以顺利进行。

（3）信息是组织中各部门、各层次、各环节协调的纽带。组织中的各个部门、层次与环节都有其各自的结构、目标和行动方式，是相对独立的。但是，组织实现整体的目标，需要各个部门、层次与环节协调行动。所以，为了尽可能减少独立性带来的影响，除了需要一个中枢（管理者）以外，还需要信息这个纽带，协调组织各个部门、层次与环节，使其能够相互沟通。

（4）信息是决策者做出正确决策的基础。决策者所做的决策依赖于其所拥有的各种信息以及对信息的消化吸收。只有及时掌握全面而有效的信息，决策者才能运筹帷幄、统揽全局，才能做出正确的决策。

（5）信息的开发和利用是提高社会资源利用效率的重要途径。在工程管理领域，有限的社会资源需要得到最合理、最有效的配置以提高利用效率，这最终反映在经济效益和社会效益的提高。

二、信息管理

信息管理（Information Management，IM）是指为了有效地开发和利用信息资源，对人类社会信息活动产生重要影响的各种相关因素进行科学的计划、组织、控制和协调的社会活动。它既包括微观上对信息内容的管理——信息的组织、检索、加工、服务等，又包括宏观上对信息机构和信息系统的管理。

信息管理是通过制定完善的信息管理制度,以现代化的信息技术为手段,保证信息系统有效运转的工作过程。信息管理有静态管理和动态管理之分,更重要的是动态管理。它除了确保信息资料处于完整状态,还要保证信息系统在"信息输入—信息输出"的循环中正常运行。信息管理是社会环境的变化、人类思想的进步以及科学技术的发展所造成的必然结果和趋势。

三、工程项目信息管理的内涵、目的、任务和意义

(一)工程项目信息管理的内涵

工程项目信息管理是指以工程项目信息为管理对象,对其进行的收集、整理、分析、处置、储存和使用等活动。信息作为各项管理工作的基础和依据,发挥着极其重要的效力。如果没有及时、准确和满足需要的信息,管理工作就不能有效地起到计划、组织、控制和协调的作用。随着现代化生产和建设的日益复杂化,社会分工越来越明确,管理工作对信息的需求量大大增加的同时,也对信息的及时性和准确性提出了更高的要求。也就是说,信息管理越来越重要,任务也越来越繁重。实践证明,手工处理数据和传递信息的传统手段通常不能在规定时间和范围内将有用的信息送达有关人员。只有利用计算机,才有可能高质、高效地处理大量信息,并依照现代管理科学理论(如运筹学、系统分析、模拟技术和网络计划技术等)和计算机处理的结果,做出最优决策,取得良好的经济效果。因此,信息管理是现代管理中不可或缺的内容,而计算机则是现代管理中不可缺少的工具。

在工程项目中,信息管理扮演着重要角色。良好的信息管理工作能保证项目的相关人员及时获得各自所需的信息,并在此基础上进一步做好成本管理、进度管理、质量管理、安全管理和合同管理等各项管理工作,最终快速地完成项目实施任务的目标。同时,工程项目管理是动态管理,需要及时地对大量动态信息进行高效处理,因此,必须把信息管理和计算机等现代化工具的应用有机地结合起来,充分发挥计算机在信息管理中的优势,为实现工程项目的动态管理服务。

随着我国加入世界贸易组织(WTO),以及建设法规体系和国家建设管理体制的逐步完善,我国的建设工程也进入一个新的发展时期,对工程信息的规范化和标准化也将提出更高的要求。工程项目的实施需要人力资源和物质资源,同样也离不开信息资源。因此,信息管理是一种十分必要的工程项目管理模式。

(二)工程项目信息管理的目的

工程项目信息管理是通过管理各个系统、各项工作和各种数据,实现便捷有效地获取、储存、处理和交流项目信息的目的。"各个系统"是指与项目决策、实施和运行相关的所有系统,可划分为工程项目决策阶段管理子系统、实施阶段管理子系统和运行阶段管理子系统。其中,实施阶段管理子系统又可分为业主方管理子系统、设计方管理子系统、施工方管理子系统和供货方管理子系统等。"各项工作"为与项目的决策、实施和运行有关的各项工作。如施工方管理子系统中的工作包括信息管理、安全管理、成本管理、进度管理、质量管理、合同管理、施工现场管理等。"各种数据"包括文字、数字、图像和声音等多种形式。

工程项目信息管理旨在通过有效地传输、组织和控制项目信息,来为项目的建设增值服务。根据相关国际文献资料的统计数据,工程项目实施过程中存在许多问题,其中由信息交流

不通畅引起的问题占 2/3;工程项目中 10%～33%的费用增加与信息交流存在的问题有关;在大型项目中,信息交流问题所导致的工程变更和实施错误占工程总成本的 3%～5%。

由此可见,信息交流对项目的实施起着至关重要的作用。若信息交流出现问题,将会在一定程度上影响项目目标的实现。例如,设计变更错误通知施工方,而导致返工;业主方没有将施工进度严重拖延的信息及时告知大型设备供货方,而设备供货方仍按原计划将设备运到施工现场,致使大型设备在现场无法存放和妥善保管;施工已产生了重大质量问题的隐患,而没有及时向有关技术负责人汇报等。

(三)工程项目信息管理的任务

1.工程项目利益相关方的信息管理任务

为了充分利用信息资源的价值,实现信息管理的效率化、规范化和科学化,业主方及其他利益相关方都应承担相应的信息管理任务,编制各自的信息管理手册。信息管理手册定义和描述信息管理的任务、执行者(部门)、每项信息管理任务执行的时间和其工作成果等。其主要内容包括:

(1)确定信息管理的任务(信息管理任务目录)。

(2)确定信息管理的任务分工表和管理职能分工表。

(3)确定信息的分类。

(4)确定信息的编码体系和编码。

(5)绘制信息输入输出模型(用框图的形式表示每一项信息处理过程的信息提供者、信息的整理加工者、信息整理加工的要求和内容,以及整理加工后的信息的接收者)。

(6)绘制各项信息管理工作的工作流程图(如信息管理手册编制和修订的工作流程;为形成各类报表和报告,收集、审核、录入、加工、传输和发布信息的工作流程;以及工程档案管理的工作流程等)。

(7)绘制信息处理的流程图(如施工安全管理信息、施工成本控制信息、施工进度信息、施工质量信息、合同管理信息等的信息处理流程)。

(8)确定信息处理的工作平台(如以门户网站作为信息处理的工作平台,或以局域网作为信息处理的工作平台等)及说明其使用规定。

(9)确定各种报告、报表的格式以及报告周期。

(10)确定项目进展的月度报告、季度报告、年度报告和工程总报告应包含的内容和编制原则及方法。

(11)确定工程档案管理制度。

(12)确定信息管理的保密制度及其他相关制度。

2.信息管理部门的信息管理任务

信息管理部门(信息中心)是专门负责信息管理的工作部门,跟踪和分析项目信息动态,以信息流指导物质流,来确保信息管理工作的顺利进行。其主要工作任务如下:

(1)负责编制信息管理手册,根据项目实施情况及时对信息管理手册进行必要的修改和补充,并负责检查和督促执行。

(2)负责组织和协调项目管理组中各个工作部门的信息处理工作。

(3)负责信息处理工作平台的建立、运营和维护。

（4）与其他工作部门共同收集并处理信息,形成各种反映项目进展与项目目标控制的报表和报告。

（5）负责工程档案管理等。

（四）工程项目信息管理的意义

自从加入世界贸易组织以后,中国面临着前所未有的挑战。由于经济持续高速发展以及大量外资项目引进,中国工程项目在基础建设、水利能源、地质勘测等各方面的规模和数量迅速增长。而运用信息管理能有效完善工程项目管理、提高工效和工作质量、降低造价、积累信息财富、提高大型项目企业市场竞争能力。因此信息管理对工程项目具有十分重要的意义,具体如下:

（1）工程管理信息资源的充分开发和利用,有助于吸取类似项目的经验和教训;外部政治信息、经济信息、社会信息、技术信息以及内部组织信息、管理信息等的收集,不仅有利于项目决策期多项方案的选择、项目实施期目标的控制,也对项目建成后的运行有所帮助。

（2）信息技术与工程管理的充分结合能促成信息存储的数字化和集中化、信息处理和变换的程序化、信息传输的数字化和电子化、信息获取的便捷化和透明化、信息流转的扁平化。

"信息存储的数字化和集中化"有利于项目信息的检索和查询、数据和文件版本的统一以及项目的文档管理。

"信息处理和变换的程序化"有助于提高数据处理的准确度和效率。

"信息传输的数字化和电子化"可在提高数据传输的保真度和保密性的同时提高数据传输的抗干扰能力,使数据传输不受距离限制。

"信息获取的便捷化和透明化""信息流转的扁平化"使项目利益相关方之间的信息交流和协同工作更加便捷高效。

（3）工程管理信息化有利于提高工程项目经济和社会方面的双重效益,以促成项目的建设增值。

四、工程项目信息管理措施的编制

（一）工程项目信息的分类

1.工程项目管理中信息的主要形式

由于工程项目信息管理的工作涉及多部门、多环节、多专业、多渠道,故工程的信息量大,信息来源广泛,数据形式多样。工程项目信息主要由文字图形信息、语言信息和新技术信息等形式构成。

（1）文字图形信息:包括勘查报告,测绘图纸,设计图纸及说明书,计算书,合同,工作条例及规定,施工组织设计方案,情况报告,原始记录,统计图表,报表,信函等信息。

（2）语言信息:包括口头分配任务、下达指示、汇报、检查工作、介绍情况、谈判交涉、建议、批评、工作讨论和研究、会议等信息。

（3）新技术信息:包括通过网络、电话、电报、电传、电视、电脑、录像、录音、广播等现代化手段收集及处理的一部分信息。

2.工程项目信息的分类原则和方法

在工程项目的实施过程中,处理信息的工作量庞大,必须借助于计算机系统才能更好地实现信息管理的目标。处理时,应对信息进行统一的分类和编码,其核心是在分析项目信息内容的基础上建立信息分类体系。项目信息的统一分类和编码是一项基础工作,意义在于使项目所有的利益相关方和计算机系统之间具有共同语言:一方面使计算机系统更有效地处理、储存项目信息;另一方面也使各项目利益相关方交换、查询信息更加便捷。

对工程项目信息进行分类时,必须遵循以下几个基本原则:

(1)稳定性原则

在对信息进行分类时,应选择分类对象最稳定的本质属性作为分类的基础和依据。在对基本概念和划分对象有透彻理解的基础上,确保建立一个稳定的信息分类体系。

(2)兼容性原则

项目信息分类体系应兼容国际、国家相关标准及要求。同时,分类体系应能满足项目的不同利益相关方高效交换信息的需求,因此,项目各参与方所应用的编码体系的情况也是兼容性应该考虑的内容。

(3)可扩展性原则

项目信息分类体系应当具备较强的灵活性,能满足事物不断发展和变化的需要。分类时,应考虑体系的通用性,为具体环境中的拓展和细化创造条件。同时,还应设置收容类目(或者称为"其他"),以保证有新的信息类型增加时,不会打乱现已建立的分类体系。

(4)逻辑性原则

在进行信息分类时,应将选定的信息属性按一定的顺序排列,形成一个科学、系统、合理的项目信息分类体系。体系中信息类目的设置应有逻辑性,例如同一层面上各子类项目间相互排斥。

(5)综合实用性原则

信息分类应从系统工程的角度出发,满足不同环境中管理和应用的实际需求,考虑整体的良好操作性。具体体现在信息分类的标准与方法的选择上,应综合考虑项目的实施环境和信息技术工具,避免生搬硬套。

工程项目信息分类是企业资产管理的基础性工作,同时又是一项系统性工程。在分类过程中,必须以企业的具体环境需求为基础,以实用为出发点,采用正确严谨的工作思路和科学多样的手段。根据研究,工程项目信息常见的分类方法有两种:

(1)线分类法

线分类法,又称层级分类法或树状结果分类法,是指将待分类对象按所选定的若干分类标准逐次地分成相应的若干层级目录,并排列成一个有层次的、逐级展开的树状信息分类体系。该分类体系的一般表现形式为大类、中类、小类等,级别不同的类目逐级展开,同一层面的同位类目间存在并列关系,同位类目间不重复、不交叉。

线分类法的体系具有良好的层次性和逻辑性,便于计算机处理信息,是最常见的工程项目信息分类方法。其缺点是分类结构弹性差、不易改动,层次过多还会影响数据处理的速度、降低效率。

（2）面分类法

面分类法，又称平行分类法，是将拟分类对象的若干属性或特征视为若干个无隶属关系的"面"，每个"面"中都包含许多彼此独立的类目。根据需要将这些"面"中的类目组合在一起，即组成一个复合类目。

面分类法具有良好的适应性，不必预先确定好最后的分组，且可以较大量地扩充新类目，适用于计算机信息管理。但整个体系结构较复杂，逻辑性不强。

在实践中，由于工程项目信息量庞大，往往需要根据应用环境组合使用信息分类方法：以某一种分类方法为主，以另一种为辅，再加上一些人为的特殊规定来满足信息使用者的需求。

3.工程项目信息的种类

在工程项目的管理过程中存在大量信息，根据不同的标准，可以对这些信息进行划分。工程项目信息主要分类表如表6-2所示。

表6-2　工程项目信息主要分类表

依据	信息分类	主要内容
管理目标	成本控制信息	指与成本控制直接有关的信息，如工程项目的成本计划、工程任务单、对外分包经济合同、建筑安装工程费、配套费、施工定额、成本统计报表、材料费、机械设备台班费、人工费、运杂费等
	投资控制信息	指与投资控制直接有关的信息，如各种估算指标、类似工程造价、物价指数；设计概算、概算定额；施工图预算、预算定额；计划工程量、已完工程量，单位时间付款报表，工程量变化表；人工、材料调差表；工程项目投资估算；合同价组成；投资目标体系；索赔费用表；投资偏差、已完工程结算；竣工决算、施工阶段的支付账单等
	质量控制信息	指与工程项目质量控制直接有关的信息，如国家或地方政府部门颁布的有关质量政策、法令、法规和标准等，质量目标体系和质量目标的分解，质量目标的分解图表、质量控制的工作流程和工作制度、质量保证体系的组成、质量控制的风险分析、运用材料报表、检查管理报表；质量抽样检查的数据、各种材料设备的合格证、质量证明书、检测报告、质量事故记录和处理报告等
	进度控制信息	指与工程项目进度控制直接有关的信息，如施工定额；项目总进度计划、进度目标分解、项目年度计划、工程总网络计划和子网络计划、计划进度与实际进度偏差；网络计划的优化、调整情况；进度控制的工作流程、工作制度、风险分析；材料和设备的到货计划，各分项分部工程的进度计划、进度记录等
	合同管理信息	指建设工程相关的各种合同信息，如工程招投标文件；工程建设施工承包合同，物资设备供应合同，咨询、监理合同；合同的指标分解体系；合同签订、变更、执行情况；合同的索赔和反索赔等

（续表）

依据	信息分类	主要内容
管理工作流程	计划信息	如现有的统计资料、上级企业的有关计划、需完成的各项指标、工程施工的预测等
	执行信息	如下达的各项指示、命令、计划等
	检查信息	如工程的实际进度、成本、质量、安全等的实施状况
	反馈信息	如各项调整措施、改进意见和变更方案等
信息来源	项目内部信息	取自工程项目自身，指的是工程项目各阶段、各环节、各相关单位发生的信息总体，如工程概况、项目目标、设计文件、施工方案、合同结构、合同管理制度、工程施工完成的各项技术经济指标、信息资料的编码系统、信息目录表、会议制度、资料管理制度、项目经理部的组织等
	项目外部信息	工程项目中其他单位及外部环境的信息称为外部信息，如上级主管部门发布的行政文件、监理通知、设计变更，国内及国际市场上原材料及设备价格、物价指数，类似工程的进度计划及进度，投资单位的实力及信誉，国际和国内的新材料、新技术、新方法，国际大环境的变化，资金市场的变化等
信息稳定程度	固定信息	指一定时间内相对稳定的信息，包括标准信息、计划信息和查询信息。标准信息主要指各种定额和标准，如劳动定额、施工设备使用定额、材料消耗定额、生产作业计划标准、设备和工具的耗损程度等；计划信息反映的是计划期内规定任务的各项指标情况；查询信息主要指国家和行业颁发的技术标准、不变价格、监理工作制度、监理工程师的人事信息等
	流动信息	指不断变化的动态信息，如项目实施阶段的质量、投资及进度的统计信息；某一时刻的项目建设的实际进程及计划完成情况；项目实施阶段的人工工日数、机械台班数、材料实际消耗量等
信息性质	管理信息	指项目管理过程中的信息，如施工进度计划、材料消耗、库存储备等
	技术信息	指技术部门提供的有关工程技术的信息，如技术规范、施工方案、技术交底等
	经济信息	如施工项目成本计划、成本统计报表、资金耗用等
	资源信息	如资金来源、劳动力供应、材料供应等
信息层次	战略级信息	指工程项目建设过程中提供给上级领导的重大决策性信息，如项目概况、项目投资总额、项目建设总工期、承包商、合同价格等
	策略级信息	指工程项目建设过程中提供给中层领导的管理信息，如工程项目年度进度计划、工程项目年度财务计划、工程项目年度材料计划、工程项目施工总体方案等
	执行级信息	指工程项目建设过程中各基层业务部门例行性工作产生或需要的日常信息，较具体，精度较高，如分项工程作业计划、分项工程施工方案等

此外,还可以按照其他标准对信息进行划分,如根据信息发生的时间,可以把工程项目管理中的信息分为历史性信息和预测性信息;按照信息范围的大小,可以把工程项目信息分为精细的信息和摘要的信息;按项目实施过程,可以把工程项目信息分为设计信息、招投标信息和施工信息等。

业主方和项目各利益相关方可根据各自项目管理的需求确定其信息管理的分类,但应尽可能地统一分类规定,以便于信息交流和部分信息共享。

(二)工程项目信息的编码

1.信息编码的概念

信息编码是指为了方便和规范信息的收集、处理和表示,用一组数字或字符描述客观实体或实体的属性。通常情况下信息编码表示一定的实际含义,如在描述"人"这个实体时,"0"表示"男性","1"表示"女性","9"表示"未知"等。信息编码的目的主要是使信息描述唯一、规范和系统,因此应遵循以下三个原则:

(1)唯一性原则

信息编码的唯一性原则是指相同的编码只能描述相同的客体或客体属性。在客观世界中,许多实体如果不加标识是难以区分甚至无法区分的,因此将原来不能区分的实体唯一地加以标识是编码的首要任务。从系统的角度讲,唯一性原则提高了数据的全局一致性。

(2)规范性原则

信息编码的规范性原则是指在遵循唯一性的前提下必须强调编码的规范化。唯一性原则规定不同客体或客体属性的语义编码不能重复,但若随意编码,可能会导致信息表述杂乱无章,反而给信息处理、管理、利用带来不便。

(3)标准化原则

在实际应用中,大部分实体的编码都有国家或行业标准,如中华人民共和国行政区编码、一级会计科目编码、职务编码等都有国家编码标准;二级会计科目编码、产品规格编码等都有相应的行业标准。对项目信息进行编码时应尽量标准化,以便信息的交流和使用。

2.工程项目信息编码的方法

工程项目的信息有多种类型和用途。因此,为了系统、有条理地存储信息,方便信息的处理和检索,必须对项目的信息进行编码。工程项目信息编码的内容有很多,主要包括以下几个方面:

(1)项目的结构编码

项目的结构编码依据项目结构图,对项目结构的每一层的每一个组成部分进行编码。

(2)项目管理组织结构编码

项目管理组织结构编码依据项目管理的组织结构图,对每一个工作部门进行编码。

(3)项目的政府主管部门和各参与单位编码(组织编码)

项目的政府主管部门和各参与单位编码包括对政府主管部门、业主方的上级单位或部门、金融机构、工程咨询单位、设计单位、施工单位、物资供应单位、物业管理单位等进行编码。

(4)项目实施的工作项编码

项目实施的工作项编码应覆盖项目实施的工作任务目录的全部内容,包括准备阶段的工作项;设计阶段的工作项;招投标工作项;施工和设备安装工作项;项目动用前的准备工作项等。

（5）项目的投资项编码（业主方）、成本项编码（施工方）

项目的投资项编码不是概预算定额确定的分部分项工程的编码，它应综合考虑概算、预算、标底、合同价和工程款的支付等因素，建立统一的编码，以服务于项目投资目标的动态控制。项目成本项编码不是预算定额确定的分部分项工程的编码，它应综合考虑预算、投标价估算、合同价、施工成本分析和工程款的支付等因素，建立统一的编码，以服务于项目成本目标的动态控制。

（6）项目的进度项（进度计划的工作项）编码

项目的进度项编码应综合考虑不同层次、不同深度和不同用途的进度计划工作项的需要，建立统一的编码，服务于项目进度目标的动态控制。

（7）项目进展报告和各类报表编码

项目进展报告和各类报表编码应包括项目管理形成的各种报告和报表的编码。

（8）合同编码

合同编码应根据项目的合同结构和合同分类进行，应反映合同的类型、相应的项目结构和合同签订的时间等特征。

（9）函件编码

函件编码应反映发函者、收函者、函件内容所涉及的分类和时间等，以便函件的查询和整理。

（10）工程档案编码

工程档案编码应根据相关工程档案的规定、项目的特点和项目实施单位的需求而建立。

上述编码是因不同的用途而编制的，如投资项编码（业主方）服务于投资控制工作，成本项编码（施工方）服务于成本控制工作；进度项编码服务于进度控制工作。但是有些编码并不是针对某一项管理工作而编制的，如投资控制（业主方）、成本控制（施工方）、进度控制、质量控制、合同管理、编制项目进展报告等都需要使用项目的结构编码，因此就需要进行编码的组合。

（三）工程项目信息的收集

1.项目决策阶段的信息收集

项目决策阶段的信息收集以外部宏观信息为主，包括历史、现代和未来三个时态的信息，具有较多的不确定性。该阶段的信息收集主要从以下几个方面进行：

（1）项目有关市场方面的信息，如建筑产品的预计市场占有率、房价的变化趋势、影响市场渗透的因素等。

（2）项目有关资源方面的信息，包括融资渠道、劳动力、原材料来源、水电气供应等。

（3）自然环境相关方面的信息，包括气象、地质、水文、城市交通等。

（4）新技术、新设备、新工艺、新材料，专业配套能力方面的信息。

（5）政治文化环境、社会治安状况、当地法律法规和教育方面的信息。

决策阶段的信息收集能帮助建设单位有效避免决策失误，深入开展调查和投资机会研究，编写可行性研究报告，进行投资估算和工程建设经济评价。

2.设计阶段的信息收集

设计阶段决定工程规模、建筑形式、工程概算、技术的先进性和适用性等一系列具体的要素，是工程建设的重要阶段之一。该阶段的信息收集主要从以下几个方面进行：

（1）可行性研究报告、前期相关文件资料、项目存在的疑点和建设单位的意图、建设单位的前期准备和项目审批完成的情况。

（2）同类工程相关信息，包括建筑规模，结构形式，造价构成，技术经济指标，工艺、设备的选择，地质处理方式及实际效果，建设工期，采用新材料、新工艺、新设备、新技术的实际效果及存在的问题。

（3）拟建工程所在地相关信息，包括地质、水文情况，地形地貌、地下埋设和人防设施情况，城市拆迁政策和拆迁户数，青苗补偿，城市交通，水电气接入点等周围环境。

（4）勘察、测量、设计单位相关信息，包括同类工程的完成情况、实际效果，完成该工程的能力，人员构成，设备投入，质量管理体系完善情况，设计深度和技术文件质量，创新能力，设计概算和施工图预算编制能力等。

（5）工程所在地政府相关信息，包括国家和地方政策、法律、法规、规范、规程、环保政策、政府服务情况和限制等。

（6）设计中的设计进度计划，设计质量保证体系，设计合同执行情况，偏差产生的原因，纠偏措施，专业间设计交接情况，规范、规程、技术标准，特别是强制性规范的执行情况，设计概算和施工图预算结果等。

设计阶段信息的收集范围广泛、来源较多、不确定因素和外部信息较多、难度较大，因此，信息收集者必须具备较高的技术水平、较广的知识面，以及丰富的设计经验、较高的投资管理能力和信息综合处理能力，才能良好地完成设计阶段的信息收集任务。

3.施工招投标阶段的信息收集

在施工招投标阶段广泛收集信息，对建设单位编写招标书和选择优秀的施工单位等，具有十分重要的意义。该阶段的信息收集主要从以下几个方面进行：

（1）工程地质、水文地质勘察报告，施工图设计及施工图预算，设计概算，设计、地质勘察、测绘的审批报告等方面的信息，特别是该建设工程有别于其他同类工程的技术、材料、设备、工艺、质量要求的有关信息。

（2）建设单位建设前期报审文件，包括立项文件，建设用地、征地、拆迁文件。

（3）工程造价的市场变化规律及所在地区的材料、设备、劳动力差异。

（4）当地施工单位管理水平，质量保证体系、施工质量、设备、机具能力。

（5）本工程适用的规范、规程、标准，特别是强制性规范。

（6）所在地关于招投标的有关法律法规，国际招标、国际贷款指定适用的范本，本工程适用的建筑施工合同范本及特殊条款。

（7）所在地招投标代理机构的能力、特点，所在地招投标管理机构及管理程序。

（8）该建设工程采用的新技术、新设备、新材料、新工艺（简称"四新"），投标单位对"四新"的处理能力和了解程度、相关经验、可用措施。

该阶段要求信息收集人员充分了解施工设计和施工图预算，特别是工程特点和工程量分解；并熟悉法律法规、招投标程序及合同示范范本，如此才能为建设单位决策提供必要的信息。

4.施工阶段的信息收集

施工阶段的信息收集，可从施工准备期、施工实施期、竣工保修期三个子阶段分别进行。

首先，施工准备期是指从工程合同签订到项目开工这个阶段，该阶段的信息收集主要从以下几个方面进行：

（1）监理大纲；施工图设计及施工图预算，特别要掌握结构特点，工程难点、要点、特点，以及工业工程的工艺流程特点、设备特点，要了解工程预算体系（按单位工程、分部工程、分项工程分解）；了解施工合同。

（2）施工场地的准备情况；施工单位项目经理部的组成，进场人员资质；进场设备的规格型号、保修记录；施工单位质量保证体系及施工单位的施工组织设计，特殊工程的技术方案，施工进度网络计划图表；进场材料、构件管理制度；安保措施；数据和信息管理制度；检测和检验程序和设备；承包单位和分包单位的资质等施工单位信息。

（3）建设工程场地的地质、水文、测量、气象数据；地上、地下管线，地下洞室，地上原有建筑物及周围树木、道路；建筑红线，标高、坐标；水、电、气管道的引入标志；地质勘察报告、地形测量图及标桩等环境信息。

（4）施工图的会审和交底记录，开工前的监理交底记录，对施工单位提交的施工组织设计按照项目监理部的要求进行修改的情况，施工单位提交的开工报告及实际准备情况。

（5）本工程需遵循的相关建筑法律、法规和规范、规程，有关质量检验、控制的技术法规和质量验收标准。

在施工准备期，各参建方的信息渠道尚未建立，信息来源广泛而复杂，收集难度较大。因此，更应该创建合理的信息收集流程，明确可靠的信息源，规范各方的信息行为，建立必要的信息秩序。

其次，施工实施期的信息来源相对稳定，主要是施工过程中随时产生的数据，由施工单位层层收集，收集的信息应分类并由专门的部门或专人分级管理。该阶段的信息收集主要从以下几个方面进行：

（1）施工单位人员，设备，水、电、气等能源的动态信息。

（2）施工期气象的中长期趋势、同期历史数据以及每天不同时段的动态信息，尤其在气候对施工质量影响较大的情况下。

（3）建筑原材料、半成品、成品、构配件等工程物资的进场、加工、保管、使用等信息。

（4）项目经理部管理程序；质量、进度，投资的事前、事中、事后控制措施；数据来源及采集、处理、存储、传递方式；工序间交接制度，事故处理制度；施工组织设计及技术方案执行的情况；工地文明施工及安全措施等。

（5）施工中需要执行的国家和地方规范、规程、标准；施工合同执行情况。

（6）施工中产生的工程数据，如地基验槽及处理记录、工序间交接记录、隐蔽工程检查记录等。

（7）建筑材料必试项目的相关信息，如水泥、砖、沙石、钢筋、外加剂、混凝土、防水材料、回填土、饰面板、玻璃幕墙等。

（8）设备安装的试运行和测试项目的有关信息，如电气接地电阻、绝缘电阻测试，管道通水、通气、通风试验，电梯施工试验，消防报警、自动喷淋系统联动试验等。

（9）施工索赔的相关信息，包括索赔程序、索赔依据、索赔证据、索赔处理意见等。

最后，竣工保修期的信息收集是指各建设方以施工期日常信息的累计为基础，做最后的汇总和总结。该阶段的信息收集主要从以下几个方面进行：

（1）工程准备阶段文件，如立项文件，建设用地、征地、拆迁文件，开工审批文件等。

（2）监理文件,如监理规划、监理实施细则、有关质量问题和质量事故的相关记录、监理工作总结以及监理过程中的各种控制与审批文件等。

（3）施工资料,分建筑安装工程和市政基础设施工程两大类分别收集。

（4）竣工图,分建筑安装工程和市政基础设施工程两大类分别收集。

（5）竣工验收资料,包括工程竣工总结、竣工验收备案表、电子档案等。

（四）工程项目信息的处理

随着以计算机和通信技术为核心的互联网、数据库等现代信息管理科技的迅速发展,项目信息管理系统的规划、设计和实施得到了全新的信息管理理念、技术支撑平台和全面解决方案。针对新时代的项目信息管理,各单位应采取积极措施,努力由传统方式向基于网络的信息处理平台方向发展,以充分发挥信息资源的价值,保证信息对项目目标控制的作用。

1.基于网络的信息处理平台

基于网络的信息处理平台由一系列硬件和软件构成,主要包括数据处理设备(计算机、打印机、扫描仪、绘图仪等);数据通信网络(形成网络的有关硬件设备和相应的软件等);软件系统(操作系统和服务于信息处理的应用软件等)。

其中,数据通信网络主要有以下三种类型:

（1）局域网(LAN):由与各网点连接的网线构成网络,各网点对应于装备有实际网络接口的用户工作站。

（2）城域网(MAN):在大城市范围内两个或多个网络的互联。

（3）广域网(WAN):在数据通信中,用来连接分散在广阔地域内的大量终端和计算机的一种多态网络。

互联网是目前最大的全球性网络,由若干个学会、委员会和集团负责维护和运行管理。它连接了覆盖100多个国家的各种网络,如商业性的网络(.tom 或.en)、大学网络(.ac 或.edu)、研究网络(.org 或.net)和军事网络(.mil)等,并通过这些网络连接了数亿台的计算机,以实现连接互联网的计算机之间的数据通信。

2.项目参与方之间的信息交流

工程项目的业主方和项目各利益相关方往往分散在不同的地点、不同的城市或不同的国家,故其信息处理应考虑充分利用远程数据通信的方式。如:

（1）通过电子邮件收集信息和发布信息。

（2）通过基于互联网的项目信息门户(Project Information Portal,PIP)为众多项目服务的公用信息平台实现业主方内部、业主方和项目各利益相关方,以及项目各利益相关方之间的信息交流、协同工作和文档管理。

（3）通过基于互联网的项目专用网站(Project Specific Web Site,PSWS)实现业主方内部、业主方和项目各参与方以及项目各利益相关方之间的信息交流、协同工作和文档管理。

（4）召开网络在线会议。

（5）基于互联网的远程教育与培训等。

不难发现,工程项目的信息处理方式已发生根本性转变。

（五）工程项目信息的分发和检索

项目管理方对收集的数据进行分类处理后,生成信息。在工程项目中,应及时将信息和数据提供给需要使用的部门,根据需求进行信息和数据的分发,同时建立必要的分级管理制度来进行检索。通常情况下使用软件来实现信息和数据的分发及检索,其关键在于分发和检索的原则:需要的部门(人)有权在需要的第一时间,方便地得到所需要的、以规定形式提供的一切信息和数据,而保证不向不该知道的部门(人)提供任何信息和数据。

1.分发设计时考虑的因素

(1)了解使用部门或人的使用目的、使用周期、使用频率、得到时间和数据的安全要求。

(2)决定分发的项目、内容、数量、范围和数据来源。

(3)决定分发信息和数据的结构、类型、精度和如何组合成规定的格式。

(4)决定提供的信息和数据介质,如纸张、磁盘等形式。

2.检索设计时考虑的因素

(1)允许检索的范围、检索的密级划分、密码的管理。

(2)检索的信息和数据能否及时、快速地提供,采用什么手段实现。

(3)提供检索需要的数据和信息输出形式,能否根据关键字实现智能检索。

五、工程项目管理信息化

(一)工程项目管理信息系统

1.工程项目管理信息系统的含义

项目管理信息系统的商品软件最早出现在 20 世纪 70 年代末和 80 年代初,现已被广泛应用于业主方和施工方的项目管理。工程项目管理信息系统(Project Management Information System,PMIS)是以计算机技术、网络通信技术、数据库技术为支撑,通过收集、储存及分析工程项目过程中的有关数据,辅助工程项目的管理人员和决策者规划、决策和检查的人机系统。其核心是控制和管理项目的总体目标。

工程项目管理信息系统的应用,主要是通过计算机来进行项目管理有关数据的收集、记录、存储、过滤,并把数据处理的结果提交给项目管理班子的成员。它是项目进展的跟踪和控制系统,也是信息流的跟踪系统。其主要的应用意义是:

(1)实现项目管理数据的集中存储。

(2)有利于项目管理数据的检索和查询。

(3)提高项目管理数据处理的效率。

(4)确保项目管理数据处理的准确性。

(5)可方便地形成各种项目管理所需要的报表。

2.工程项目管理信息系统的功能

工程项目管理信息系统的基本功能主要有:投资控制(业主方)或成本控制(施工方)、进度控制、质量控制、合同管理,有些系统还包括一些办公自动化的功能,如表 6-3 所示。

表 6-3　工程项目管理信息系统的基本功能

基本功能	具体内容
投资控制 （业主方）	项目的估算、概算、预算、标底、合同价、投资使用计划和实际投资的数据计算和分析
	进行项目的估算、概算、预算、标底、合同价、投资使用计划和实际投资的动态比较（如概算和预算的比较、概算和标底的比较、预算和合同价的比较等），并形成各种比较报表
	计划资金投入和实际资金投入的比较分析
	根据工程的进展进行投资预测
	提供多种（不同管理平面）项目投资报表
成本控制 （施工方）	计算和分析投标估算的数据
	计划施工成本
	计算实际成本
	进行成本与实际成本的比较分析
	根据工程的进展进行施工成本预测
	提供各种成本控制报表
进度控制	计算工程网络计划的时间参数，并确定关键工作和关键路线
	绘制网络图和计划横道图
	编制资源需求量计划
	比较分析进度计划的执行情况
	根据工程的进展进行工程进度预测
	提供多种（不同管理平面）工程进度报表
质量控制	项目建设的质量要求和质量标准的制定
	分项工程、分部工程和单位工程的验收记录和统计分析
	工程材料的验收记录（包括机电设备的设计质量、建造质量、开箱检验情况、资料质量、安装调试质量、试运行质量、验收及索赔情况）
	工程涉及质量的鉴定记录
	安全事故的处理记录
	提供多种工程质量报表
合同管理	合同基本数据查询
	合同执行情况的查询和统计分析
	标准合同文本查询和合同辅助起草
	提供各种合同管理报表

（二）项目信息门户

1.项目信息门户的概念

门户是一个网站,也称互联网门户站,是进入万维网的入口。任何人都可以访问一般意义的门户来获取信息,如新浪、腾讯,以及百度搜索引擎等。但有些门户是为了专门的技术领域、用户群或对象而建立的,称为垂直门户,如项目信息门户。

项目信息门户是基于互联网技术为建设工程增值的重要管理工具,是当前建设工程管理领域信息化的重要标志。根据国际学术界较为公认的定义,项目信息门户是在项目全寿命过程中,以对项目各参与方产生的信息和知识进行集中式存储和管理为基础,为项目各参与方在互联网平台上提供的一个获取个性化(按需索取)项目信息的单一入口。它是基于互联网的一个开放性工作平台,为项目各利益相关方提供信息共享、互动交流和协同工作的环境,有利于管理项目信息和控制项目实施。

其中,"项目全寿命过程"包括项目的决策期、实施期(设计准备阶段、设计阶段、施工阶段、动用前准备阶段、保修期)和运营期。"项目各参与方"包括政府主管部门和项目法人的上级部门、金融机构、业主方、工程管理和工程技术咨询方、设计方、施工方、供货方、设施管理方等。"信息和知识"包括以数字、文字、图像和语音表达的法律法规类信息、经济类信息、技术类信息、组织类信息及管理类信息等。

但需要注意的是,项目信息门户和项目管理信息系统存在一定的区别,具体如表6-4所示。

表6-4　项目信息门户与项目管理信息系统的区别

比较内容	项目管理信息系统	项目信息门户
目的	有效控制项目的投资/成本、进度、质量等目标	有效进行信息交流和共享,为项目各参与方提供信息获取的单一入口和高效协同工作的环境
功能	投资/成本控制、进度控制、质量控制以及合同管理等	项目信息交流、文档管理、协同工作
手段	信息加工和处理	信息共享与传输
对象	与项目目标控制有关的数据	参建各方共享的各种结构化和非结构化的信息
用户	项目参与的某一方	项目各参与方

2.项目信息门户的类型

根据运行模式,项目信息门户可分为以下两种类型:

一种是PSWS模式:是指为一个项目的信息处理服务而专门建立的项目专用门户网站,即专用门户。若采用PSWS模式,项目的主持单位应自行开发门户,或购买商品门户的使用许可证,并需购置供门户运行的服务器及有关硬件设施和申请门户的网址。

另一种是ASP模式:是指由ASP服务商提供的为众多单位和项目服务的公用网站,也可称为公用门户。ASP服务商有庞大的服务器群,一个大的ASP服务商能为数以万计的客户群提供门户的信息处理服务。如采用ASP模式,项目的主持单位和项目的各参与方就成为ASP服务商的客户,不需要购买商品门户产品,也不需要购置供门户运行的服务器及有关硬件设施和申请门户的网址。国际上项目信息门户的主流应用模式是ASP模式。

项目信息门户不仅能为一个工程中各参与方的信息交流和协同工作服务,如一个工厂、一个机场等;也能为一个工程群体提供管理服务,如整个上海世博会工程项目、国家发改委主管的一定投资规模以上的全部建设工程等。前者侧重于一个工程各参与方内部的协同工作,而后者则侧重于对一个工程群体的宏观管理。由于建立这两种类型的项目信息门户的目的不同,故其具体的信息处理也有差别。

3.项目信息门户的用户

项目各参与方包括政府主管部门、金融机构、业主方、施工方等,他们都是项目信息门户的用户。严格来讲,项目信息门户的用户是上述各方使用项目信息门户的个人。每个用户有供门户登录用的用户名和密码。系统管理员将对每一个用户的使用权限进行设置。

4.项目信息门户实施的条件

项目信息门户的实施是一个系统工程,需要考虑系统实施的目的、对象、时间、地点、实施对象以及实施技术等因素;同时,项目信息门户是人机系统,还需要考虑经济、组织、管理与协调等问题。一般把组织件、教育件、软件、硬件称为项目信息门户实施的"四轮驱动"。其中,组织件起着支撑和确保项目信息门户正常运行的作用,因此,创建组织件和在项目实施过程中动态地完善组织件是项目信息门户实施最重要的条件。

5.项目信息门户的特征

(1)领域属性

电子商务(E-Business)有两个分支:电子商业/贸易,如电子采购、供应链管理;电子协同工作,如项目信息门户、在线项目管理。其中,电子商业/贸易已逐步得到应用和推广,而电子协同工作尚未引起足够重视。工程项目的业主方和其他项目各参与方往往位于不同地点、不同城市甚至不同国家,故其信息处理应充分考虑利用远程数据通信的方式和组织,这是电子协同工作的核心。

(2)门户属性

项目信息门户属于垂直门户,垂直门户也称为垂直社区。此社区可以被认为是专门的用户群,而垂直门户是为专门的用户群服务的门户。项目信息门户的用户群是所有与该工程项目有关的管理部门和参与方。

(3)运行的组织理论基础

远程学是一门新兴的组织学科,已被运用在诸多领域,包括远程通信、远程商店/网上商店、远程商业/贸易、远程银行/网上银行、远程医疗和远程教学等。其中,远程合作是远程学的核心问题之一,其理论是建立和运行项目信息门户的理论基础,主要任务是研究和处理分散的各系统和网络服务的组织关系。

(4)运行的周期

项目决策期的信息影响项目实施期的管理和控制,决策期和实施期的信息密切影响运营期的管理和控制,故在项目信息门户上运行的信息包括项目决策期、实施期和运营期的全部信息。同时,为使项目保值和增值,项目信息门户应当为建设工程的全生命周期服务,故其运行的周期是建设工程的全生命周期。全生命周期管理是集成化管理的思想和方法在工程管理中的应用。项目信息门户的建立和运行应与建设工程全生命周期管理的组织、方法和手段相适应。

(5)核心功能

不同项目信息门户的产品功能不尽一致,但其主要的核心功能是相似的,即项目文档管理、项目各参与方的信息交流以及协同工作。

（6）主持者

作为建设工程的总组织者和总集成者,业主方自然是项目信息门户的主持者;或者业主方可以委托代表其利益的咨询公司作为主持者。而其他参与方往往只参加工程某一阶段或某一方面的建设,且项目参与方与业主之间、各参与方之间的利益不尽一致或存在冲突,故不适合做项目信息门户的主持者。

不仅建设工程的业主方和各参与方可以利用项目信息门户进行信息交流、项目文档管理和协同工作,相关的政府主管部门也可以利用项目信息门户实现众多项目的宏观管理(如美国的 PBS),金融机构也可以利用项目信息门户对贷款客户进行统筹管理。因此,对于不同性质、不同用途的项目信息门户而言,其主持者也是不同的。

（7）组织保证

无论采用哪种运行模式,门户的主持者都必须建立与项目信息门户运行相关的必要组织件,并进行动态地调整与完善,主要包括编制远程工作环境下协同工作的工作制度和信息管理制度;项目各参与方的分类和权限定义;项目用户组的建立;项目决策期、实施期和运营期的文档分类和编码;系统管理员的工作任务和职责;各用户方的组织结构、任务分工和管理职能分工;项目决策期、实施期和运营期工程管理的主要工作流程组织等。

（8）安全保证

数据安全有多个层次,如制度安全、技术安全、运算安全、存储安全、传输安全、产品和服务安全等。这些不同层次的安全问题主要涉及的方面有:硬件安全,如硬件的质量、使用、管理和环境等;软件安全,如操作系统安全、应用软件安全、病毒等;网络安全,如黑客、保密和授权等;数据资料安全,如误操作(如误删除、不当格式化)、恶意操作和泄密等。

项目信息门户的数据处理属于远程数据处理,其主要特点是:用户量大,且所涉及的数据量大;数据每天需要更新,且更新量大,同时旧数据必须保留,不可丢失;数据需长期保存等。因此,必须对项目信息门户的数据安全保证予以足够的重视。

6.项目信息门户的应用

（1）在项目决策期工程管理中的应用

在项目决策期工程管理的主要任务包括建设环境和条件的调查与分析;项目定义的确定与项目建设目标的论证(投资、进度和质量目标);项目结构的分析;与项目决策相关的组织、管理、经济以及技术方面的策划与论证;项目决策的风险分析等。

为完成上述任务,许多相关的政府部门和国内外单位都可能会参与项目决策期的工作,如投资咨询、科研、设计和施工单位等。而各参与单位和个人往往位于不同的工作地点,故项目信息门户的应用必将会方便工作中的远程信息交流和协同工作等,为项目决策期的工程管理增值。

（2）在项目实施期工程管理中的应用

项目实施期包括设计准备阶段、设计阶段、施工阶段、动用前准备阶段和保修期。与项目决策期相比,往往会有更多的政府相关部门和国内外单位参与整个项目实施期的工作,也将会有更多的信息交流、文档管理和协同工作的任务。因此,项目信息门户的应用可以为项目实施阶段的工程项目管理实现增值。

（3）在项目运营期工程管理中的应用

在国际上，项目运营期工程管理又称设施管理，主要包括对基础设施投入使用后的维护和运营管理。基于项目实施期形成和积累的大量信息，在整个设施管理过程中，设施管理单位将会和项目实施期的参与单位进行信息交流和协同工作，并形成大量的工作文档。因此，项目信息门户不仅有效服务于项目决策期和实施期的工程管理，还是项目运营期设施管理的有效手段和工具。

（三）工程项目管理信息化

1.工程项目管理信息化的含义

工程项目管理信息化是指工程项目管理信息资源的开发和利用，以及信息技术在工程项目管理中的开发和有效应用。目前，我国的工程项目信息化管理仍处于前期摸索阶段，与工业发达国家相比尚存在较大的数字鸿沟，管理模式千篇一律，且信息技术的应用不够成熟。因此，工程项目管理信息化已成为目前我国建筑业发展的一个重点。

2.工程项目管理信息化的实施

工程项目管理信息化的实施主要涉及两个方面：宏观和微观。

就宏观层面而言，从当下客观背景来看，整个建筑业的信息化水平不高，直接影响了工程项目管理的信息化水平。因此，要实施工程项目管理信息化，必须大力推进建筑行业和建筑企业信息化。目前，我国已经制定出建筑行业信息化发展战略，建筑企业也开始逐步进行信息化建设，这些都给工程项目管理信息化提供了扎实的发展基础和良好的发展机遇。

同时，工程项目管理信息化的实施更多涉及微观层面。相对于宏观问题而言，微观问题在整个信息化体系中层次较低，但却是信息化推进过程中切实需要解决的实际问题，如单个项目信息化实施的组织与管理方案、项目管理软件的选择、项目文化的建立、信息管理手册的制定等。微观问题也是影响工程项目管理信息化的关键问题，细节处理不当甚至可能导致整个工程项目管理信息化的失败。例如，网速的限制可能促使整个工程项目管理信息平台运行效率降低，并最终导致平台应用的失败。

（1）工程项目管理信息化实施的组织

在工程项目管理信息化的实施过程中，应明确在整个工程项目组织结构中负责信息化的单位或部门，确定各个单位、部门及个人的任务和管理职能分工；并选择符合岗位要求的专门人员负责信息化工作，制定和绘制工程项目信息分解图、与信息化相关的工作流程图和信息流程图等。关于工程项目管理信息化实施的组织，应重点关注几个方面：强调业主在工程项目管理信息化实施过程中的主导地位；确定实施的组织机构、组织分工以及工作流程等。

上述相关的工作流程主要包括信息管理手册编制和修订的工作流程，为形成各类报表报告而收集信息、录入信息、审核信息、处理信息、传播和发布信息的工作流程，工程档案管理的工作流程，设计图纸、提交和分发文件的工作流程，信息技术二次开发的工作流程等。

（2）工程项目管理信息化实施的管理

在有良好的组织保证的前提下，科学严谨的管理显得非常重要。在工程项目管理信息化的实施过程中，会有种种困难和阻力出现，必须采取相应措施来解决这些问题，如构建科学的项目管理体系、加强管理制度建设、采取合同措施、加强教育和培训、强调全员参与以及塑造良好的项目文化氛围等。

（3）工程项目管理信息化实施的方法

工程项目管理信息化实施的重要方法是编制信息管理规划、程序与管理制度。信息管理规划、程序与管理制度是工程项目管理信息化得以正常实施与有效运行的基础，其内容包括信息分类、编码设计、信息分析、信息流程与信息制度的确定等。

（4）工程项目管理信息化实施的手段

工程项目管理信息化实施的手段包括建立工程项目信息中心和工程项目信息处理平台。

第二节 ◉ 工程项目常用管理软件

一、工程项目管理软件概述

工程项目管理软件是指以项目的施工环节为核心，以时间进度控制为出发点，利用网络计划技术，对施工过程中的进度、成本、资源、质量等进行综合管理的一类应用软件，主要用于收集、处理和分发项目管理过程的输入和输出信息。

（一）工程项目管理软件的发展状况

工程项目管理软件的发展，与项目管理的研究和应用相互促进、相互影响，已成为项目管理理论研究和实践应用中不可或缺的一部分。

20 世纪 50 年代，项目管理领域的研究重点是网络计划。网络分析软件率先在中小型机上开发成功，使网络技术由理论研究转变为实际应用，帮助人们对大型工程项目进行详细有效的系统分析，并进行工期的计划和控制。在 20 世纪 60 年代中后期，网络分析程序已经十分成熟。

20 世纪 70 年代，项目管理软件的研究和开发出现了滞缓现象，对网络程序的研究较少。人们的研究重点是完善和扩展网络模型分析软件的应用功能，如成本和资源的平衡和优化。与此同时，人们提出并研究了项目管理信息系统。但由于当时计算机的稀缺性，软件的应用范围很窄，不能普及到中小型项目。

20 世纪 80 年代初，PC 机的普及为计算机的应用开辟了广阔领域，不仅利用网络分析资源和成本计划，而且将各种信息处理工作与计算机结合，大大提高了项目管理水平和工作效率。同时，计算机应用功能的扩大进而促进了应用软件的开发和应用。PC 机的普及、项目管理工作的标准化和流程化，以及项目管理软件的友好界面、丰富功能、较低价格，使一般中小型企业和项目也有能力使用计算机进行管理，网络技术真正得到普及。

（二）工程项目管理软件的特征

工程项目管理软件通常具有以下特征：

1.完全市场化

目前，国内外市场上的项目管理软件产品很多，且新产品不断涌现。软件开发已基本上摆脱小生产方式，大多由专业化、商业化的软件公司开发以提高软件水平。据统计，94%以上的项目管理者已经在使用商品软件来提高效率。

2.通用性

通用性不仅是软件市场化的要求,也是项目管理社会化、标准化、专业化的必要条件。按照标准设计要求,工程项目管理软件通常具备一般管理人员都能接受和掌握的输入、输出功能,且不加修改就能被大多项目所应用。成品软件包除了对储存和操作的系统版本有一定要求外,通常能在常用的计算机上运行。

3.实用性

目前,人们已能熟练操作计算机软件的输入、输出和数据处理系统,并直接形成工程文件应用于工程中。而实用性就是指工程项目管理软件的功能与实际应用相契合,如处理日常信息和进行决策等,真正做到人机协调,互相适应。

4.软件价格逐渐降低,功能不断增加

工程项目管理软件的应用成本逐渐降低而效用不断提升,不仅极大地提高了管理水平,更能给项目带来巨大的经济效益。

5.不断推陈出新

工程项目管理软件的新产品不断出现,老产品更新版本的周期逐渐缩短,使产品功能更加丰富,项目管理的效率也逐渐提高。

(三)工程项目管理软件应用的意义

工程项目管理软件在我国工程建设领域的应用经历了从无到有、从简单到复杂、从局部应用到全面推广、从单纯引进或自主开发到引进与自主开发相结合的过程,其应用具有十分重要的意义。

从宏观角度而言,工程项目管理软件的应用有利于加速项目各参与方之间的信息流动,实现信息的有效整合和利用;有利于适应国际化竞争需求,实现建筑企业的跨地区、跨国家经营;有利于提高工程项目的管理水平,进而提高建设工程的整体效益。

从微观角度来说,工程项目管理软件的应用有助于提升企业的核心竞争力,适应市场化竞争;有助于提高业主对项目目标的控制能力,实现对市场变化的快速响应;能使企业在获取、传递和利用信息资源方面更加灵活、快捷和开放,有效提高企业的决策水平;有助于改变和优化成本结构,提升企业的经济效益;能提高建筑企业的管理水平,改善企业的经营状况。

⚓ 二、工程项目管理常用软件简介

自 1982 年第一个基于 PC 的项目管理软件出现至今,工程项目管理软件已历经 30 余年的发展历程。据统计,目前国内外处于使用中的项目管理软件已有数千种,本书主要对国内外较为主流的几种项目管理软件做简单介绍。

(一)工程投标报价类软件

1.易达"清单大师"

易达"清单大师"是由易达建信科技开发有限公司推出的全国统一工程量清单计价配套产品。该软件体现了全国统一工程量清单计价的理念。

易达"清单大师"的主要特点有:

（1）利用计算机信息技术，全面实现工程造价综合报价、工程造价全过程管理、工程造价指标信息收集与发布等系统功能，为新时代的工程造价管理提供一个强大的操作平台。

（2）应用电子标书技术，实现询标过程的单价分析工作和投标预算数据电子储存，有利于造价管理部门和工程交易中心收集和存储资料。电子证书技术还可使电子标书实现安全性传递（磁盘或网络下载）和合法性操作。

（3）树立工程造价管理在工程招标投标工作中的主导地位，可通过工程招标形成价格，并将其直接应用到工程付款及结算，最终实现控制工程造价的目的。

（4）全新的工程造价软件服务和信息服务模式，使软件与信息服务彻底融合。

（5）具备完整的工程造价信息网支持体系，各地造价管理部门可通过信息发布系统平台进行工程造价信息的收集、处理、发布等网站日常工作，实现工程造价信息资源共享。

易达"清单大师"的主要功能如表6-5所示。

表6-5 易达"清单大师"的主要功能

主要功能	具体内容
基本信息管理	记录招标文件总说明、投标工程预算信息、工程信息、标底主要技术经济指标等，为评标委员会及相关评委了解工程概况提供项目基础资料
标书管理	读入标底（参考价、拦标价）电子文件，显示及储存有关标底数据。读入各投标单位的电子标书，显示及储存有关投标数据，对投标报价进行排序。记录开标过程的各种数据及信息，辅助判断废标事件的发生，并记录有关信息，形成投标报价汇总表及废标通知书等报表文件
评标管理	技术标评分。按评标定标办法规定，可以进行有关投标人信誉、业绩、质量、工期、施工组织方案等技术标评分参数，辅助评分参数的数据录入、计算、分析，生成评委评分表、技术标评分汇总表等报表文件
	商务标评分。按评标定标办法规定，分析标底数据、各投标企业电子标书数据，进行标书资料完整性、计算准确性、总报价合理性、单项工程单价合理性、材料报价合理性等的分析，严格按评标定标办法规定评分方法，进行计算机辅助评分，生成总报价评分表、报价资料完整性评分表、主要材料报价评分表、主要工程量清单报价评分表、措施费用评分表等报表文件
	定标。按评标定标办法规定，由计算机自动计算总评分，产生推荐的中标单位。生成汇总排名、推荐中标候选人、定标表等报表文件
询标分析	合理报价分析。分析所有投标单位对某一清单项目报价的水平，并且与招标控制价相比较，辅助评标专家评出最合理的清单综合单价水平
	平均报价分析。生成各有效投标报价的每个工程量清单综合单价平均值
	报价比价分析。分别产生标底价与某一投标单位报价比较分析表、平均报价与某一投标单位报价比较分析表、合理报价与某一投标单位报价比较分析表、某一投标单位报价与另一投标单位报价比较分析表等文件报表，产生询标分析指标数据
询标报告	辅助评委，记录有关询标信息，生成询标报告

2.工程投标报价系统 E921

工程投标报价系统 E921 是由中国建筑工程总公司与北京广联达慧中软件技术有限公司联合开发的软件系统,主要用于国际工程投标报价,适合 FIDIC 条款及类 FIDIC 条款。

该软件的主要特点有:

(1)可根据用户需要提供中文和英文两个版本的软件。

(2)可通过设置和调用以前的投标工程来完成经验投标,迅速准确报价。

(3)可根据材料市场价和自定子目单价,及时反映建材价格的波动和国际汇率的影响。

(4)为总承包公司提供分包商和材料商对比功能,根据报价选择合适的分包商、材料商,并将其报价导入标书中。

(5)将所有投标工程的文件存储在服务器内,减少造价人员流失而造成的损失。

(6)与工程技术部门紧密结合,可形成多种施工方案报表。

(7)能同时保存预算价、调整价、报出价、中标价等多种价格,适用于投标报价的不同阶段。

(8)可细分子目编码和材料编码,为投标报价的基础工作做好充分准备。

(9)提供多种工程调价方式,从整个工程的所有材料到每个子目均可进行调价,灵活多变。

(10)帮助公司积累报价资料,进一步实现企业内部定额的更新完善。

工程投标报价系统 E921 的主要功能如表 6-6 所示。

表 6-6　工程投标报价系统 E921 的主要功能

主要功能	具体内容
自由组价	以其开放式的特点为用户提供了广阔的应用空间,留有更多的部分让用户自己定义。用户可以根据建材市场的材料时价,人、材、机消耗量自由组价,既可适应不同情况,也可规范资料
经验报标	利用积累的工程资料进行经验报标。在套用子目和材料时可选取曾经某个相似工程作为参考工程,在调用子目时按照"本工程资料""参考工程资料"的优先级寻找,提高报标的效率和准确性
分析功能	用户可根据自己的需要定义及扩充定义资源(泛指人、材、机)的属性和特征,也可以从不同的角度对工程进行划分和界定。例如,可同时对工程进度、施工性质等进行划分,使用户可以同时具有多方面的分析和比较数据,不仅为投标报价提供了决策依据,也为日后的施工管理提供了理论依据
辅助决策分包	针对各分包商的报价进行科学评估,并辅助选取合适的分包商。软件可以根据分包商的承包范围,形成各分包商的标书;根据各分包商的报价粗略检查分包商的重要报价及漏报价格的项目,再通过多种方式选取虚拟值补足漏报项目的价格,从而更直观、更准确地为企业合理选择分包商提供决策支持

（二）工程预算、决策类管理软件

常用的建筑工程预算、决策类软件有工程概预算系统 MrBudget、工程概预算软件 GBG 99、工程概预算软件 STAT 等,本书重点介绍工程概预算软件 STAT。该软件由中国建筑科学院研制开发。

1.STAT 软件的主要特点

(1)一个单项工程中包括多个单位工程,有利于数据共享和综合统计分析。用户还可以输入工程的相关信息,如工程名称、施工单位、设计单位、编制单位等基本信息。

（2）多种定额子目生成方式,包括直接读取 PKPM 工程量文件生成,以及模板工程导入、其他工程导入、标准图集导入或人工逐条输入等。

（3）软件可自动对计算出来的资源进行分类;用户也可以灵活修改市场价格、材料属性、材料来源、材料价差等信息;还有丰富的子目调整、换算功能。

（4）动态的报表设计。软件不仅提供了默认的多种报表模式,并且提供了灵活的报表修改、设计功能。

（5）软件按照各地规定的取费标准和规定,内置了完善的取费表供用户选择使用,用户也可根据需要自定义或编辑取费表;同时,软件提供基本数据的提取功能,供用户直接调用。

2.STAT 软件的主要功能

工程概预算软件 STAT 的主要功能如表 6-7 所示。

表 6-7　工程概预算软件 STAT 的主要功能

主要功能	具体内容
建筑模型录入	用户可以通过多种观察方式进行观察,实时了解建筑模型的具体情况,包括结构、构建信息等;并可得到完整的三维模型,为工程量的统计提供数据准备
工程量统计	软件提供全国各地大中型城市的最新定额库,每个建筑定额库均内置了相应的自动套用定额表,每个统计界面都包含计算规则设置、工程量查询、修改定额、楼层结果、全楼结果等基本功能。用户可根据三维建筑模型的构件属性自动套取定额子目完成土建工程量的统计
钢筋翻样和统计	软件可直接利用由 PKPM 软件生成的结构设计数据(钢筋结果文件)进行工程量的统计。当无钢筋结果文件时,软件提供智能的统计方式,以结构模型为对象自动生成钢筋构件模板基本数据,结合用户输入的相关参数得到钢筋数据,形成钢筋统计结果文件

（三）工程量计算软件

1.三维算量软件

三维算量软件是国内首个基于 Auto CAD 平台的工程量计算软件,由清华斯维尔软件科技有限公司研制开发。

三维算量软件的主要特点有:

（1）三维直观。用户可以在三维可视化的环境中监督整个建模和计算过程,通过系统提供的各类可视化修改查询工具,对模型的所有细节进行控制。

（2）操作方便。系统以 Auto CAD 作为图形平台,所有的三维操作都以构件作为组织对象,建立工程人员熟悉的工程模型。

（3）可直接利用设计单位建筑施工或结构施工的电子文档,辅助用户快速定位构件。若没有电子文档,用户可利用系统提供的多种工具自己建模。

（4）精确建模、准确的内置规则。

（5）钢筋抽量一体化。系统将工程量计算和钢筋抽量整合为一体,钢筋计算时可从构件几何尺寸中直接读取有关数据,真实捕捉结构设计工程师全盘钢筋的设计思路。

（6）全国通用。系统采用图形与定额数据分开存储的方式,同一个图形可以挂接几个不同地区的定额。

三维算量软件的主要功能如表6-8所示。

表6-8 三维算量软件的主要功能

主要功能	具体内容
工程设置	录入工程计算规则、定额库名称、钢筋长度依据等与工程有关的数据
轴网处理	生成正交、斜交等各种轴网
楼层设置、复制	设置层高、标准层，将一层所有或部分构件复制到指定楼层
导入施工图	直接导入工程设计的电子文档
结构生成	根据施工网生成各种构件
钢筋布置	录入各种钢筋，以平面表示法将其显示在构件上
定义构件做法	用户选择定额条目与相关构件关联，并据此进行数据统计与汇总
做法属性及几何属性	查询或修改构件的做法（定额编号）和几何属性值
钢筋统计	按用户需求，分别对构件区分楼层进行钢筋统计
工程量分析	对构件的几何关系进行分析，自动扣减相关工程量
工程量统计	可区分楼层统计不同构件的工程量，生成工程量表清单

2. 广联达图形自动计算工程量软件 GCL99

广联达图形自动计算工程量软件 GCL99 以描图的形式将图样输入计算机，由计算机按照系统选定的规则自动计算工程量。

该软件的主要特点有：

（1）操作简单，界面友好，可提供在线帮助，图形的显示、查看灵活方便。

（2）提供大量标准图集，只需输入图集的标准代号，便可自动得到子目和工程量。提供多人多机共同工作、一级汇总功能，符合工作体制。同时实现建筑单元组合功能。提供分部定义的功能，方便施工现场管理，实现造价动态管理。可根据需要提取分层、分部的工程量，可以查看任意构件的工程量。

（3）提供多种报表，方便工程量和子目的校对工作。

（4）计算规则的彻底本地化。使用三维实体扣减法，结果更加准确。画完结构图后，将自动计算房间各装修量，无须重复定义。

（5）在预算员将外墙不同的装修做法进行定义后，可将建筑物立面进行平面展开，自动并准确计算外墙装修的工程量。

（6）整层换算功能。若建筑物标准层的实体结构相同，只是各层的混凝土标号或砌体砂浆强度等级不同，预算员只需画完一层，其余各层通过该功能就可算出各实体的工程量。层高换算可自动处理，预算处理和图形算量紧密结合，在画图的同时查套子目并可按要求换算。

（7）鼠标可以捕捉任意线的端点、中点、垂点和交点，使画图定位工作更方便。可进行图块复制、镜像复制以及旋转。提供直线、弧线、矩形等多种画法。

广联达图形自动计算工程量软件 GCL99 的主要功能如表6-9所示。

表 6-9　广联达图形自动计算工程量软件 GCL99 的主要功能

主要功能	具体内容
项目管理	提供各省市的计算规则,用户可按需要进行选择
总信息	描述工程概况
轴线管理	轴线是工程量的计算依据,可实现多轴线的拼接
楼层管理	实现楼层切换、数据复制,以及满足多人多机同步工作方式
建筑图	根据建筑图样,画出墙体及相应的门窗、墙垛、屋面、挑檐等。装修做法灵活,包括各种内外墙的单独装修、不同房间的单独装修以及全部房间和外墙的统一装修
结构图	根据结构设计图样,画出梁、板、柱及楼梯,包括矩形、圆形、常用的标准异形以及任意形状的多边形
基础图	根据基础设计图样,画出要求的条形基础、独立基础、满堂基础以及基础梁、肋梁。可以画出多层、任意形状、不同放坡的大开挖土方
汇总计算	根据定额计算规则要求,对所作的图形进行汇总计算,自动进行相应的扣减算法,汇总出各种对象的工程量及子目
其他项目	根据定额要求,利用单独某一层的数据或者整楼的数据,套用相应的定额子目或者就单独的某项套用相应的定额子目
系统功能	全局做法维护,在画图时能方便调用。能进行用户管理及口令装置,保证数据安全。能进行计算规则管理,可以选用不同地区的规则进行计算

(四)工程综合进度计划管理软件

1.Primavera Project Planner(P3)

Primavera Project Planner(P3)是由美国 Primavera 公司开发的软件,在国内外众多的大型项目管理软件中的普及程度和占有率是最高的。该软件是用于项目进度计划、动态控制、资源管理和费用控制的综合进度计划管理软件。目前国内大型项目中应用最多的进度计划管理软件就是 P3,主要是指项目级的 P3。

P3 的主要特点有:

(1)在管理复杂、大型建设工程项目方面,拥有较为完善的手段。

(2)拥有完善的编码体系,包括工作分解结构(WBS)编码、作业代码编码、作业分类码编码、资源编码和费用科目编码等。

(3)这些编码以及编码所带来的分析、管理手段给项目管理人员的管理以充分的回旋余地,项目管理人员可以从多个角度对工程进行有效管理。

(4)在大型工程层次划分上的不足和相对薄弱的工程汇总功能将其应用限制在了一个较小的范围内。

P3 的主要功能包括:

(1)同时管理多个工程,通过各种视图、表格和其他分析展示工具,帮助项目管理人员有效控制大型、复杂项目;

(2)可以通过开放数据库互联(Open Data Base Connectivity,ODBC)与其他系统结合进行相关的数据采集、数据存储和风险分析;

（3）提供了上百种标准的报告，同时内置了报告生成器，可以生成各种自定义的图形和表格报告。

2. Microsoft Project

Microsoft Project 是由微软公司开发的项目管理系统，是应用最普遍的项目管理软件。

该软件的主要特点有：

（1）充足的任务节点处理数量。该系统可以处理的任务节点数和资源数均已超过 100 万个，实际数量只取决于计算机系统的资源情况。

（2）强大的群体项目处理能力。Microsoft Project 可同时处理的群体项目数量已经达到 1 000 多个，可满足大型复杂工程项目管理的需求。对于如何把子项目组成主项目，Microsoft Project 也提供了比较完善的解决方案。

（3）突出的易学易用性，提供完备的帮助文档。Microsoft Project 是迄今为止易用性最好的项目管理软件，其操作界面和操作风格与大多数人平时使用的 Microsoft Office 软件中的 Word、Excel 完全一致。

（4）强大的扩展能力，与其他相关产品的融合能力。作为 Microsoft Office 的一员，Microsoft Project 同样内置了 Microsoft 开发的交互式应用程序宏语言 Visual Basic for Application（VBA）。用户可以利用 VBA 进行二次开发。此外，用户可以依靠 Microsoft Project 与 Office 家族其他软件的紧密联系，将项目数据输出到 Word 中生成项目报告，输出到 Excel 中生成电子表格，输出到 Power Point 中生成演示文件，还可以将 Microsoft Project 的项目文件直接存储为 Access 数据库文件，实现与项目管理信息系统的直接对接。

Microsoft Project 的主要功能如表 6-10 所示。

表 6-10　Microsoft Project 的主要功能

主要功能	具体内容
进度计划管理	该系统为项目的进度计划管理提供了完备的工具，用户可以根据自己的习惯和项目的具体要求采用自上而下或自下而上的方式安排整个建设工程项目
资源管理	该系统为项目资源管理提供了适度、灵活的工具，用户可以方便地定义和输入资源，可以观察资源的基本情况和使用状况，还可以利用软件解决资源冲突
费用管理	该系统为项目管理工作提供了简单的费用管理工具，可以帮助用户实现简单的费用管理
组织信息	用户输入相关参数和条件后，系统就能自动整理这些信息，使用户可以看到项目全局。同时，该系统还可以根据用户输入的信息来安排完成任务所需要的时间框架，以及设定何时将何种资源分配给何种任务等
信息共享	该系统具有强大的网络发布功能，可以将项目数据导出为 HTML 格式，以便用户在互联网上发布该项目的有关信息
方案选择	该系统可以对不同的方案进行比较，从而为用户找出最优方案。系统还能随时检验项目进程，如发现问题，可以向用户提供解决方案
拓展功能	该系统可以根据用户输入的数据计算其他信息，然后向用户反映计算结果对项目其他部分以及对整个项目的影响
跟踪任务功能	该系统可以将项目执行过程中得到的实际数据输入计算机代替计划数据，并据此计算其他信息，随后向用户显示这些变动对项目其他任务及整个日程的影响，并为后面的项目管理提供有价值的依据

（五）工程项目合同事务管理软件

Primavera Expedition 是由 Primavera 公司开发的软件。该软件以合同为主线,对合同执行过程中发生的诸多事务进行分类、处理和登记,并有机关联相应合同,使用户可以对合同的签订、预付款、进度款和工程变更进行控制。同时,该软件可以对各项工程费用进行分摊和反检索分析;可以有效处理合同各方的事务,跟踪有多个审阅回合和多人审阅的文件审批过程,加快事务的处理进程;可以快速检索合同事务文档。

该软件的主要特点包括:

（1）可用于建设工程项目的全过程管理。

（2）具有很强的拓展能力,用户可以利用软件自带的工具进行二次开发,以进一步增强该软件的适用性。

（六）工程项目费用控制管理软件

建筑工程项目成本管理系统 EPCCS 3.0 是由中国建筑工程总公司与北京广联达慧中软件技术有限公司联合开发的,是一个辅助施工企业对项目实施成本进行全过程(从项目中标开始)跟踪控制管理的软件。

1.软件的主要特点

（1）由五大模块组成,分为公司级与项目级,不同岗位的人使用不同的功能模块。

（2）成本管理项目与会计科目的对应关系由用户自行设置,能适应各类施工企业不同的成本管理模式。

（3）具备与广联达造价系列软件的数据接口,方便用户调用造价方面的数据。

（4）具备与用友财务管理软件及各地区预算管理软件的接口,方便用户调用财务和预算方面的数据。

（5）预算数据及财务数据的输入方式有手工输入和从相关软件中调用两种,方便了用户的使用。

（6）工程项目成本支出有从财务管理软件中读取和通过确认单填报两种方式,适应工程项目部设置财务管理和不设财务管理的两种管理方式。

（7）具有施工成本预测及月度施工预算表编制功能,提供了整体系数法、单项系数法、手工输入法三种方式,适应主、次要材料及机械设备消耗量的测算。

（8）有总、分包预算对比,材料计划消耗与实际消耗对比,预算人工费与实际人工费支出对比等功能,并可用直方图、比例图等图形显示。

（9）数据输出有向打印机输出和向文件输出两种方式,便于数据的利用和与其他软件的连接。

（10）有材料收、发、存管理功能,可满足工地施工材料管理的需要。

（11）输出表的三级表头名称、栏目、栏目名称、排列、宽度、行数、标题、字体大小、上边及左侧留空均可由用户自定义,适应不同企业不同的成本管理习惯。有打印预览功能,便于输出结果的查对。

2.软件的主要功能

建筑工程项目成本管理系统 EPCCS 3.0 的主要功能如表6-11所示。

表6-11　建筑工程项目成本管理系统 EPCCS 3.0 的主要功能

主要功能	具体内容
系统的初始化	主要功能包括打印输出的设置、预算软件数据库结构对口的设置、财务软件数据库对口的设置、材料数据库的维护、成本核算公式的确定、计算工程造价的取费公式的设置、操作人员的权限设定、成本台账格式的设置等
工程成本管理	主要功能包括工程造价数据读入、分包工程划分、分包信息管理、分包费用管理、施工成本预测、工程管理费计划编制、企业管理费计划编制与工程成本节超分析、月度工程成本收入、月度工程成本支出、月度工程成本节超分析、工程决算造价数据、工程决算成本支出、工程决算成本节超分析等
施工成本管理	主要功能包括项目施工成本计划、月度计划完成工作量、月度施工成本计划收入、月度施工成本计划支出、月度施工成本计划节超分析、月度实际完成工作量、月度直接费实际收入、分包管理、签证管理、施工成本决算分析等
物资管理	主要功能包括材料信息管理、材料收发管理、材料周转管理和机械设备管理四个方面
成本核算管理	主要功能包括财务数据、费用确认单与成本台账三个部分

第三节 ● 案例分析——中建二局三公司项目管理信息系统

近年来,中建二局第三建筑工程有限公司(简称"中建二局三公司")的管理规模不断扩大,公司的管理人员由5年前的3 000多名增加到8 000名;经营区域由华北、华中、华南扩大到华西;最大管理半径由500 km延长到2 000 km。在这样的发展趋势下,传统管理模式和手段对公司所有项目的有效管理越来越难以实现。同时,建筑市场竞争越来越激烈,建筑工程施工利润率越来越低。

2015年,为提升企业竞争力,实现对项目的精细化管理,中建二局三公司制定了用信息化手段辅助施工管理的战略。信息技术在标准化管理、高效率管控、统计分析、趋势预测等方面具备先天的优势。建设项目管理信息系统并将其应用于项目管理,能够面向施工项目建造全过程,分别满足项目管理层和公司层管理项目的需求,实现精细化管控,进而加强公司的市场竞争力。

为此,中建二局三公司结合自身管理状况以及发展规划,确定了建设项目管理信息系统的大方向,希望通过该系统,能够规范各级管理人员的工作行为,显著提高管理效率;能对施工管理各环节进行精确约束、实时监督及完整高效的统计分析,使精细化管理思想得以落实;能够实现对公司所有项目的标准化管理,使各分公司、各项目部实现均质化发展。为了更好地推进系统建设,公司还制定了系统建设的阶段目标(见图6-1)。

针对项目管理信息系统,中建二局三公司还制定了细化的功能目标:

(1)构建管理层次清晰、业务功能完善、数据关联严谨、可切实满足公司实际管理需求的项目管理系统;

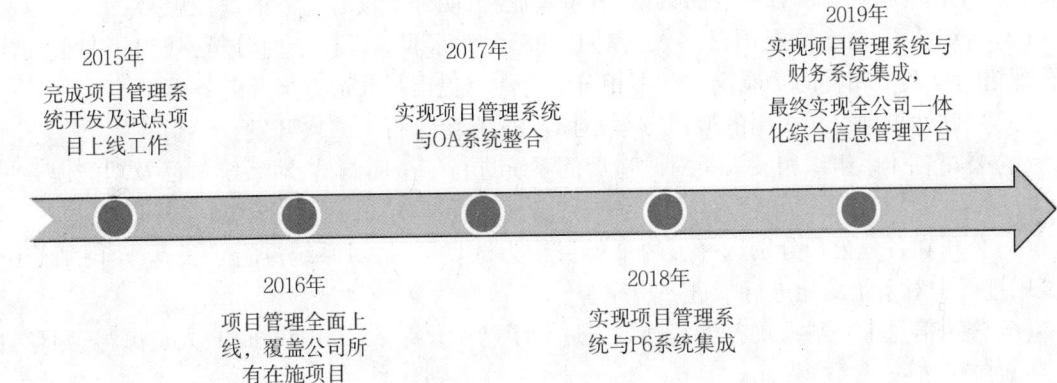

2015年
完成项目管理系统开发及试点项目上线工作

2016年
项目管理全面上线，覆盖公司所有在施项目

2017年
实现项目管理系统与OA系统整合

2018年
实现项目管理系统与P6系统集成

2019年
实现项目管理系统与财务系统集成，最终实现全公司一体化综合信息管理平台

图 6-1 系统建设的阶段目标

（2）能够精准控制施工过程中的成本管理；

（3）建立完整的经济、生产管理业务流程，实现各类业务的闭环管理；

（4）与项目计划管理平台集成，建立完整的履约分级管控模式，对项目履约进行分级管控，确保项目履约；

（5）建立完整的风险分级管控功能，全面跟踪、管理项目各级、各类风险尤其是经济运行风险，显著降低项目风险；

（6）与 OA 系统实现完全整合，全面引入手机审批功能，提高系统的易用性，提升全公司的信息化管理效率。

为有效推进信息化建设，达到系统建设的阶段目标和功能目标，中建二局三公司成立了以总经理为组长的信息化领导小组，公司总会计师为分管领导，督导信息化的各项推进工作。

在系统选择方面，中建二局三公司在项目管理信息系统实施前，对中建股份内部及国内其他知名建筑企业进行了广泛的调研，并从系统先进性、实用性、可扩展性等方面进行了深入分析，对意向软件公司进行了深入接触，最终选择了广联达公司的 GEPS 系统。GEPS 系统以广联达 T6 为基础平台，与公司当前正在应用的 OA 系统一致，管理核心思路与公司的商务管控相吻合，且能和目前国内广泛应用广联达预算软件生成的文件实现无缝集成。同时，广联达也是中建股份公司云筑网的前身——集采系统的开发单位，全面支持云筑网集成。

最终，中建二局三公司的项目管理系统以云、大数据、物联网、移动互联网等技术为基础，运用现代项目管理理念，面向施工项目建造全过程，满足项目管理层和公司层管理项目的需求，全面提升项目成本管理能力，并最终为打造赢利项目提供坚实保障。该系统不仅管理项目收入，还在如何控制各条业务线上的成本支出方面给出方案；应用中既有执行层面的一线业务托管，又有公司层面的细节监控管理；既提供岗位应用价值，又实现整体应用效益；既把核心业务管理到位，又把项目整体进行系统托管；既管理项目成本线，又管理资金收支线。整体解决方案面向施工建造全过程，将在规范业务流程管理、员工技能提升、服务最终客户等方面为项目管理人员提供全方位的支持。

在推进项目管理系统建设中，中建二局三公司遵循了循序渐进、以点带面、公司（分公司及项目部）全面联动的原则：

（1）各体系全面梳理自身的业务，明确了公司、分公司、项目部各级管理机构及管理人员的职责、工作内容;明确了所有业务的数据、表单及流程;明确了核心业务的管控思路。

（2）组织公司、分公司及项目部人员对 GEPS 系统标准版进行全面分析,找出了与公司实际管理相吻合及不相符的功能点。对不相符的功能点提出了改造方案及业务模型。

（3）广联达根据公司提出的改造方案,对 GEPS 系统进行了二次开发。

（4）公司各体系组织相关人员对改造后的系统进行了全面测试,对系统 Bug 及功能误差进行了完善。

（5）公司在各分公司分别选择了两个项目作为试点项目,对系统进行了长达半年的试用,在试用过程中对系统功能进行了进一步完善。

（6）公司信息中心对系统各类基础数据进行了初始化录入,如组织机构、人员账号、角色分配、功能授权、管控参数等。

（7）公司各体系组织项目管理相关人员对系统应用进行了全面培训。

（8）公司各项目全面应用项目管理信息系统,线下、线上业务同步运行;3 个月后,线下业务逐步退出,线上业务全部独立运行。

凭借 GEPS 系统全面的功能,2015 年至今,中建二局三公司系统建设的多项目标已经圆满完成,阶段目标也如期实现。其功能如下:

（1）首页监控:覆盖项目管理业务,两级监控。此前,中建二局三公司业务管理的力量较为分散,随着规模的不断扩大,分散的管理能力越来越无法满足公司的实际管理需求。使用GEPS 系统后,公司能够实时监控企业级和项目级的各项业务动态。前者展示公司整体核心业务情况的动态监控,如新签合同额、完成产值、在建项目、投标跟踪项目、审核代办、风险预警等内容;后者展示项目的各项核心目标的执行情况,如合同金额、目标责任成本、利润目标、税负目标、成本与资金分析等。此外,中建二局三公司的 GEPS 系统与项目计划管理平台集成,建立完整的履约分级管控模式,对项目履约进行分级管控,确保项目履约。GEPS 系统管理层次清晰,切实满足了中建二局三公司的实际管理需求。

（2）移动应用:随时随地,一手掌握。GEPS 系统可与中建二局三公司原有的 OA 系统实现完全整合,全面引入手机审批功能,提高系统的易用性,进而提升全公司的信息化管理效率。中建二局三公司的领导们不必再依靠电脑进行审批,取而代之的是通过移动端随时随地查阅公司、重点项目经营数据及批阅单据。流程中心中待审批单据分类清晰,多维度查询定位功能可快速定位到要审批的单据,同时简捷方便地查看单据的各项信息,包括附件查看。扫二维码查看单据功能,可方便用户进行纸质单据的防伪检查,保证数据真实。

（3）线上审核流程:公司的核心管理流程全部在线运行。相比此前还有部分流程需要在线下审核,使用 GEPS 系统后,中建二局三公司的核心管理流程实现了全部在线运行。GPES 系统流程配置灵活,可配置复杂的审批流程,如会签、条件判断等,以及设置督办、超时提醒、抄送等,流程流转情况直观易监控,公司的信息化管理效率更进一步。

（4）管控参数:此前,中建二局三公司主要通过业务人员人工审核系统内数据,进行过程管控。使用 GEPS 系统后,实现了变被动管理为主动管理:GEPS 系统可提供丰富的业务管控参数,支持严管、受控管,使公司的管理制度能用信息化方式来落地,并且可满足各类施工企业不同类型的管控需求,以及同一企业在不同阶段的管控要求。

（5）风险预警:不同企业可根据自身管理需求,灵活设置预警条件、预警提示对象,系统会自动触发并及时通知相关人员,除了消息预警,系统还可提供标红预警,对超条件的数据记录进行标红显示,更直观。中建二局三公司凭借 GEPS 系统建立完整的风险分级管控功能,对项目各级各类风险,尤其是经济运行风险进行全面跟踪管理,显著降低项目风险。

(6)打印报表:系统支持根据企业的日常业务单据样式灵活定制符合本企业的管理制度报表,比如入库单、结算单、会签单等,实现日常业务单据全部在线上审批、线上打印,形成企业的工作平台,显著提升了中建二局三公司的办公运行效率。

(7)价格平台:通过实际业务数据积累,系统自动形成资源的价格平台,如材料采购价格平台、分包价格平台。系统支持直链广材网,一键查看市场价和信息价,可查看项目真实的合同价、结算价,以及同一种材料在不同项目的价格。系统自动形成价格趋势分析,为招投标时的价格提供参考依据,帮助中建二局三公司在各层级施工过程中,实现了对成本管理的精准过程控制。

(8)打通集成:灵活的扩展性,支持与各种专业应用系统和业界主流软件相集成,如协同办公系统、人力资源系统、财务系统、集采系统、档案系统、智慧工地系统、BIM 等,实现信息自动传递,数据自动打通,形成一体化解决方案。中建二局三公司凭借 GEPS 系统的强大功能,建立了完整的经济、生产管理业务流程,实现各类业务的闭环管理。

就业务系统功能而言,中建二局三公司从投标开始的各项项目管理业务均在系统内完成。其中,系统的四个核心应用帮助中建二局三公司解决了此前难以应付的成本、物资、分包、资金等管理问题。

(1)成本管理

随着规模的扩大与业务的增加,中建二局三公司原有的管理体系难以满足公司各层级对成本的管控。而 GEPS 系统可根据中标合同预算与项目签订目标责任合同,通过目标责任成本实时掌握合同风险。项目部根据目标责任合同制定项目的计划成本作为实际成本管控的依据,实际成本发生过程中,项目部可实时了解到项目存在的管控风险。公司还可根据项目实际发生的成本,实时掌握企业的盈亏风险和管控风险。这样一来,中建二局三公司不但对公司的成本进行了有效的管理,也有力掌握着公司的盈亏风险和管控风险。

(2)物资管理

长期以来,中建二局三公司十分重视公司的利润空间。在保证工程的进度和质量的同时,公司十分重视物资管理。在此前物资管理精度不足的情况下,中建二局三公司凭借 GEPS 系统,将公司各层级的物资管理得井井有条。GEPS 系统的物资管理,主要负责项目的物资采购、供应、储存、使用、处置等全过程管理,确保按时、按质、按量满足项目物资需求,控制物资成本。对材料数量,可实现按计划管控,控制需用计划量不超过总量计划量或部位计划量等。对材料价格,可管控合同价超过预算价或测算价时的标红预警。同时可通过查询材料价格平台来实时掌握各个项目真实的采购价格,实现价格共享和对比,对合同、入库、结算等业务环节,实现价税分离,满足营改增后无税价进材料成本的需求。软件自动生成材料收发存明细台账,及时掌握材料采购、消耗及库存情况。

(3)分包管理

分包管理向来是施工企业中较为复杂的事项。尤其是规模扩大之后,中建二局三公司的原有的传统分包管理模式更是难以满足公司的发展需求。中建二局三公司通过 GEPS 系统,将分包管理分为劳务分包和专业分包管理,主要包括分包商的准入与合格名录管理,以及分包合同的审批、签订、变更、过程结算、最终结算、付款等全过程管理。对分包用量可控制结算量不超过合同量,避免结算时结超。对分包价格可控制合同价超过指导价时的标红预警,同时可以通过查询分包价格平台来实时掌握各个项目真实的分包价格,实现价格共享和对比。

（4）资金管理

中建二局三公司通过 GEPS 资金管理,主要实现了资金计划管理以及资金计划执行情况分析。中建二局三公司可通过管控资金支出不能超过资金计划来实现按计划付款,同时可管理项目的资金收入、资金支出情况,对项目的资金收支情况进行多维度分析,如欠收、欠付、工程收款比例、累计付款比例等,可加强对付款申请的审批,可管控累计付款金额不能超过累计结算金额,避免资金超付现象,管理项目的各类间接费用和其他直接费用,并及时掌握项目的费用情况。自此,中建二局三公司的资金管理得到了更强有力的保障。

截至目前,中建二局三公司的项目管理信息系统功能已基本完善,在公司所有项目中得到了深入应用,公司各体系的核心业务基本实现了信息化管控。信息化建设的最终目的是为项目和公司盈利服务,随着近几年信息系统的深入应用,其对盈利能力的促进作用已日益显现出来:

（1）工作效率明显提高

随着信息系统的深入应用,中建二局三公司各体系的工作效率较早些年已有明显提高,集中体现在审批效率、业务效率、信息反馈效率等方面。

（2）项目管理日益规范

公司、分公司、项目部三级管理架构清晰,策划、实施、评价三段式管理模式井然有序,标准化管理模式在全公司所有项目得到贯彻落实,项目盈利能力得到均衡提高,在一定程度上解决了均质化管理问题。

（3）盈利能力逐年提高

近几年,中建二局三公司无论是合同额、施工产值还是营业利润均逐年上升,始终位于中建股份公司下属号码公司的前列。

信息化建设经验总结:

（1）信息化建设需要足够的资金支持:自 2014 年以来,中建二局三公司每年都保证将一定量的金额应用于信息化建设中。

（2）信息化建设需要公司各级领导尤其是高层领导的高度重视,否则很难推动:中建二局三公司专门成立的组织架构,为信息化建设提供了强有力的制度保障和人员保障。

（3）信息化建设不只是信息中心一个部门的事,需要公司各部门共同参与,各司其职,否则很难深入。

（4）信息化建设需要顶层设计、做好长远规划,要把"真正解决企业的实际问题,真正提高企业的盈利能力"作为核心目标,否则很容易走弯路。自 2000 年至今,中建二局三公司制定了2 个信息化五年规划,8 个信息化年度规划,确保信息化建设方向始终符合公司战略。

（5）信息化建设不宜好高骛远,应脚踏实地地根据企业实际做建设。

思考题:

1.从本项目可以得出哪些有益经验?

2.请以此为基础探讨"智慧工地""智慧建设"。

参考文献

[1] 张迪,金明祥.建筑工程项目管理[M].重庆:重庆大学出版社,2014.

[2] 韩国波.建设工程项目管理[M].重庆:重庆大学出版社,2011.

[3] 刘伊生.建设项目信息管理[M].北京:中国计量出版社,1999.

[4] 胡宝柱.建设项目信息管理[M].北京:水利电力出版社,1994.

[5] 尹素花.建筑工程项目管理[M].北京:北京理工大学出版社,2017.

[6] 安德锋,王晶.建筑工程信息管理[M].北京:北京理工大学出版社,2014.

[7] 王宇静.基于项目信息门户(PIP)的工程项目信息管理研究[J].建筑管理现代化,2007,(02):44-47.

[8] 马升军,徐友全.全生命周期视角下的工程项目信息管理[J].项目管理技术,2009,(02):37-40.

[9] 吕彩虹.建设工程项目信息管理[J].山西建筑,2010,36(26):196-197.

[10] 常虹.工程项目管理中的信息管理系统应用探微[J].科技展望,2015,25(02):1+3.

[11] 崔晓黎.工程项目信息管理与整合探讨[J].中国高新技术企业,2015,(30):195-196.

[12] 乐云,马继伟.工程项目信息门户的开发与应用实践[J].同济大学学报(自然科学版),2005,(04):564-568.

[13] 戴彬.项目信息门户的概念及实施分析[J].同济大学学报(自然科学版),2005,(07):990-994.

[14] 杨亚玲.工程项目信息管理系统[J].建材技术与应用,2001,(04):45-46.

第七章
工程项目风险管理

工程项目投资额大、范围广、工期长、涉及的利益相关方众多,因此所面对的风险也更加复杂多样。项目经理应该意识到风险已经变为工程项目的一个内在的属性。工程项目的风险管理就成为此类项目管理中一个非常重要的方面,与项目的成功息息相关。

第一节 ● 工程项目风险管理概述

一、工程项目风险

(一)风险及其特征

1.风险的定义

风险是项目管理中被广泛运用的一个重要概念,风险无处不在、无时不有,但其定义有不同的表述,包括"风险是损失出现的机会或概率""风险是指对发生某种经济损失的不确定性""风险是一种无法预料的实际后果可能与预测后果存在差异的倾向"等。总的来说,风险的定义可概括为两个基本要素:一是风险发生的不确定性,即活动或事件发生的可能性或概率;二是风险发生的后果,即风险会带来一定的损失。故风险 R 可表示为事件发生概率 P 和事件发生后果 C 的函数:

$$R=f(P,C) \tag{7-1}$$

风险发生的概率和后果严重性越大,则风险越大。

2.风险的特性

风险具有以下几种特性:

(1)随机性

风险事件的发生及其后果都是不确定的。人们长期观察发现,风险事件是否发生,何时发生,发生之后会造成什么样的后果等均无法通过预测而得出确定性的结果。

(2)必然性

个别风险的发生存在不确定性,但风险是客观存在的,是不以人的意志为转移的客观现实,它的发生和存在都是一种必然现象,现实生活中存在着各种各样的风险,百分之百无风险事件在现实生活中不可能存在。

（3）相对性

风险也受接收的主体不同而异,具有相对性,同样的不确定性事件发生在不同的主体上会有不同的影响。人们对于风险事件都有承受能力,但这种能力因活动、人、时间而异。

（4）可变性

在一定条件下任何事物总是会发展变化的,风险事件也同样如此。当引起风险的因素发生变化时,必然会导致风险的变化。风险的可变性包括风险性质的变化,风险后果的变化,出现了新的风险或风险因素已经消除。

（二）工程项目风险及其特征

1.工程项目风险

工程项目具有一次性、复杂程度高、工期长等特点,决定了工程项目实施过程中存在大量的不确定性因素。在项目概念和开发阶段,项目目标设计、可行性研究、计划制订都是在对未来预测的基础上实施的,存在许多不确定性。在项目实施过程中,由于施工生产的露天性、长期性、涉及关系的复杂性、多样性等,也存在着大量、事先不确定的干扰因素,使实际施工与原定的计划偏离,甚至发生灾难性的后果。这些不确定性因素无疑会给工程项目带来负面的影响,我们把对工程项目目标产生不利影响的不确定性干扰因素统称为工程项目风险。

工程项目风险涉及多个主体,包括工程项目的业主/项目法人、工程项目施工单位和工程咨询、设计及监理单位。

2.工程项目风险的特征

工程项目在施工阶段的风险除了具有一般风险的随机性、必然性、相对性和可变性等,还包括以下特征:

（1）规律性

虽然风险具有随机性的特点,但是工程项目风险的形成呈现出一定的规律性,这是由项目的特征和实施的规律性所造成的。这种规律性使人们有可能用概率统计方法及其现代风险分析方法去预测风险,并运用风险应对措施加以控制。

（2）可控性

由于项目实施阶段的工程对象、环境确定性程度高,因而风险因素的范围是可以界定的,使工程项目风险不确定性程度大大减小。工程项目风险具有规律性,也使得管理人员可进行预测。同时,基于大量的工程项目,施工项目管理人员对可能出现的风险进行了系统的总结,对工程项目风险有了较全面的认识,有利于识别和预测工程项目中可能会出现的风险,加之长期的工程实践,目前人们对风险产生后的应对措施和经验不断加强。因而施工项目具有可控性的特点。

（3）相关性

工程项目风险具有相关性的特点,在某一段时间内,风险会随着项目的发展而逐渐扩大。一个活动受到风险干扰,可能影响与它相关的活动,出现更多相关的风险。所以在工程项目中多数风险的影响会随着时间的推移有扩大的趋势。

（4）全局性

工程项目的风险贯穿在项目的规划、设计、实施、经营的整个生命周期中,而不仅仅是在实施阶段。例如,在规划阶段可能出现对市场需求预测失误,可行性研究不足;在设计阶段可能存在构思错误,重要边界条件的遗漏;在施工阶段存在物价上涨、资金缺乏等。不仅如此,前一阶段发生的风险也会影响到下一阶段计划的实施,体现了工程项目风险的全局性。

(三)工程项目风险的产生与分类

1.工程项目风险的产生

工程项目风险的产生有很多因素,主要是由项目产生风险的本身原因造成的,工程项目风险产生的原因主要分为以下几方面:

(1)设计的不确定性

虽然施工活动在开始之前存在设计文件,但由于业主和设计单位对项目的认识不足,往往不能清楚地说明拟建项目的目的、内容、范围、组成以及与环境之间的相互关系,这将导致大量的设计变更,给施工项目带来风险。

(2)计量的不确定性

由于缺少必要的信息、尺度,使得施工项目往往难以准确计量,从而导致施工项目变数增加。

(3)事件后果的不确定性

施工活动中,会出现材料价格波动等许多情况,尽管施工项目管理者可以运用一定的方法进行预测,但是由于其影响因素较多,所以往往无法确认事件的预测结果及其发生概率,从而导致事件后果的不确定性。

2.工程项目风险的分类

(1)按风险的来源分类

按风险的来源分类,可将工程项目分为政治风险、经济风险、法律风险、自然和环境风险、社会风险、技术风险、组织风险、行为风险。

①政治风险。政治风险是政治因素的不确定事件及其可能造成的损失。政治风险通常表现为政局的不稳定性,战争状态、动乱、政变的可能性;国家的对外关系变化;国内的民族矛盾、保护主义倾向增加等。

②经济风险。经济风险指承包商市场所处的经济形势和项目发包国的经济实力及解决经济问题的能力等方面潜在的不确定因素及其可能造成的损失。例如国家经济政策的变化、项目产品的市场变化、外汇汇率的变化等。

③法律风险。法律风险指相关法律内容的频繁变化或有关法律不健全;因对相关法律未能全面、正确的理解,而导致工程中出现触犯法律等行为。

④自然和环境风险。自然与环境风险是指反常的恶劣天气(如雨雪天气、冰冻天气),罕见的地质灾害(如地震、泥石流),以及不良的运输条件等因素而产生的风险。

⑤社会风险。社会风险指宗教信仰的影响和冲击、社会治安的稳定性、社会的禁忌、劳动者的文化素质等因素及其可能造成的损失。

⑥技术风险。施工项目技术风险是指技术条件的不确定而引起可能的损失或工程项目目标不能实现的可能性,主要出现在工程方案选择、工程设计、工程施工等过程中。

⑦组织风险。组织风险指由于项目中利益相关方关系不协调及其他不确定性而引起的风险。

⑧行为风险。行为风险指个人或组织的疏漏、过失、恶意等不当行为造成财产损失或人员伤亡的风险。

（2）按风险对项目目标的影响分类

按施工项目目标的实现程度，可将施工项目风险分为进度风险、质量风险、费用风险、安全风险和信用风险。

①进度风险。进度风险即造成局部的或整个工程的工期延长，不能及时投入使用的风险。

②质量风险。质量风险包括材料、工艺、工程不能验收通过，工程试生产不合格等风险。

③费用风险。费用风险包括成本超支、投资追加、收入减少、回报率降低等风险。

④安全风险。安全风险包括人身伤亡以及工程或设备的损坏。

⑤信用风险。信用风险会对企业的形象和信誉造成损害。

（3）按风险的行为主体分类

按风险的直接行为主体划分，可将施工项目风险分为业主和投资者风险、承包商风险、项目管理者风险和其他主体风险。

①业主和投资者风险。例如，业主和投资者可行性研究不充分，支付能力差；宏观管理不力、盲目干预，随意改变项目目标，非程序地干预工程等。

②承包商（包括分包商、供应商）风险。例如，由于技术能力和管理能力不足而难以保证进度、安全和质量要求；财务状况恶化，无力采购和支付工资；错误理解业主意图和招标文件等。

③项目管理者（包括监理师）风险。例如，项目管理者的管理能力和专业知识不足而下达错误的指令；缺乏应有的职业道德而使项目遭受损失等。

④其他主体风险。例如，政府部门的不当干预；项目周边居民或单位不配合工作等。表7-1为工程项目风险分类表。

表 7-1 工程项目风险分类表

分类依据	风险种类	内容
风险来源	政治风险	国家政治方面给项目带来意外干扰的风险，如战争、内乱等
	经济风险	通货膨胀；汇率波动；市场动荡；分包商的财务风险；业主资金的可得性等
	法律风险	法律不健全、有法不依、执法不严；法律和法规的变化
	自然与环境风险	洪水、地震、火灾、飓风等自然灾害；复杂的工程地质条件，恶劣的气候等
	社会风险	社会治安状况、宗教信仰的影响、劳动者素质等给项目带来的不利影响
	技术风险	设计的失误、忽略、错误和遗漏；应用规范不合理或不充分；没有充分考虑现场条件等施工安全事故；施工技术和方案不合理；结构破坏、设备损坏等
	组织风险	业主与上级管理部门、设计方、施工方以及监理方之间的协调；业主内部的组织协调等
	行为风险	业主、设计人员、工人等素质不高；期内争端和罢工等

（续表）

分类依据	风险种类	内容
风险的行为主体	承包商	企业经济实力差,财务状况恶化,不能很好地履行合同;对项目环境调查、预测不准确,错误理解业主意图和招标文件;施工技术、方案不合理;项目组织结构不合理、不健全等
	业主和投资者	经营状况恶化,支付能力差或撤走资金,改变投资方向或项目目标;管理能力差,不能很好地与项目相关单位协调沟通等
	项目管理者	起草错误的招标文件、合同条件;缺乏职业道德和公正性等
	其他	权力部门的不合理干预;施工现场周边居民、单位的干预等
风险对目标的影响	进度风险	造成局部或整个工程的工期延长,项目不能及时投产
	质量风险	材料、公益、工程不能通过验收,工程质量评价为不合格
	费用风险	报价风险、财务风险、利润降低、成本超支、投资追加、收入减少
	安全风险	造成人身伤亡或设备的损坏
	信用风险	企业形象和信誉的损害

二、工程项目风险管理的概念、阶段、意义和作用

（一）工程项目风险管理的概念

有一些风险可以在事前预测,但有一些风险未必可以成功预测。风险管理就是尽可能多地识别潜在的风险,预防和控制风险,并及时应对那些未能提前预见的风险。工程项目风险管理是指项目管理者对工程项目可能遇到的风险进行识别、评估、应对、监控的动态过程,通过科学的方法和手段管理风险并最大化保障工程项目目标的实现。

当然,风险管理并不代表要完全避免风险的发生,有时完全避免风险也伴随着高昂的成本代价。工程项目风险管理的目标是控制和处理工程项目风险,以最低成本取得对项目保障的满意结果,防止和减少项目中的损失,减轻或消除风险的不利影响,保障项目的顺利进行。

（二）工程项目风险管理的阶段

工程项目风险管理包括风险识别、风险评估、风险应对和风险监控四个阶段,它们之间的关系如图 7-1 所示。

1.项目风险识别

风险识别是对存在于项目中的各种风险根源或者不确定性因素按其产生的背景原因、表现特点和预期后果等进行定义、识别,对所有风险因素进行科学的分类,以便下一步采取不同的分析方法进行评估。在工程项目中,风险识别不是一个单一的过程,它是一项贯穿于项目实施全过程的反复的活动,因为在项目的生命周期中,随着项目的进展和外部环境的变化,风险也会随之改变,需要再一次进行识别。

2.项目风险评估

识别项目风险后,需对其进行评估,即将项目风险事件发生的可能性和损失后果进行量化

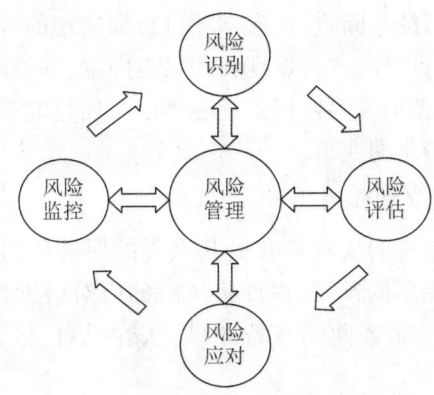

图 7-1　工程项目风险管理的四个阶段

的过程。风险评估是在风险规划和识别之后,运用定性和定量的方法,对项目的具体风险的风险大小进行估计,然后对项目风险进行综合评价,找出项目的关键风险,确定项目的整体风险水平,为如何应对风险提供科学依据,以保障项目顺利进行。风险评估包括定性风险分析与定量风险分析两种方法。

（1）定性风险分析

定性风险分析是指通过考虑风险发生的概率,风险发生后对项目目标的影响程度和其他因素,对已识别风险的优先级进行评估。定性风险分析包括为了采取进一步的行动,对已识别风险进行优先排序,关注高优先级风险来有效控制工程项目中的风险。

（2）定量风险分析

定量风险分析是指在定性风险分析后,对项目存在潜在重大影响而排序在先的风险进行进一步的分析,是在不确定情况下进行决策的一种量化方法。进行定量风险分析要从三个方面考虑:

①风险影响

风险影响是指风险发生可能对项目造成的影响大小。

②风险概率

风险概率为风险发生可能性的百分比表示,是一种主观判断。

③风险值

风险值是评估风险的重要参数,计算公式如下:

$$风险值 = 风险概率 \times 风险影响$$

3.项目风险应对

完成风险评估后,就已确定了项目中存在的风险以及它们发生的可能性和对项目的风险冲击,并得到风险的优先级排序列表。项目风险应对是确定工程项目风险事件最佳对策组合的过程,主要根据风险评估的结果,对不同的风险事件选择最适宜的风险对策,从而形成最佳的风险对策组合。在项目风险应对阶段中要输出一个风险应对计划,来保证实现项目目标的计划以减少威胁。风险应对计划主要包括已识别的风险及其描述、风险应对策略及行动计划、风险应对相应负责人、应急计划等。

4.项目风险监控

在项目实施过程中,要不断地跟踪检查各项风险应对策略的执行情况,并评价各项风险对策的执行效果。因为随着项目的不断进行,影响项目目标实现的各种因素都在发生变化,只有适时地对风险对策的实施进行监控,才能发现新的风险因素,并及时对风险应对计划和应对措施进行修改和完善。此外,完整的风险监控系统还可以与项目的变更记录系统相关联,使利益相关方更加清晰地掌握风险带来的变更。

(三)项目风险管理的意义和作用

风险管理的四个阶段对项目的成功具有极其重要的促进作用。通过对项目风险的识别,对可能发生的风险做到尽可能多的预测,以便将风险的应对措施编制到项目规划之中。在项目实施过程中,当风险发生时能够做到有备无患,从容应对,尽量避免,或减小风险带来的损失。

对项目风险进行评估有利于项目经理全面了解可能的风险的等级,有的放矢,对不同严重等级的风险采取不同的应对方式,也有利于测算合理的风险预留金。

风险的应对是保证项目团队成员能够对风险采取最迅速的反应,及时控制风险产生的后果,或及时缩小风险扩散的程度的有效手段。

风险监控是在建立一个风险注册管理系统的基础上对预测的风险和已经发生的风险进行实时监控的过程,这对于项目团队准确的采取风险应对措施和对实施措施之后的效果评估具有极其重要的作用。

第二节 ◉ 工程项目风险识别

🚩 一、工程项目风险识别的概念

项目风险识别(Risk Identification)是系统、全面地识别影响工程项目目标实现的风险事件,并加以适当归类的过程,是项目管理者识别风险来源、确定风险发生条件、描述风险特征并初步评价风险影响的过程。所以,风险识别是项目风险管理的基础,是风险管理非常重要的一个阶段。简而言之,项目风险识别就是确定哪些风险事件可能影响项目,并将这些风险的特性整理成文档,进行合理分类。风险识别需要确定三个相互关联的因素:

(1)风险来源:时间、费用、技术、法律等。

(2)风险事件:给项目带来积极或消极影响的事件。

(3)风险征兆:又称为触发器,是指实际的风险事件的间接表现。

🚩 二、工程项目风险识别过程

识别风险的过程包括对所有可能的风险事件来源和结果进行客观的调查分析,最后形成项目风险清单,一般按以下步骤进行:

1.工程项目不确定性分析

影响工程项目的因素很多,其中许多都是不确定的。风险管理是要对这些不确定因素进行分析,识别其中有哪些不确定因素会使工程项目发生风险,分析潜在损失的类型或危险的类型。

2.建立初步风险源清单

在项目不确定性分析的基础上,将不确定因素及其可能引发的损失类型或危险性类型列成清单,作为进一步分析的基础。对每一种风险来源均要做文字说明,说明中一般要包括:风险事件的可能后果;风险事件发生时间的估计;风险事件预期发生次数的估计等。

3.确定各种风险事件和潜在结果

根据初步清单中列出的各种重要的风险来源,推测与其相关联的各种合理的可能性,包括盈利和损失、人身伤害、自然灾害、事件和成本、节约或超支等方面,重点应是资金的财务结果。

4.进行风险分类

对风险进行分类不仅可以加深对风险的认识和理解,而且也辨清了风险的性质,从而有助于制定风险管理的目标。风险分类有多种方法,普遍的分类方法是依据风险的性质和可能的结果及彼此间可能发生的关系进行风险分类。常见的分类形式是以由若干个目录组成的框架形式,每个目录中都列出不同种类的风险,并针对各个风险进行全面的调查。这样可避免仅重视某一风险而忽视其他风险的现象。

图 7-2 为某一工程项目的风险分类框架图,每一个目录中列出了项目中可能发生的具体风险。

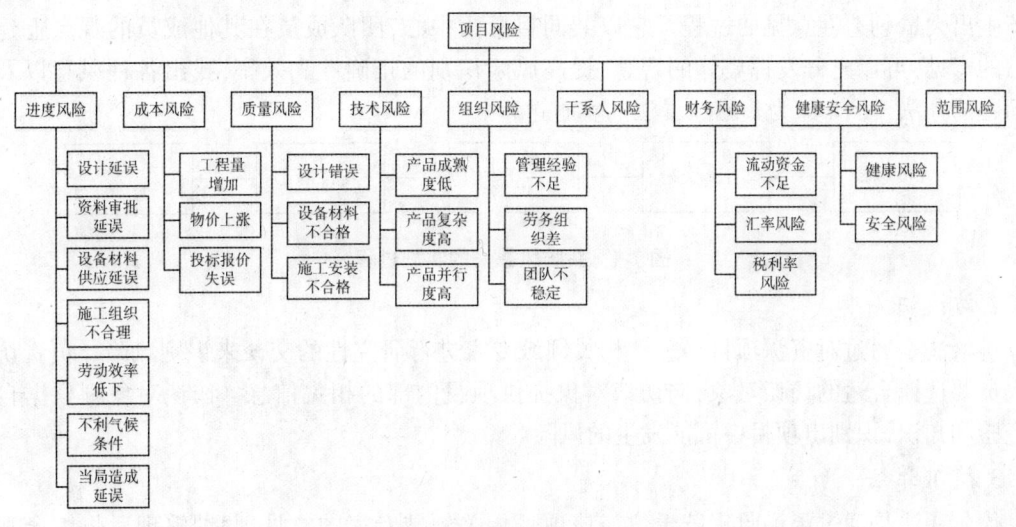

图 7-2 风险分类框架图

5.建立工程项目风险清单

按工程项目风险的大小或轻重缓急,将风险事件列成清单。工程项目风险清单的编制一般应在风险分类分组的基础上进行,并对风险事件的来源、发生时间、发生的后果和预期发生的次数做出说明。

图 7-3 为工程项目风险识别的过程。

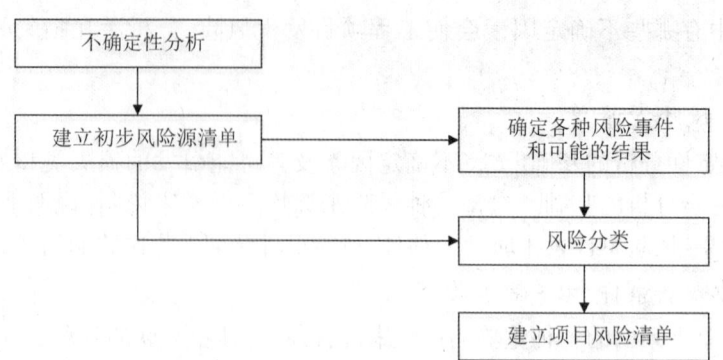

图 7-3　工程项目风险识别过程

三、工程项目风险识别方法

（一）专家调查法

1.头脑风暴法

头脑风暴法是一种通用的激发想象力和创造性的方法,即召集一批项目组织成员或具体问题专家,通过营造一个无批评的自由的会议环境,使成员畅所欲言、充分交流、互相启发,进而产生出大量创造性意见的过程。它以共同目标为中心,团队成员在其他成员的观点上建立自己的意见,可以充分发挥集体的智慧,提高风险识别的正确性和效率,找出各种风险以及解决问题的办法。图 7-4 为头脑风暴法的实施过程。

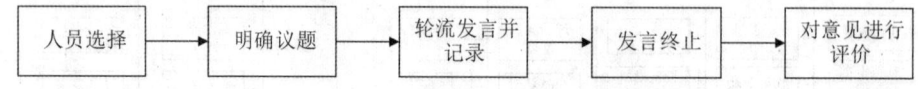

图 7-4　头脑风暴法的实施过程

2.访谈法

访谈法是通过对资深项目经理和相关领域专家进行研究性的交谈来识别风险。负责访谈的人员要选择合适的访谈对象,向访谈对象提供项目内部的相关信息。访谈对象则根据自己的经验和知识,识别出项目中可能发生的风险。

3.德尔菲法

德尔菲法是通过函询收集若干位与该项目相关领域专家的意见,归纳整理后将综合观点再反馈给专家,再次征询意见,其实施过程见图 7-5。这样通过多轮次调查专家对问卷所提问题的看法,反复征询、归纳、修改,最后汇总成专家基本一致的看法作为预测的结果。它依据系统的程序,采用匿名发表意见的方式,专家只能与调查人员交流,专家之间不得相互讨论。

（二）核对表法

核对表法是把类似的工程项目中所经历过的风险事件及其来源罗列出来,形成预先编制好的项目风险核对表。项目管理人员在利用风险核对表识别风险时,容易开阔思路,通过对照这些核对表清单中列出的各种风险去检验项目,进而联想到本项目会有哪些可能存在的风险,有助于提醒管理人员还有哪些风险尚未考虑。

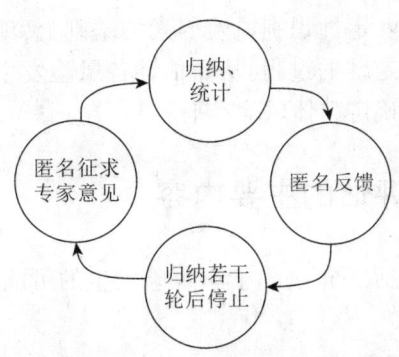

图 7-5　德尔菲法的实施过程

（三）情境分析法

情境分析法是指在推测的基础上,对可能的未来情境加以描述,同时将一些有关联的单独预测集形成一个总体的综合预测。情境分析法通过对项目未来的某个状态或某种情境进行详细的描述,进而分析所描绘情境中的风险与风险要素,从而预测和识别项目中的风险。这种方法一般需要先给出项目情境描述,然后变动项目某个要素,再分析变动后项目情况变化和可能的风险与风险后果等。

情境分析法通过情境描述与模拟,可以分析和识别项目风险发生后会出现的后果。改变项目风险影响因素等方式,可以分析和识别项目风险可能影响的范围。通过某些项目风险的模拟情境进行监测并根据风险发展变化找出影响风险的关键因素。

当各种项目风险识别工作的结果相互矛盾时,情境分析法可用于检测项目风险识别工作的结果,并通过改变风险变量的情境模拟和分析,检测项目风险识别的结果。

（四）流程图法

将每个工程项目的建设活动按步骤或阶段顺序以若干个模块的形式组成一个流程图系列,在每个模块中都标出各种潜在的风险因素或风险事件,从而给决策者一个清晰的总体印象。流程图的类型有很多,在风险识别时,可根据需要建立流程图,找出各步骤或各阶段不同的风险因素或风险事件,以达到风险识别的目的。

（五）财务报表法

财务报表有助于确定一个特定的工程项目可能遭受哪些损失以及在何种情况下遭受这些损失。分析资产负债表、现金流量表、营业报表及有关补充资料,可以识别企业当前的所有资产、责任及人身损失风险,将这些报表与财务预测、预算结合起来,可以发现工程项目未来的风险。

第三节 ◉ 工程项目风险评估

一、工程项目风险评估的概念

前面的风险识别是从定性的角度识别工程项目中的风险,识别风险后还要进一步对风险

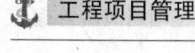

进行深入的分析。风险评估是在定性识别风险因素的基础上,项目管理人员通过风险分析技术来定性和定量分析项目不确定性的过程,从而估计各风险发生的概率及其可能导致的损失大小,找到项目中的关键风险,确定整体风险水平。

二、工程项目风险评估的主要内容

工程项目风险评估主要包括三个方面内容:风险发生的可能性分析、风险事件的后果分析和风险级别。

(一)风险发生的可能性分析

工程项目风险估计的第一项任务是分析和估计风险事件发生的概率与概率分布,即风险事件发生可能性的大小,这是风险估计中最重要也最困难的一项工作。因为很难收集与风险事件相关的历史资料和数据,同时不同工程项目差别很大,用相似的工程项目数据推断当前的工程项目风险概率,可能产生较大误差。在数据和资料不充分的情况下,风险管理人员可利用理论的概率分布或主观概率进行估计。若风险管理人员有足够的数据和历史资料,可直接根据这些资料来确定风险事件的概率。

(二)风险事件的后果分析

工程项目风险估计的第二项内容是对风险事件的后果估计。风险事件发生的后果有大有小,严重的风险事件后果会对工程项目的实现造成非常不利的影响,如进度延误、费用超支和安全事故等,故要对具体的工程项目风险进行风险事件后果估计。对风险事件发生的后果,可从风险性质和损失大小、风险发生的时间和频次以及风险影响范围三个角度衡量。

1.风险性质和损失大小

风险性质是指风险造成的损失性质,如政治性、经济性或技术性等。损失大小则是风险发生后对项目目标实现造成的不利影响。项目的损失主要包括四个方面:费用超支、进度延期、质量事故、安全事故。

(1)费用超支:指风险发生造成项目费用的损失,反映在项目费用各组成部分的超支上。例如,通货膨胀引起物价上涨,影响了后期采购和劳动力成本等费用支出,使工程费用超出预算。

(2)进度延期:表现为各阶段工作或整体进度的延期上,如由于设计图纸提供不及时使得工期不能按原计划进行。

(3)质量事故:工程质量不符合规定的质量标准或设计标准。

(4)安全事故:在工程项目建设过程中,由于操作失误等导致的人身安全、健康等事故。

2.风险发生的时间和频次

估计风险事件出现的时间,风险控制工作可根据风险发生的时间的先后顺序进行。一般来说,早发生的风险应该采取优先控制办法;而相对晚发生的风险,可对其进行观察和追踪,把握机遇,以较低的风险控制成本对其进行控制。除此之外,对于发生概率和后果随时间变化的风险事件,完全可以通过时间上的合理安排而使风险得到控制。例如,工程项目部分工作在冬季施工发生安全事故的风险大大增加,因此,将这部分工作安排在夏季,可有效地控制该安全事故风险。

风险事件发生的次数对工程项目也有较大影响。例如,发电站排放有害气体虽然在短期不会有什么后果,但长久下来不但污染环境,甚至会对周围的居民和动物造成危害。除此之外,如果工程项目一次性遭受数额较大的损失,可能会使项目因资金不足而中断,但若能控制其发生的频数,同样数额的损失分几次发生,就降低了风险对项目的影响。

3.风险的影响范围

工程项目风险事件影响范围的估计包括两个方面:一是估计风险事件影响当前工作或其他相关工作的范围;二是要估计对利益相关方的影响范围。工程项目具有复杂性、庞大性等特点,各种活动、事件和组织相互联系、相互制约,风险发生时不仅会影响当前的单方面的工作,还会影响各个方面一系列的活动,同时可能对组织产生影响。对于工程项目实施过程中的某些风险事件,虽然其发生概率不大、发生后果也不是很严重,但是如果一旦发生,就会影响项目的许多方面,造成连锁反应,这时就要对这类的风险进行严格的控制。

(三)风险级别

风险存在于工程项目的方方面面,但不是所有的风险都需要控制,否则反而会投入大量的管理成本。因此风险级别的分析有助于管理者关注关键风险,高概率与高影响风险可能需要做进一步分析,包括量化以及积极的风险管理。我们可以用风险坐标图和矩阵图分析两种方式来评估风险级别。

1.风险坐标图

风险坐标图主要是对项目风险发生的可能性、风险的影响后果两个维度进行定性评估,得出一个风险的风险级别。它可以用来估计所有已识别的工程项目中的风险,进而对项目潜在的负面影响进行排序。有了这样的排序,项目经理就能重点关注处理危害性最大的风险。

图7-6是目前常用的3×3概率影响矩阵,矩阵分为风险的后果和可能性两个维度,等级则分为三类:高、中、低。可能性与后果组合共有9种情况,那么概率影响矩阵就可将工程项目中的风险分为9类。表7-2是利用概率影响矩阵来评估风险的例子,从例子中可以看出,风险的影响后果和发生可能性一个高一个低时,其潜在影响处于中等水平;若两者都较高,则其潜在影响大。

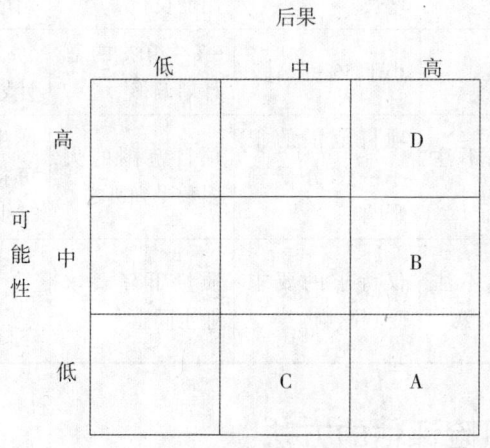

图7-6 3×3概率影响矩阵

表 7-2　利用概率影响矩阵来评估风险的例子

风险因素	后果	可能性	潜在影响
A.发生火灾	高	低	中
B.设计缺陷	高	中	大
C.超支	中	低	小
D.市场变化	高	高	大

2.矩阵图分析

矩阵图分析与风险坐标图相似,可以将概率与影响的标度结合起来,以此为依据建立一个对风险或风险情况评定等级(极低、低、中、高、极高)的矩阵。进行风险级别评定时,每项风险要有自己的矩阵与风险标度。

风险的概率由专家参照有关方面的历史数据来确定,概率值介于 0(不发生)到 1(肯定发生)之间。然而实际中可能没有历史资料可利用,所以风险概率估计是很困难的。因此可以采用序数尺度来确定出从几乎不可能(值为 0)到完全确定(值为 1)的相对概率值,也可以用普通尺度对具体概率赋值,如 0.1、0.3、0.5、0.7、0.9。

风险的影响尺度反映的是它对项目目标所产生影响的严重程度。影响的确定可采用基数尺度或序数尺度。基数尺度即经简单排序的值,如较低、低、中、高和非常高;序数尺度值赋给风险的影响,这些值通常成线性(如 0.1、0.3、0.5、0.7、0.9),但也可以是非线性的(如 0.05、0.1、0.2、0.4、0.8),它反映组织规避高影响风险的愿望。表 7-3 是用项目目标评价风险影响的例子,它解释了风险影响在基数尺度或序数尺度中应用的方法。

表 7-3　用项目目标评价风险影响的例子

项目目标	一项风险对项目目标的影响评价				
	非常低 (0.05)	低 (0.1)	中等 (0.2)	高 (0.4)	非常高 (0.8)
费用	微小的费用增长	小于5%的费用增长	5%~10%的费用增长	10%~20%的费用增长	大于20%的费用增长
计划	微小的偏移	小于5%的偏移	5%~10%的总计划偏移	5%~10%的总计划偏移	大于20%的总计划偏移
范围	几乎可以不注意的范围减小	项目范围的很小一部分受到影响	项目范围的大多数受到影响	产生了业主不可接受的范围减少	项目的最终产品无用
质量	几乎可以不注意的质量降低	仅苛求的要求受到影响	质量下降要求业主同意	产生了业主不可接受的质量下降	项目最终产品不可用

三、工程项目风险评估的方法

在评估工程项目风险中,常见的定性和定量评估方法有很多种。定性评估方法有:专家评分法、层次分析法、模糊数学法等。定量评估方法有:盈亏平衡分析法、敏感性分析法、统计和概率法、蒙特卡洛模拟法等。本书详细介绍专家评分法、盈亏平衡分析法、敏感性分析法、层次分析法、模糊数学法、蒙特卡洛模拟法。

(一)专家评分法

专家评分法是一种最常用的且易于应用的分析方法,适用于缺乏项目具体数据资料的决策前期。具体步骤如下:

(1)识别出某一项目可能遇到的各种风险,列出风险调查表,如表7-4所示。

(2)专家根据其经验对风险因素的重要性进行评价,确定每个风险因素的权重,来表示其对项目风险的影响程度。

(3)确定每个风险因素的等级值,按可能性很大、比较大、中等、不大、较小五个等级,分别以 1.0、0.8、0.6、0.4 和 0.2 打分。

(4)将每项风险因素的权数与等级值相乘,求出该项风险因素的得分。再求出此工程项目风险因素的总分,得到项目的整体风险水平,总分越高,风险越大。

表7-4是某工程项目风险调查表,表中 $W \times C$ 表示风险度,即一个项目的风险程度。

表7-4 某工程项目风险调查表

可能发生的风险因素	权数(W)	风险因素发生的可能性(C)					$W \times C$
		很大 1.0	比较大 0.8	中等 0.6	不大 0.4	较小 0.2	
法律和法规的变化	0.10			√			0.06
政府过多干涉	0.15				√		0.06
汇率浮动	0.05			√			0.03
技术失败	0.20			√			0.12
原材料涨价	0.10		√				0.08
设计变更	0.15		√				0.12
工期延误	0.25				√		0.10
总风险水平							0.57

(二)盈亏平衡分析法

盈亏平衡分析法又称量本利分析法,目的是通过分析产品产量、成本与盈利之间的关系,找出盈利和亏损的临界点,来评估各种不确定性因素作用下工程项目的风险状况。盈亏平衡点越低,说明项目适应变化能力越强,承受风险能力越大;反之,项目承受风险能力越小。由于销售收入与销售量,销售成本与销售量之间存在线性和非线性关系,因此盈亏平衡分析也分为线性盈亏平衡分析和非线性盈亏平衡分析。本节主要探讨线性盈亏平衡分析的计算方法。

线性盈亏平衡分析是指项目的销售收入与销售量,销售成本与销售量之间的关系为线性关系情况下的盈亏平衡分析。

1.盈亏平衡产量

设 Q 为产品销量,P 为产品价格,B 为销售收入,C 为总成本费用,C_f 为固定成本,C_v 为单位

产品变动成本,在盈亏平衡点销售收入等于总成本$B=C$,即

$$PQ = C_f + C_v Q \qquad (7-2)$$

则得到盈亏平衡产量公式如下:

$$Q^* = \frac{C_f}{P - C_v} \qquad (7-3)$$

当项目实际产量达不到盈亏平衡点,即$Q^* < Q$时,项目亏损;达到盈亏平衡点,即$Q^* = Q$时,项目利润为零;超过盈亏平衡点,即$Q^* > Q$时,项目盈利。从风险管理的角度出发,项目管理人员要保证项目的产出超过产量盈亏平衡点。

2.项目生产负荷率

设项目的年设计产出能力为Q_t,则项目生产负荷率(BEP)为盈亏平衡点Q^*与年设计产出能力的比值,公式如下:

$$BEP = \frac{Q^*}{Q_t} \qquad (7-4)$$

生产负荷率是衡量项目生产负荷状况的重要指标。在项目的多个方案中,生产负荷率越低,则项目风险系数越小。一般认为,当生产负荷率不超过0.7时,项目能够承受较大的风险。

（三）敏感性分析法

敏感性分析是指通过测定一个或多个不确定因素的变化所导致的决策评价指标的变动幅度,了解各种因素的变化对实现项目目标的影响程度,从而确定项目风险的大小。敏感性分析的作用体现在三个方面:第一,它可以找出影响项目经济效益变动的敏感性因素,分析敏感性因素和非敏感性因素变动的原因,为进一步进行不确定性分析提供依据;第二,敏感性分析可确定敏感性因素的变动引起项目经济效益变动的范围,分析判断项目承担风险的能力;第三,敏感性分析比较分析各备选方案的风险水平,实现方案优选。通过敏感性分析,我们可得到成本对影响因素的敏感性排序,了解工程目标成本对哪个因素的变化最敏感,为决策者提供决策支持。

根据所分析的因素的多少,敏感性分析可分为单因素敏感性分析和多因素敏感性分析。敏感性分析的一般步骤为:

（1）确定具体的评价指标。

（2）选择要分析的不确定因素,并设定其变动范围及其增量。

（3）选定评价方法。

（4）根据所选定的评价方法,计算各不确定因素对项目目标的影响程度。

（5）根据计算结果,分析各因素的敏感性,确定出敏感因素,得出结论。

图7-7所示为敏感性分析常用的龙卷风图,评价指标为项目总成本,不确定因素为6个变量A、B、C、D、E、F。每次变动其中一个变量,保持其余5个变量不变,分析变动的变量每一单位的变化会给项目总成本带来多大的影响。在该图中,由上到下对应变量影响程度的由大到小,对结果影响最大的变量就是最敏感的变量,需要优先考虑做出风险应对计划。

（四）层次分析法

层次分析法(Analytial Hierarchy Process, AHP)是一种定性与定量相结合的评价方法,其特点在于可以细分工程项目风险评价因素和权重体系,采用两两比较法,提高了评价的准确

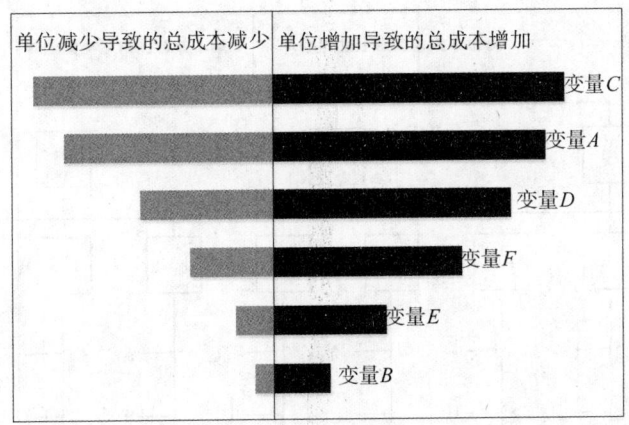

图 7-7　龙卷风图

性,通过分析结果对其逻辑性、合理性进行判别。层次分析法共分为 8 个步骤,图 7-8 为层次分析法的步骤流程。

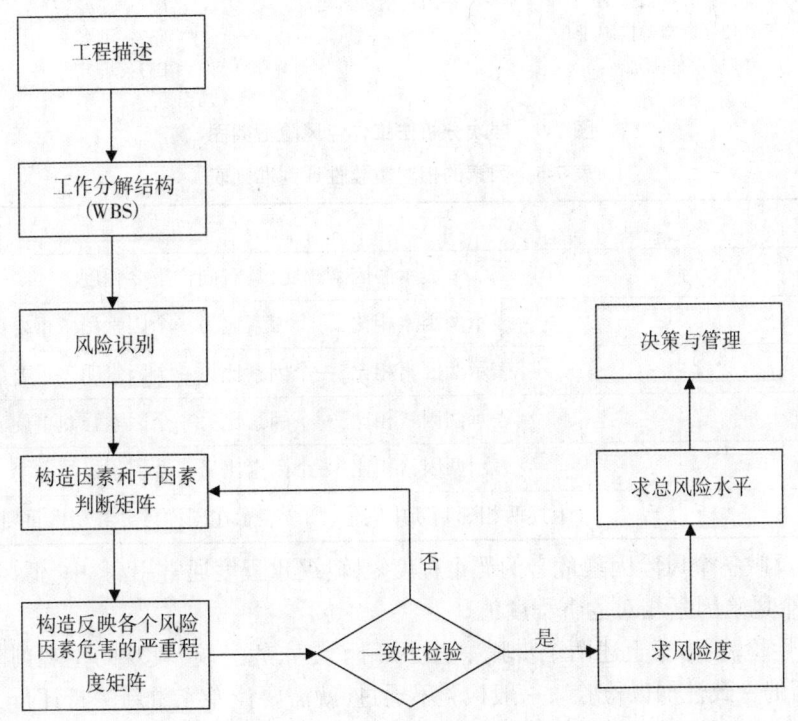

图 7-8　层次分析法的步骤流程

（1）工作分解结构（WBS）:按工作相似性原则把整个项目分解成可管理的工作包,然后对每一个工作包进行风险分析。

（2）风险识别:首先对每个特定工作包进行风险分类和识别,可通过专家调查等方法,然后构造出风险层次框架图,如图 7-9 所示。

（3）构造因素和子因素判断矩阵:邀请专家,按表 7-5 中所示的规则对因素层和子因素层间各元素的相对重要性给出评判,求出各元素的权重值。

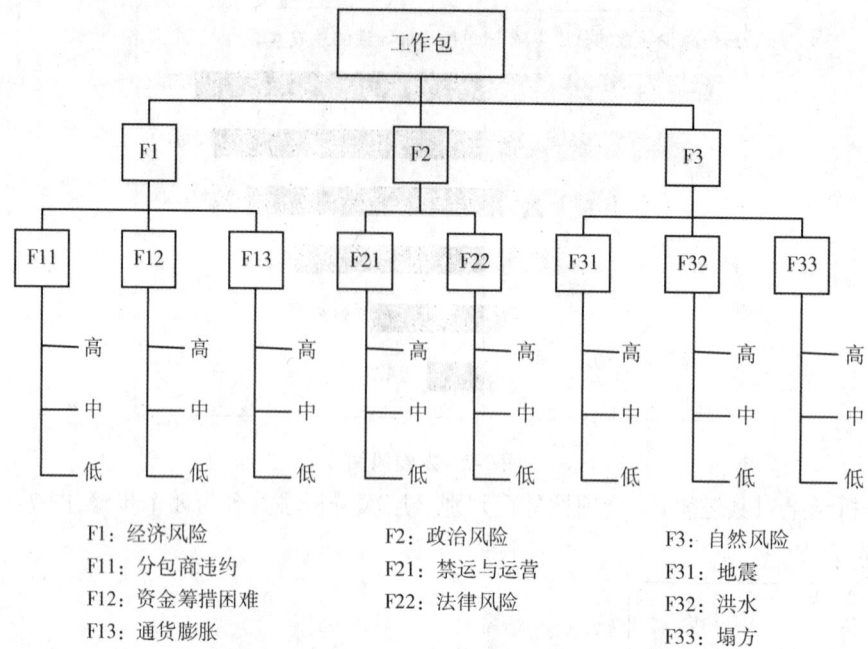

F1：经济风险   F2：政治风险   F3：自然风险

F11：分包商违约   F21：禁运与运营   F31：地震

F12：资金筹措困难   F22：法律风险   F32：洪水

F13：通货膨胀   F33：塌方

图 7-9　层次分析法工作包风险框架图

表 7-5　因素的相对重要性评判准则表

标度	含义
1	表示两因素相比,具有同样重要程度
3	表示两因素相比,一个因素比另一个因素稍微重要
5	表示两因素相比,一个因素比另一个因素明显重要
7	表示两因素相比,一个因素比另一个因素强烈重要
9	表示两因素相比,一个因素比另一个因素极端重要
2,4,6,8	上述两相邻判断中间值,如 2 表示在同样重要和稍微重要之间

（4）构造反映各个风险因素危害的严重程度矩阵:严重程度通常用高、中、低风险三个概念表示,求出各个风险因素相对危害程度值。

（5）一致性检验:由于上述两个步骤中,均采用了专家凭经验、直观的主观判断,则需要对专家主观判断的一致性加以检验。一般检验不通过,就需要让专家重新进行评价,调整其评价值,然后再检验,直到通过为止。一般一致性检验指标不超过 0.1 即可,C_1 的计算公式如下:

$$C_1 = \frac{\lambda_{\max} - n}{n - 1} \tag{7-5}$$

其中 n 为判断矩阵阶数;$\lambda_{\max}$ 为判断矩阵阶数的最大特征值。

（6）求风险度:把所求出的各子因素相对危害程度值统一起来,就可求出该工作包风险处于高、中、低各等级的概率值大小,由此可判断该工作包的风险程度。

（7）求总风险水平:把组成项目的所有工作包都如此分析评价,并把各工作包的风险程度统一起来,就可得出项目的总风险水平。

(8)决策与管理:根据分析评估结果制定相应的决策并实行有效的管理。

(五)模糊数学法

在经济评价过程中,有很多影响因素的性质和活动无法用数字来定量描述,其结果也是含糊不定的,无法用单一的准则来判断,但可以利用历史经验或专家知识,用语言表述出风险及其可能的影响结果。现有的绝大多数风险分析模型都是基于需要数学的定量技术,而分析时的相关信息却很难用准确的数量表示。对于这种复杂的事物,具有边界模糊性的特点,最适合采用模糊数学法来解决这方面问题。模糊数学能提供合理的数学规则去解决变量问题,相应得出的数学结果又能通过一定的方法转化为语言描述,因此这一方法目前在工程项目风险中被大量应用。

(六)蒙特卡洛模拟法

风险的特点决定了风险管理是一个动态的过程。在风险管理的初期,各个风险因素的状态具有不确定性,随着项目的进行,项目的风险因素的确定性提高,其状态也会被掌握得更清楚。但总的来说风险因素的不确定性仍很大,其状态不可能为一个精确的值,这时应用蒙特卡洛模拟法可以很好地解决这方面问题。

蒙特卡洛模拟法(Monte Carlo Simulation,MCS)又称随机模拟或统计实验法,它是估计工程项目风险常用的一种方法。该方法通过随机变量的统计实验、随机模拟求得近似解,它以概率统计理论为主要理论基础,以随机抽样为主要手段,来对可能发生的风险规律进行模拟。不同于敏感性分析受一维元素变化的局限,蒙特卡洛模拟法中所有的元素都同时受风险不确定性的影响,并把这种不确定性在投资(成本)方面的影响以概率分布的形式表示出来,通过计算机软件来对模拟过程进行处理,可节约大量时间。

项目中常用蒙特卡洛模拟法来模拟项目的日程,通过对项目的多次"预演"得出图7-10所示的项目进度日程的统计结果。该图表明了完成项目的累计可能性与某一时间点的关系,项目固定完成工期越靠左,则按时完成项目的风险越高;反之风险越低。蒙特卡洛模拟法也常被用来估算项目成本可能的变化范围。图7-10为一个工程项目进度日程的蒙特卡洛模拟模型。

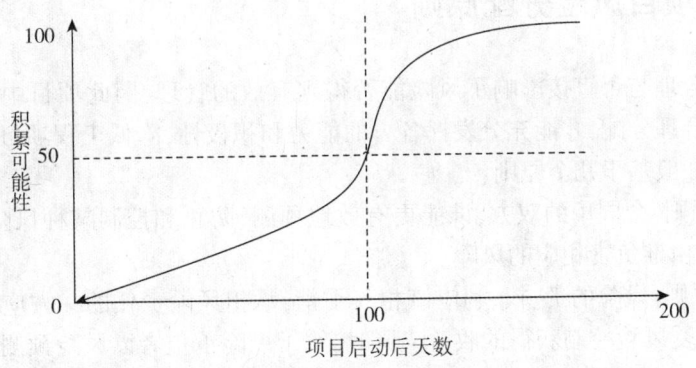

图 7-10 一个工程项目进度日程的蒙特卡洛模拟模型

第四节 ● 工程项目风险应对

一、工程项目风险应对的概念

风险应对就是指面对风险应采取的措施,提出处置意见和办法,尽可能规避、减少或降低风险,顺利完成项目目标。通过前两个阶段对项目风险的识别和评估,综合考虑项目风险发生的概率、损失严重程度以及其他因素,可得出项目发生各种风险的可能性及其危害程度,再与公认的安全指标相比较,就可确定项目的危险等级,从而决定应采取什么样的应对措施以及措施应采取到什么程度。

在这一阶段,应输出一个工程项目风险应对计划(Risk Response Planning)。工程项目风险应对计划就是针对已经识别出来的风险及其重要程度,制订应对风险策略(或方案)和削减措施工作的计划和安排,是工程项目管理的目标、程序、责任和措施等内容的全面规划。其具体内容主要包括:

(1)工程项目风险已识别风险的描述和定义,包括项目分解、风险成因和对项目目标的影响等。

(2)工程项目风险分配,即风险承担人及其应分担的风险。

(3)风险分析及其信息处理过程的安排。

(4)针对每项风险,所用应对措施的选择和实施行动计划。

(5)采取措施后,期望残留风险的水平的测定。

(6)风险应对的费用预算和时间计划。

(7)处置风险的应急计划和退却计划。

二、工程项目风险分配原则

风险分配的合理与否直接影响了风险能否得到有效的管理,因此项目中的风险应在项目利益相关方之间合理分配,才能充分发挥各方的能力和积极性,降低工程项目中的成本。工程项目的风险分配一般基于几个原则:

(1)有效性原则:合同中的双方,谁能更有效地预测、防止和控制某种风险,或能减少该风险引起的损失,就由谁负责相应的风险。

(2)合理性原则:风险的责、权、利应该相互平衡,承担风险责任的一方应有控制和处理风险的权利,也应享受风险控制获得的收益。同时,给予风险承担者以风险预测、计划、控制的条件和可能性。

(3)符合工程项目的惯例原则。惯例是经验的总结,因此一般比较公平合理,可以较好地反映双方的需求,更容易实施工程。

三、工程项目风险应对措施

工程项目风险应对措施是指在风险评估的基础上,为避免风险发生、减小风险发生的可能性或减小风险后果的损失程度而采取的各种措施。常见的风险应对措施有:预防风险、回避风险、转移风险、自留风险、分离风险和储备措施等。

(一)预防风险

预防风险是指在风险发生前,运用一定的方法,降低风险发生的概率或减少不利后果的影响,设法使风险最小化。预防风险可降低风险发生的概率,如通过保险或担保约束承包商,避免其不履约或履约不力;对人员进行安全教育降低施工事故风险发生概率等。为预防风险发生后造成巨大损失,也可通过预防风险的一些措施减少不利后果的影响,比如提前考虑施工过程中事故发生后应采取的补救措施等。风险预防的手段有有形的预防和无形的预防手段两种。

1.有形的风险预防手段

有形的风险预防手段常借助工程技术或工程措施来消除物质性风险威胁。比如在大型车间内起吊重物时,为避免在场工作人员被砸伤的危险,可采用最新的远距离遥控技术来进行远距离操作;在山区修建公路时,为防止路两侧山体滑坡,可采用锚固技术加固两侧的山体;施工单位为高空作业人员配备安全带,下方设置安全网等。有形的风险预防手段具体运用时,常有如下方式:

(1)预防风险因素的出现,即预先采取一定措施减少风险因素,防止风险事件的发生,如在山区公路两侧对山体采用锚固技术。

(2)减少已存在的风险因素,如高空作业的建筑工人配备安全系数更高的安全设备就可以大大减少伤亡事故的发生。

(3)将风险因素与人、财、物在时间或空间上相隔离,如在施工过程中,操作人员可借助一定的设备或技术远离易燃、易爆、剧毒等危险物品,以避免事故发生时危及操作人员。

有形的风险预防手段在多数情况下虽然有效,但毕竟需要一定的工程技术设备,因此也必定会增加一些成本,所以在运用这种手段时,需进行成本效益分析,充分考虑其经济性。

2.无形的风险预防手段

无形的风险预防手段可分为教育法和程序法两种。

(1)教育法。许多工程项目风险是由人的因素引发的,人的行为和素质都是重要的风险来源,所以要通过加强对有关人员的教育和培训来减轻人带来的风险。教育内容既应包括工程项目中控制和防范风险发生的专业知识,也应包括在职业道德、心理素质和身体素质方面的教育。

(2)程序法。程序法是指工程项目活动要规范化、制度化,以减少不必要的损失。规范或制度反映了工程项目活动的客观规律,是前人工作经验的总结,按规范或制度来操作可大大降低项目面临的风险。

(二)回避风险

回避风险是一种消极的风险防范手段,因为回避风险虽可以避免损失,但同时也失去了获利的机会。积极的回避风险是指当风险发生的可能性太大,发生后产生的可预见不利后果太严重,又无其他办法时,主动放弃项目或改变项目目标,从而规避风险的一种策略。例如,通过项目的风险评价发现实施项目发生巨大损失的概率很大,风险损失超过自己的承受能力,而又没有其他更好的方式规避风险,这时选择回避风险的方式以避免巨大的人员伤亡和财产损失。

(三)转移风险

风险转移,又称合伙分担风险,它的目的并不是降低风险发生的概率和减少不利后果,而是通过合同或协议与第三方共担风险,发生损失时将损失的一部分转移到有能力控制或承担项目风险的个人或组织。风险转移有两条基本事项:一是承担风险者应得到相应的补偿;二是转移风险时应选择最能承受或最有能力管理该风险的人。

转移工程项目风险常见的方式有以下三种:

1.分包

分包是指承包商将所承包的建设工程的一部分依法发包给具有相应资质的承包单位的行为。分包能起到高效转移风险的作用,例如当承包商在某方面工作并不擅长,对工程施工质量和成本控制有较大风险时,通过分包给具有专业技术的分包商,可以使风险更好地被管理和承担。

2.保险

工程保险是指以各种工程项目为主要承保对象的一种财产保险,通过工程各参与方购买相应的保险,保证在意外事件发生时能得到保险公司的经济补偿,将风险因素转移给保险公司。保险是工程项目中最常用的转移风险的方式。目前,主要的工程保险类型主要包括以下几种:

(1)建筑工程一切险(Contractor's All Risks)

建筑工程一切险不仅对施工期间的工程本身、施工机械、建筑设备等固定资产所遭受的损失予以保险,而且对于因施工给第三者造成的人身、财产伤害给予赔偿。它是一种提供工程项目全面保障的险种。

(2)安装工程一切险(Erection All Risks)

安装工程一切险适用于以安装工程为主体的工程项目,是指针对各种设备、装置的安装工程(包括电气、通风、给排水以及设备安装等工作内容)。安装一切险和建筑工程一切险是工程项目的两个主要险种,尤其在大型工程项目中必不可少,实质都是对业主财产的保障。

(3)雇主责任险(Employer's Liability Insurance)和人身意外伤害险(Personal Accident Insurance)

雇主责任险是雇主为其雇员办理的保险,保障雇员在工作期间出现意外伤亡、职业病后得到相应的医疗等赔偿费用。大多数国家的雇主责任险都是伤害损失由雇主承担,且不以雇主是否有过失为前提。人身意外伤害险与雇主责任险相似,但也有不同,区别是人身意外伤害险的投保人可是雇主,也可以是雇员自己。

(4)十年责任险和两年责任险(Liability for Ten/Two Years)

十年责任险和两年责任险主要是针对工程建成后使用周期长、承包商流动性大的特点而设立的,属于工程质量保险,保证工程项目竣工后,承包商应对工程主体部分在十年内承担缺陷保证责任,对设备在两年内承担功能保证责任。

工程项目还有一些其他险种,比如职业责任险、机动车辆险、信用保险、保证保险等,都起到了转移风险的作用。

3.担保

担保是为了保证债务的履行、确保债权的实现,在人的信用或特定财产之上设定的特殊的民事法律关系。《中华人民共和国担保法》规定的担保方式有五种:保证、抵押、质押、留置和定金。工程保证担保中通过引入保证人作为第三方,对建设工程中一系列合同的履行进行监督并对违约承担责任,是一种促使参与工程建设各方守信履约的风险管理机制,常见的工程担保有以下三种:

(1)投标保证担保

投标保证担保又称投标保证金,是指投标人向招标人出具的,以一定金额表示的投标责任担保,是投标文件的重要组成部分。投标保证担保能防止投标人接收标书后对其中规定的责任撤销或反悔,否则,招标人有权没收其投标保证金。常见的投标保证金形式有六种,包括:现金、支票、银行汇票、不可撤销信用证、银行保函、由保险或担保公司出具的投标保证书,其中银行保函和投标保证书是最常用的两种形式。

(2)履约担保

履约担保是指在招标文件中规定的,招标人要求中标人提交的保证履行合同义务的担保。履约担保一般有三种形式:银行保函、履约保证书和保留金。

银行保函是由商业银行开具的担保证明,当业主发现承包人出现违约情况时可收兑银行保函,得到保函中的款项,通常约为合同金额的10%。

履约保证书的担保方式是,当中标人在履行合同中违约时,开出担保书的担保或保险公司用该项担保金去完成施工任务或向发包人支付该项保证金,保证金额一般为合同价的30%~50%。

对于保留金,是指业主(监理工程师)根据合同的约定,在每次支付工程进度款时扣除一定数目的款项,作为承包商完成其修补缺陷义务的保证。保留金一般为每次工程进度款的10%,但总额一般应限制在合同总价款的5%。

(3)预付款担保

建设合同签订后,业主给承包商一定比例的预付款,通常为合同金额的10%,同时业主收到由承包商开户银行开具的预付款担保。预付款担保的目的在于保证承包商能够按合同规定进行施工,偿还业主已支付的全部预付款。如果承包商中途毁约中止合同,使业主不能在规定期限内从应付工程款中扣除全部预付款,则作为保函的受益人,业主有权凭预付款担保向银行索赔该保函的担保金作为补偿。

(四)自留风险

自留风险是项目主体选择自己承担风险后果的一种策略,分为主动和被动风险自留,主动风险自留是项目主体在了解可能发生的风险及其后果后,主动选择自己承担的行为;被动风险自留则与主动相对,是项目主体对风险了解不充分,没有考虑其他风险应对策略而不得不自己承担后果的应对方式。

(五)分离风险

为避免风险发生后产生连锁反应,造成不可估量的损失,可采用分离风险策略。这种策略可将风险局限在一定的范围内,从而达到减少损失的目的。分离风险常用于工程项目中的设备采购。比如,为防止因概率波动而导致的汇率风险,可在不同国家采购设备或采用多种货币付款来分离风险;将材料分隔存放,可以减少风险源影响的损失和范围。

(六)储备措施

储备措施是应对无预警信息项目风险的一种主要措施,一旦发生意外情况,必要时可动用储备措施。特别是对于那些潜在巨大损失的项目风险,应该积极采取这种风险应对措施。例如,储备资金和时间以应对项目风险、储备各种灭火器以应对火灾等。

第五节 ● 工程项目风险监控

一、工程项目风险监控概述

(一)工程项目风险监控的概念

工程项目风险监控,即对风险识别、估计、评价和应对全过程的工程项目风险的监视和控制,是风险管理中不可缺少的环节。在工程项目的实施过程中,风险会随着项目的进行而不断发生变化,可能会有新的风险出现,也可能有预期的风险消失。工程项目风险监控的主要任务是:随着工程项目的进展,密切跟踪已识别的风险,监视残余风险和识别新的风险;分析工程项目目标的实现程度,以及风险因素的变化和风险应对措施产生的效果;进一步寻找机会,细化风险应对措施,实现消除或减轻风险的目标。

(二)工程项目风险监控的目标

工程项目风险监控需以下几点为目标:

(1)监控风险设想的事件和情况。

(2)跟踪控制风险指标。

(3)使用有效的风险技术和工具。

(4)定期报告风险状态。

(5)保持风险的可视化。

(三)工程项目风险监控的依据

工程项目风险监视及控制依据以下几个方面内容:

1.风险管理计划与风险应对计划

工程项目的风险管理计划与风险应对计划是工程项目风险监控的依据,是有效控制的基础。

2.项目的沟通

在工程项目实施过程中存在着方方面面的沟通,事件记录、行动规划、风险预报等文档,可以了解项目进展及项目风险出现及应对情况,是监控工程项目风险的信息来源和依据之一。

3.项目的变更

在工程项目的实施过程中,由于内部和外部的一些因素造成的项目变更会给项目带来新的不确定的风险。所以,要时刻监控工程项目中的变更,密切关注并分析可能出现的风险。

4.附加的风险识别和分析

随着工程项目的进展,在对项目进行评估和报告时可能会发现以前未曾识别的潜在风险事件。应该对这些潜在的风险继续执行风险识别、估计、评价和制定应对措施。

5.项目评审

风险应对计划是否有效、执行是否顺利可以通过项目评审者的监测与记录来了解,以此为依据监控风险。

二、工程项目风险监控途径

工程项目风险监控中,监控主要从项目进度、项目质量与项目费用这三个方面来进行,具体途径有以下几种:

1.技术因素度量

技术因素度量是指在工程项目的实施过程中,对项目的技术完成情况与原定进度计划相比较,看是否存在偏差。若存在偏差,说明项目中存在着进度方面的风险,需要进行分析,确定是因为对原来已知风险的评估和控制不足,还是在项目实施过程中出现了新的风险。根据分析结果,制定相应的应对措施,保证按时完成项目的预定目标。

2.项目挣值分析

项目挣值分析通过项目基准计划费用来监督控制项目。具体应用时应将实际已完成的工作与原计划相对比,确定费用是否符合进度方面的要求,若存在较大偏差,则应对项目风险进行进一步的分析与评价,及时采取相应的应对措施。

3.项目风险应对审计

项目风险应对审计是风险审计员通过检查与记录风险应对计划执行的有效性对项目进行监督,并以此作为采取纠偏措施的依据。

4.定期项目评估

定期进行项目风险评估,可对项目风险的现状及时做出估计与评价,以采取控制措施。这种定期评估也能够逐渐培养项目组所有成员对风险的关注。

第六节 ◉ 案例分析——世界岛

阿拉伯联合酋长国的第二大酋长国——迪拜,经济靠的是蕴藏丰厚利润的石油。但随着石油资源濒临枯竭,迪拜做出了转型的计划,世界岛项目的目标之一也是为迪拜的产业转型服务。该工程规模巨大,建造成本高昂。迪拜的业主有一个大胆的计划,把迪拜建成世界级的观光胜地,依照整个世界的形状兴建一群列岛。由于业主对世界岛项目的要求之一是尽量使用自然元素兴建,从而对环境产生最小的人为干扰,因此该项目的最大挑战就是要应对海水对世界岛结构稳定性的影响。

迪拜在 2003 年 9 月公布了这个计划,规定只能用沙土和岩石来兴建世界岛,让这个建筑更符合环保原则,且规定在 2016 年之前完成基础设施建设,因此项目难度也增加许多。在选址方面,世界岛和迪拜没有桥梁相通,和市区的基础设施完全隔绝。这给后勤补给带来了较大难度,一切物资都必须用船运送。后勤补给上的工作量相当庞大,需要填入 3 亿 m³ 的沙土和 3 000 万 t 的岩石。项目团队必须组织平底船、起重机拖船和疏浚船到场,及时搬运及填入大量的建材。

世界岛的兴建只能使用沙土和岩石,不能用钢筋和混凝土,大幅增加了施工的复杂程度。施工团队必须从海床开挖沙土,再将沙土运到工地造岛。这项工程的一项重大挑战在于,如果先填入沙土,那么海浪的波动和海流很可能对其造成侵蚀。所以这个独特的建筑需要海防保护,但从未有人为这种建筑设计过防波堤。在整个设计阶段,考虑到业主坚持 25 km 长的防波堤绝不能破坏大海的景观,因此防波堤必须越低越好。防波堤必须经得起每年两次的夏马风,同时又要保持低矮。因此,总工程师设计了一道很长的阶梯状防波堤,把海浪的能量从 100% 降低为 5%。

虽然从理论上说,应该要先盖好防波堤,再填沙造岛,但是这种做法耗时太长。唯一的解决办法就是修建防波堤和造岛同时进行。疏浚船船长的压力巨大,他既要保证及时完工,又要避免疏浚船故障。正当修防波堤和造岛的任务紧张地进行之时,工程师又遇到了大自然的障碍。世界岛的填筑需要海沙,但棕榈岛的建设已经导致迪拜沿岸 5 km 的沙土消耗殆尽,而世界岛才刚刚动工。为了寻找新地点采沙,疏浚船深入阿拉伯湾,在接近迪拜和国际水域海底禁区的界限采沙。这意味着要消耗更多的柴油,花费更多的成本。2004 年 4 月,第一座岛屿冒出水面,接下来几个月更多的岛屿破浪而出。每座小岛的形状必须完全正确,才能创造出完美的"世界地图"。于是施工团队采用全球卫星定位系统和卫星影像来帮助他们把世界岛按照正确的形状建在正确的位置,营建工程师依靠这种先进科技进行工程的每一个步骤。任务似乎进行得很顺利,一年后,25 km 的防波堤完成了 13 km。然而就在 5 年期限逐渐接近时,坏消息传来了。

坏消息是世界岛周围的海水可能出现流动缓慢或停滞不前的问题,所以项目团队为世界岛的防波堤设计了开口处理。防波堤分成五大段,海水应该能够自由流动。工程师发现问题的关键是岛屿四周的水道狭窄,许多岛屿聚集在一起,在世界岛中央水道里的水几乎不会流动。因此,他们提出了解决办法:必须加深岛屿之间的水道,改变海床的高度,以加快海水在岛屿之间流通的速度;同时,工程师还在防波堤上增加了一个开口以保证清新的海水冲刷整个系统。终于所有人松了一口气,工程恢复了正常的进度。

项目进入运营期之后,还面临着能源供给不足的问题。因此,在可再生能源方面,项目运营方在群岛上配备太阳能板和风能发电机为日常生活提供电力,工程师们也在考虑利用潮汐能的可能性。

思考题:

1.工程项目生命周期各阶段会面临哪些方面的风险?

2.小组讨论:技术创新和施工方案创新在应对风险中的作用。

参考文献

［1］郭汉丁,马辉.工程项目管理[M].北京:化学工业出版社,2017.

［2］尚梅,史玉芳.工程项目管理[M].西安:西安电子科技大学出版社,2015.

［3］孙新波.项目管理[M].2版.北京:机械工业出版社,2016.

［4］邱菀华.现代项目管理导论[M].北京:机械工业出版社,2009.

［5］陆惠民,苏振民,王延树,等.工程项目管理[M].2版.南京:东南大学出版社,2009.

［6］汪小金.项目管理方法论[M].2版.北京:中国电力出版社,2014.

［7］沈建明.项目风险管理[M].2版.北京:机械工业出版社,2010.

［8］何元斌,韩利红.工程项目管理[M].成都:西南交通大学出版社,2016.

第八章
工程项目管理组织

工程项目管理组织是在整个工程项目中从事各项管理工作的人员组合。工程项目中各参建单位,包括业主、项目管理单位、建设监理单位、承包商、分包商、设计单位、材料设备供应商等,都应建立属于自己的工程项目管理组织。这些组织之间存在着密切的联系,承担着不同的管理职责,构成了工程项目整体的管理组织系统。

第一节 ◉ 工程项目组织结构

一、工程项目组织的概念

工程项目组织是进行项目管理工作的组织系统,其目的是实现工程项目的各项目标。工程项目组织的管理主体包括项目业主、项目管理单位、建设监理单位、承包商、分包商、供应商等,其管理模式也涵盖了管理主体之间的项目管理模式,以及管理主体针对具体工程项目所建立的内部自身的管理模式。

1.广义概念

工程项目组织结构在广义上指的是由负责完成工程项目结构图中各项项目管理工作的人员、单位以及部门组合构成的群体,甚至涵盖为项目提供服务或与项目存在某些关系的部门,如政府机关、监督部门等。广义的工程项目组织结构受项目系统结构限定,按项目工作流程进行工作,其成员各自完成由合同、任务书、工作包说明等规定的任务和工作,是包含业主、项目管理、建设监理、承包商、分包商和供应商等所有项目参与者所共同构成的一种复杂的组织系统。当然,项目管理是项目中必不可少的工作,由专门的人员或者单位来完成,但项目管理组织也必然作为一个组织单位包括在项目组织中。综合来讲,工程项目管理广义的组织结构形成了现阶段由政府、业主、承包商(设计承包商、施工承包商或设计施工一体化承包商)、分包商、建设监理单位和其他利益相关方的多主体项目组织形式。在项目的建设管理工作中,项目各主体都有各自的项目管理内容。

2.狭义概念

工程项目组织也具备一定的狭义上的解释。狭义上的工程项目组织通常是指工程项目中各参建单位完成阶段性管理工作的组织系统,其中较为有代表性的是项目管理组织。项目管理组织同样是由完成项目中各项管理工作的人员、单位以及部门构成的群体,一般是由业主委托或者指定来负责整个工程项目的管理工作的项目管理办公室(Project Management Office,PMO)或者项目管理小组。项目管理办公室通常根据项目管理职能所需建立职位或者部门,按照相应的项目管理流程,各部门和人员完成自身职责内的各项工作。项目管理组织主要是指项目管理办公室、项目管理小组等,业主、承包商、设计单位、供应商都会设立自己相应的项目经理部和人员。所以,不同的对象具有不同的项目管理组织,如业主的项目管理组织、项目管理公司的项目管理组织、承包商的项目管理组织,这些组织之间存在着各种密切的联系,有与之相匹配的各种管理职责的划分,形成项目总体的项目管理组织系统。

二、工程项目组织结构建立的原则

工程项目组织是一个复杂的组织系统,因此,建立项目组织结构应该满足一定的原则,进而保证其能够实现项目最终的各项目标。一般来讲,工程项目组织结构建立的基本原则主要包括以下几个方面:

1.服务项目目标为宗旨

项目组织结构建立的目的是依靠相应的组织结构,实现相应的组织职能,进而最终实现项目管理的总目标及各项子目标。因此,项目组织结构的设置必须以项目的目标为基础,以服务项目的目标为宗旨,确定合适的编制,并按编制设置相应的岗位,明确岗位职责。

2.协调项目与企业组织

一方面,项目组织是企业组织的重要组成部分之一;另一方面,企业组织是项目组织的母体,是建立工程项目组织的主要承担方。换言之,企业是项目管理的重要外部环境,是项目管理的人员主要来源。在工程项目目标实现后,项目管理组织便应解体,组织中的各个人员也应回归其所属的原企业。因此,工程项目组织不仅要服务于其所属的工程项目,更要服从于其所属的企业组织。协调工程项目和企业组织的管理要求和利益也是建立项目组织结构的重要原则之一。

3.统一管理跨度与层次

项目组织结构设计时,必须采用恰当的、切实可行的管理跨度和层次。管理跨度的大小与管理分层的多少密切相关。一般而言,管理层次越多,管理跨度就会越小;反之,管理层次越少,管理跨度就会越大。对于工程项目组织而言,管理跨度应尽量小一点。在设计工程项目组织结构时,以管理工作的系统化为指导,谨慎周密地考虑各个管理层之间的关系、管理层次与跨度的关系、职能部门的划分、管理人员的授权范围、人员数量的配备及信息沟通方式设置等,使组织机构成为一个严密的组织系统,能够为完成项目管理目标而进行合理的分工与协作。

4.精简人员和机构设置

工程项目组织的人员和机构设置,必须要满足项目所有的工作任务要求,简化组织机构,力求精干高效。因此,在人员配置和机构设置过程中,尽可能实现一专多能,一人多职。同时还应该提高项目管理人员的知识管理和学习能力,使实干和学习锻炼相结合,使其在为工程项目提供优质管理的同时,不断提高相应项目管理人员的综合素质,实现其全面发展。

5.实现项目管理系统化

工程项目是一个开放的系统,众多子系统及子系统内部各单位工程之间,不同组织、工种、工序之间,存在着大量结合部,这就要求项目组织必须是一个有机的组织结构系统,恰当分层和设置部门,以形成一个相互制约、相互联系的有机整体,防止在职能分工、权限划分和信息沟通上出现矛盾或重叠。

6.具备弹性和流动性

工程建设项目的独特性、阶段性、复杂性和流动性是工程项目生产活动的主要特点,因此生产对象的数量、质量和地点都不可避免地发生变化,所以要求工程项目的管理工作和组织结构应随项目生产活动的变动而进行调整,以使项目组织适应工程管理任务的变化。按照弹性和流动性原则建立组织机构,可以形成柔性的人员调整计划及部门设置,以适应工程任务变动对管理机构的弹性化和柔性化要求。

三、工程项目组织结构建立的步骤

在一定原则的指导下,工程项目组织结构应该按照一定的步骤,循序渐进地建立,此过程一般包括以下几步:

1.确立合理的项目目标

工程项目的目标涵盖了各个方面,包括项目的规模、项目进度计划、项目质量要求、工作内容等,或者涉及各个方面的小目标构成的大目标。这些项目目标是项目开展各项工作的基础,也是确定组织结构形式与机构的重要基础。

2.选择工程项目管理模式

该阶段主要工作是根据项目目标选择合适的工程项目管理模式。常见的工程项目的管理模式有传统的项目管理模式(DBB 模式)、CM 模式、设计-建造方式、交钥匙方式、建造-运营-移交方式(BOT 模式)、项目承包模式等。

3.确定组织目标和工作内容

在全面分析工程项目管理组织所需要实现的组织目标和所需要完成的各项管理工作的基础之上,确定工程项目管理具体的工作流程、相关操作程序以及各项工作之间的逻辑关系。

4.设计组织结构

根据项目的特点和项目内外环境因素,选择一种适合项目工作开展的管理组织结构形式,并完成组织结构的设计。常见的工程项目管理组织结构类型包括职能式、项目式、矩阵式等。此外,该阶段其他工作还包括确定组织层次、各层次的组织单元(部门)、相互关系框架等。

5.设定工作岗位与职责

岗位的设定要具有相对独立性,同时还要考虑工作量的合理性以及完成任务的可能性等;此外,还需要确定各个岗位的工作职责,使其能满足项目工作内容的需要,并做到权利与责任相统一。

6.进行人员配置

确定详细的各项工程项目职能管理工作任务,并将工作任务落实到人员和部门。为岗位选择适合的人员从事相关工作,保证人员充足,以及人员素质、能力等方面满足岗位要求。

7.设计工作与信息流程

建立工程项目管理组织各个职能部门的管理行为规范和沟通准则,形成工程项目管理规范,作为工程项目管理组织内部的规章制度。组织结构形式确定后,大的工作流程基本明确,但具体的工作流程与相互之间的信息流程要在工作岗位与工作职责明确后才能确定下来。

8.制定考核标准

为保证项目目标的最终实现和工作内容能够保质保量地完成,必须对组织内各岗位进行考核。因此需要制定考核标准,选择合适的考核内容、考核时间、考核形式、考核操作者等。一般情况下,工程项目组织的考核可由项目管理办公室负责,或者交由独立的第三方考核机构进行。

四、工程项目组织结构的主要类型

项目组织结构的种类繁多,其中最为典型的是职能式组织结构、项目式组织结构、矩阵式组织结构。各种类型的组织结构都具备一定的特点,存在着一定的优点与劣势,也适用于不同的项目情况。一般情况下,项目的组织形式决定了项目的管理模式,因此,应根据不同工程项目的具体特点来选择不同类型的项目组织形式。

(一)职能式组织结构

职能式组织结构特别强调管理职能的专业分工,并把管理职能作为划分部门的基础,其结构如图 8-1 所示。项目协调工作由各个职能部门的经理承担,项目成员来自各个职能部门,通常为兼职。项目经理可能由职能部门抽调,可能本身是职能部门经理。

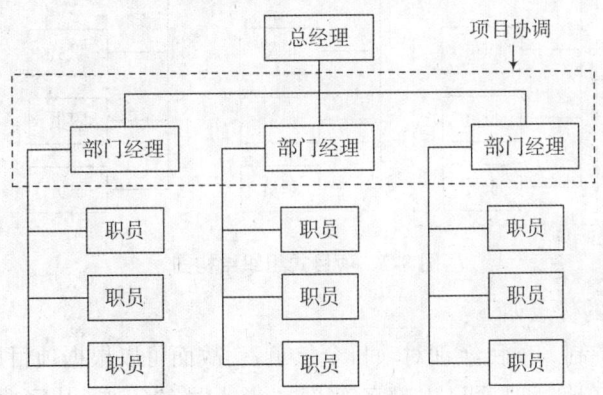

图 8-1 职能式组织结构图

在职能式组织结构中,各职能部门经理一般会将本部门的利益放在第一位,故而,项目协调的难度比较大。此外,项目团队成员会选择忠实于自己所属的职能部门,而非工程项目。严格来讲,职能式组织结构不能算作项目的组织结构,它是将项目分部分交于各职能部门人员来管理,而后由职能部门负责人来处理需要协调的问题,是在原有职能组织结构模式中进行项目的组织和实施。

职能式组织结构的优点如下:

（1）人员利用充分。各部门是根据管理职能来划分的,因此可以充分发挥各个部门管理人员的管理才能。

（2）工作效率提高。若各职能部门配合良好,可使整个项目的管理工作达到事半功倍的效果。

职能式组织结构的缺点如下:

（1）部门协作困难。各个职能管理部门对管理工作的优先级可能会持不同的观点,因此,某些具体的工作可能因缺乏其他部门的合作而难以开展。此外,当各部门之间产生矛盾冲突时,协调工作难度也较大。

（2）工作指令矛盾。基层的员工或者施工人员可能会接到来自不同的职能管理部门的互相矛盾的指令,从而会感到无所适从。

（3）控制能力弱化。由于基层的员工或者施工人员受职能部门领导的直接管辖,接受其直接指令,从而使得项目经理对整个工程项目的管控能力在一定程度上被弱化了。

适用范围:职能式项目组织结构适用于对专业技术要求比较低的工程项目。

（二）项目式组织结构

在项目式组织结构中,工作岗位和人员都是按项目划分,几乎不存在职能部门。如图 8-2 所示,在项目式组织结构中,每个项目就如同一个小型的公司一样运作,运用相应的资源,完成每个项目目标。在此类组织结构中,专职的项目经理对项目拥有完全的项目权力和行政权力。

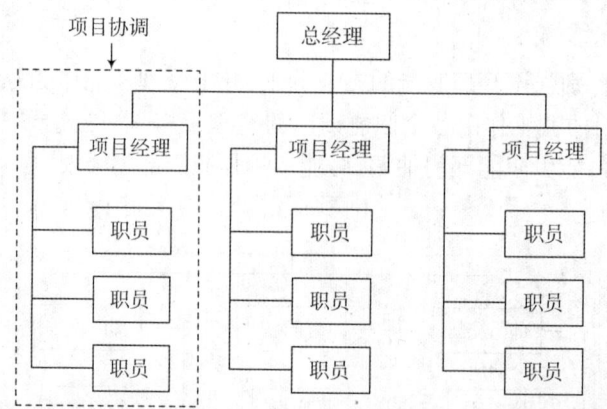

图 8-2　项目式组织结构图

项目式组织结构的优点如下:

（1）项目经理负责制。项目经理对项目全权负责,故而可以根据项目所需随意使用项目的内外部资源,也可更好地管理项目内部各部门或者人员的工作,从而掌控整个项目的进展情况。

（2）项目目标中心化。项目式结构的组织具有统一的项目目标,项目工作也完全以项目为中心。因此,决策者的决策速度得以加快,能够对项目各项工作做出及时响应,且能够充分调动项目成员的积极性,充分发挥团队精神,保证项目任务和目标的顺利完成。

（3）避免多重领导。项目经理是项目中唯一的领导者,对项目成员有绝对的管理权力,同时项目成员也只对项目经理负责,避免了职能式项目组织下项目成员处于多重领导、无所适从的局面。

(4)组织结构简单。项目成员直接属于同一部门,彼此之间的沟通交流简洁、快速,提高了沟通效率,同时加快了决策速度。此外,不同部门之间由于存在共同的目标,沟通和交流也更加方便。

项目式组织结构的缺点如下:

(1)缺乏资源共享。对于每一个项目式组织,资源不能共享,即使某个项目的专用资源闲置,也无法应用于另外一个同时进行的类似项目,人员、设施、设备重复配置会造成一定程度的资源浪费。

(2)阻碍企业长期发展。每个单独的项目式组织以项目自身的目标为核心,缺乏对企业宏观政策和理念的贯彻执行,不利于企业的长期发展和在行业中竞争力的提升。

(3)有损员工的职业发展。在项目完成后,项目式组织中的项目成员或者参与到其他项目中去,或者被解雇。因此,对于项目式结构中的项目成员来说,缺乏事业上的连续性和安全感。

(4)不利于知识共享。项目之间处于一种条块分隔状态,项目之间缺乏信息交流,不同的项目难以共享知识和经验,项目成员的工作会出现忙闲不均的现象。

适用范围:项目式组织结构适用于同时进行多个工程项目的企业。

(三)矩阵式组织结构

矩阵式项目组织能够发挥项目式与职能式项目组织的优势,并规避其缺点。矩阵式组织结构图如图8-3所示。矩阵式项目组织中,由项目经理负责整个项目的管理工作,并按照具体的成本、工期等要求,综合管理项目,促使项目能够达到预期效果。它根据项目的需要,从不同的部门中选择合适的项目人员组成一个临时的项目组,并于项目结束之后,解散该项目组。项目组的各个成员回到各自原来的部门。在此过程中,团队的成员也需要向不同的部门经理汇报工作。这种组织结构的关键是项目经理需要具备好的谈判和沟通技能,项目经理与部门经理之间建立友好的工作关系。项目成员需要适应于两个上司协调工作。矩阵式组织结构加强横向联结,充分整合资源,实现信息共享,提高反应速度等方面的优势恰恰符合当前的形势要求。

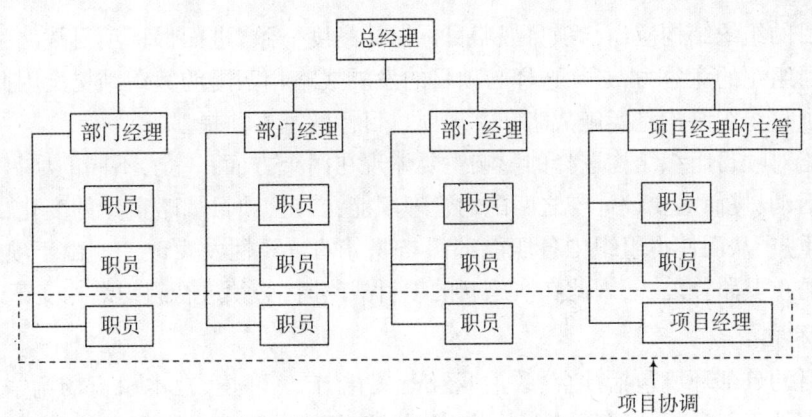

图8-3 矩阵式组织结构图

矩阵式组织结构的优点如下:

(1)工作效率提高。专职的项目经理负责整个项目,所有工作以项目为中心,有利于迅速发现并解决问题。在最短的时间内调配人才,组成一个团队,把不同职能的人才集中在一起。

（2）资源充分整合。由于有多个工程项目同时进行,因此项目之间可以共享各个职能部门的资源,分享管理经验和知识。同时,在矩阵式组织结构中,人力资源得到了更有效的利用,减少了人员冗余。

（3）项目目标与企业发展相协调。矩阵式项目组织,既有利于项目目标的实现,也有利于企业政策方针的贯彻。

（4）有利于成员职业发展。由于项目成员在项目结束后,可以回归到原来的职能部门进行工作,因此减少了项目成员的顾虑。除了不用担心被解雇,增加了职业发展的安全感,同时也能够使员工们有更多机会接触自己企业的不同部门,有利于其职业综合素养的提升。

矩阵式组织结构的缺点如下:

（1）引发权力冲突。由于职能经理和项目经理同时存在,容易引起两者权力的冲突。

（2）导致资源争夺。尽管矩阵式组织结构能够实现资源共享,但是由于企业的资源有限,可能会导致项目之间进行资源争夺。

（3）加大了员工压力。项目成员有多位领导,即员工必须要接受双重领导,因此经常有焦虑与压力。

适用范围:矩阵式组织结构适用于管理规范、分工明确的公司或者跨职能部门的项目。

五、工程项目组织结构的选择

在选择工程项目组织结构的过程中,除了需要参考具体的项目要求以外,还需要深入探讨潜在的各类影响因素。首先,由于工程项目组织结构选择的难度较大,因此需要在清楚项目的特点和项目资源状况基础之上进行。其次,要明确各类组织结构的优缺点、适用范围等,制定合适的方案,选择合理的项目组织结构。一般来讲,工程项目在选择组织结构时,应该从以下五个方面进行考虑:

1.项目战略

工程项目的组织结构应当与项目战略目标保持高度一致,进而保证项目战略目标的实现。为了保持项目组织的竞争力,必须选择与项目的发展战略相匹配的组织结构。因此,适应战略发展要求的项目组织结构是实施战略和实现项目目标的基本前提。

项目战略对项目组织结构选择的影响主要体现在两个方面:一是,不同的项目战略对应着不同的业务活动,进而需要设计与之匹配的管理职能;二是,项目战略重点的变化,会转移项目组织的工作重点,从而使得组织中各职能部门与职务的重要性发生改变。由于项目组织是实现项目战略的重要路径之一,因此在实施新的项目战略时,必须进行组织结构变革。

2.外部环境

工程项目的外部环境包括社会、政治、经济、文化、自然环境、技术及市场竞争等因素。任何工程项目都处于一定的外部环境之中,与周围的一切事物存在着各种各样的联系,尤其是对于开放系统的工程项目而言,环境的变化必然会对项目的组织结构产生一定程度的影响。

外部环境对组织结构的影响主要表现在三个层次上:

（1）组织是社会经济大系统的子系统,社会分工方式的不同决定了组织内部的工作内容,进而需要设立相应的职能和部门;

（2）环境会影响组织中完成各项工作的难易程度、组织目标的实现，进而影响各个职能部门的关系；

（3）外部环境的稳定性决定了组织结构总体特征的刚性与柔性。一般而言，柔性的组织结构能够应对多变的外部环境，而稳定的外部环境则与刚性的组织结构相匹配。

3.项目技术

工程项目的各项活动依赖于一定的专业技术。相关技术的成熟度、人员掌握技术的娴熟度以及各种设备的水平，不仅会影响组织的工作效率和产品质量，还会影响项目组织活动的内容划分、岗位和职务设置，以及对工作人员的能力和素质提出要求。

针对技术方面，在选择工程项目组织结构时应考虑的因素有：

（1）工作人员决定自己工作的自由度；

（2）工作小组制定目标和决策的自由度；

（3）各个部门的相对独立程度；

（4）组织通过计划、信息沟通与反馈和协调各种工作的程度。

4.项目规模与项目所处发展阶段

工程项目的生命周期较长，而项目的规模与项目所处的发展阶段密切相关，随着项目活动内容的日渐增加和复杂，参与项目的工作人员会逐渐增多，生产活动的规模也会日益壮大。因此，项目组织结构也必须随之进行调整，以适应新的变化。管理者需要采取相应的组织变革，如采取增加相应的职能部门或者设置专门的岗位来协助处理相关的事务，增加规则和程序以取代直接监督成为协调的主要手段，以保障组织有效运转。因此，在设计组织结构时，随着项目规模的增加，会带动其组织结构的水平分化和垂直分化，引起组织管理层次和职能部门的增加，组织结构由简单向复杂转变，增加规范化和专业化管理，以提高效率。

5.项目成员权利与控制需求

工程项目参与成员众多，因此项目成员的管理也是项目管理中一项非常重要的工作。人员管理是项目组织管理的关键，因此，对组织结构的选择不可避免地要分析权利与控制力。权利与控制因素包括管理层次、管理跨度、集权程度、人员结构、分工形势、关键职能、专业化程度、规范化程度、制度化程度、职业化程度等几个方面。

项目组织结构的选择不可能兼顾所有影响因素，要根据项目自身的情况分析对该项目组织结构影响较为重要的因素，将合适的结构与这些影响因素进行匹配。

第二节 ◉ 项目组织文化

项目组织文化是指在项目管理的实践中，由项目负责人倡导和推动的，各参建方认同并积极参与形成的，内化到每一个项目成员心中，并成为其自觉行动的意识、规范和动力的一整套项目管理特有的管理体制、领导风格、目标、价值标准、基本信念、精神、道德观、行为规范等内容的复合体。在项目管理中，项目组织文化对项目相关人员具有深远而重要的影响和导向作用，项目的成功离不开组织文化的推动和保障。组织文化是组织成员对所属组织表现的认知，在决定组织中的工作氛围、领导风格、战略制定与流程方面扮演着关键角色。结合我国工程管理领域的实际情况,项目组织文化的维度架构如图8-4所示。

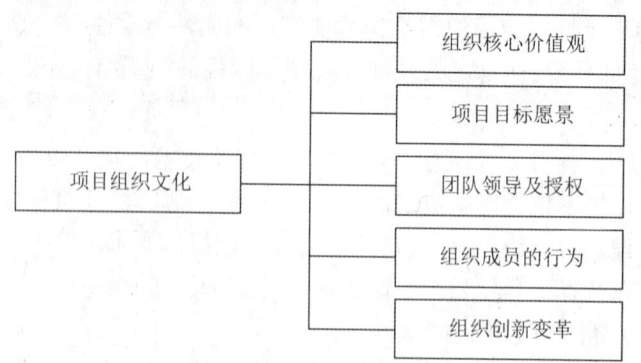

图 8-4　项目组织文化的维度架构

工程项目涉及众多利益相关方,且各参建单位须通过业主相互联系,形成以项目为中心的统一体。因此,业主有条件也有必要在项目组织文化建设中发挥主导性作用。某参建单位的项目组织文化会受到其母公司及业主的影响。项目组织文化建设的主导者虽然是业主,但是其建设的根本基础是需要通过合同方式,将各参建单位的项目目的、目标统一于业主确立的项目使命、目标之下。项目组织文化建设的过程实质上是将项目团队中的各利益相关方目标进行协调统一的过程。

一、项目组织文化建设的主要内容

组织文化以适应外部环境、整合内部资源、完成自身使命为根本,并据此形成其内在本质和外显特征。工程项目的每个具体参建单位都面临着不同的环境、条件,拥有着不同的使命,而他们的共性和项目要求使其具有了共同的文化内容:利益相关方之间关系、公私关系、组织开放性、授权程度、组织目标、均衡管理。其中,前四个方面分别是对外行为、自我约束、权力分配、信息处理的文化基础。

(一)利益相关方之间关系

在工程项目建设过程中,项目管理活动是由业主和各个参建单位(或利益相关方)承担的。因此,利益相关方之间关系的管理也是项目组织文化建设的一个重要的维度。而利益相关方之间的关系主要体现在两个方面,即合作与博弈,诚信与互信。工程项目涉及利益相关方众多,关系纷繁复杂,没有合作,项目便举步维艰。同时,各个利益相关方的利益诉求不尽相同,因此各方之间也必然存在着博弈。针对合作与博弈,不同的利益相关方所秉持的理念、行为规范、思维模式构成了项目组织文化的一个主要内容。诚信是各个利益相关方之间合作的基础,是任何一个项目参与者都应该秉持的核心价值观,也是任何一个工程项目取得最终成功的保障。工程项目的时空条件纷繁复杂,外部环境不断变化,更有必要形成互信的项目组织文化。

(二)公私关系

因为工程项目中涉及的利益相关方众多,故而需要签订大量的合同约定各个参建单位的工作范围和职责,且合同的金额巨大。此外,工程项目具有一次性和独特性的特征,因此,一些项目成员会借机谋取私利,从而使工程项目变成了私利和各类关系的聚集地。在项目实施过程中,公私不分、侵占公共财产、利用私人关系等现象时有发生。而究其根本,这背后的主要原因就是各参建单位或者项目成员对公私关系的认知出现了问题,因此,帮助各参建单位树立正确的公私关系观也是工程项目组织文化建设的重要内容之一。

(三)组织开放性

项目组织文化的开放或封闭也是文化建设的一个重要方面。一个项目组织文化的开放或封闭由是否有多渠道的沟通系统,以及对项目外界或项目内部与既有文化不一致的事实信息所持有的基本态度两个维度来体现。开放型的组织文化能够使多种正式及非正式的沟通渠道并存,并拥有多种信息获取的平台,使得项目组织或者每个岗位上的员工都能够及时获得工作或项目活动所需信息,使得项目成员之间能够开展广泛的沟通交流与合作,避免信息的不对称。在此过程中,项目组织能够理性地对待各种文化差异(不同国家、地区甚至企业所带来的文化差异),并促进各种文化的融合,进而使得项目组织的文化得以完善和发展。相反,封闭型的组织文化会过分地限制项目组织的沟通渠道,以及与外部环境进行信息交换,这样会使得项目中各类组织或者项目成员无法及时获取工作所需的必要信息,甚至会落后于时代的发展。同时,项目组织也无法理性对待各类文化所存在的差异,对不同的文化进行排斥甚至是努力寻求机会将其排除,这样不利于项目文化的多样性发展,也不利于项目组织的良性发展。

(四)授权程度

在任何一个项目组织中,充分授权与高度集权应该并存,只是所应用的领域应该有所不同。在集权与授权的过程中,应该注意区分适用情况以及能够获得最佳的整体效果,因此授权程度也是项目组织文化建设的一个重要方面。如果授权程度与组织文化不能相匹配,则必定会影响组织的良性发展、损害项目组织的整体利益。作为项目组织文化,授权主要体现在业主与承包商之间职责界限的划定、业主对项目管理单位和建设监理等管理方的委托及对其信任与支持,以及在一个项目组织内上下层间权力分配上所持有的价值理念、行为规范和思维模式等方面。

(五)组织目标

项目组织的最终目标是实现项目各项目标。具体而言,项目组织的主要目标又包含在质量、安全、进度、成本管理四个方面:

(1)项目组织和各个利益相关方对于工程质量所持有的态度和价值观,决定了项目的质量方针、目标以及各类性能指标。同时,它们又与质量方面的行为规范、思维模式一起成为秉持质量方针、实现质量目标、达到性能指标的关键因素之一。

(2)项目组织和各个利益相关方对于工程安全问题所持有的价值理念及行为规范、思维模式是决定项目施工阶段的安全状态及项目运营和维护阶段的安全状况的关键因素之一,也是决定众多施工人员及生产人员人身安全的关键因素之一。

(3)进度计划是各个单位施工的依据,错误的进度观会导致进度计划出现问题,甚至影响到工程项目的质量和安全。因此,项目工期目标的适宜性和合理性,也是决定项目如期完工,以及达成质量和安全目标的关键因素之一。

(4)成本方面的价值理念是决定项目费用限额的关键因素之一,同时,它们又与费用方面的行为规范、思维模式一起成为决定项目实际投入费用的关键因素之一。

（六）均衡管理

工程项目是一个系统,根据系统管理科学理论,系统各方面存在一定的内在关系,且无法为人的意志所左右。因此,项目组织文化管理必须保持必要的均衡。唯有科学而理性的均衡管理理念及与之相对应的思维及行为,才能避免出现顾此失彼的局面,也只有这样才能确保项目沿着既定的方向稳步进行。

二、项目组织文化建设的原则

文化建设需要对人的思想和行为进行培育,这是一个漫长的过程。而项目的一次性决定了工程项目的各个参建单位的人员流动性较大,这样无疑会增加了项目组织文化建设的难度。因此,有别于其他项目,工程项目的组织文化建设需要遵循其建设原则。

1.强制内化与循序渐进相结合

首先,由于工程项目组织需要各个参建单位和项目成员尽快投入项目建设,工程项目的组织文化建设无法完全以自觉自愿的方式实现。因此,业主对其余参建单位提出的外在强制性要求是必不可少的。其次,项目组织文化的各个主体之间没有隶属关系,但存在着一定的利益关系和利益诉求差异。制定强制性要求的目的是在有限的时间内完成必要的内化过程,为此,业主通过严格的规章制度、鲜明的奖惩措施等来进行强制性约束,通过其自身的带头作用,有效地将项目组织文化进行宣传和渗透。同时,思想和意识的培育是一个循序渐进的过程,因此在组织文化形成的过程中也不能急于求成,应该将强制内化和循序渐进相结合。

2.充分利用现有文化

文化对人的影响是深远的,现有文化不会轻易地被清除。因此在文化建设过程中,充分利用现有文化是进行文化变革的基本原则。寻找各类现存文化的共同点,将其构建成统一的项目组织文化是建立组织文化的重要方法之一。类似地,为了建立项目组织文化,业主需积极地寻找项目参加各方的现有文化或其项目组织建立初期所显露的文化因素中与项目组织文化要求内容相同、相似、相近之处,并以此为基础进行延伸和扩展。这样,将会有效减少项目组织文化建设过程中的阻力,加快项目组织文化建设的进程。

3.要求的一致性

在项目组织文化建设中,业主要求的权威性和贯彻力来源于要求的一致性。首先,业主自身的决策、决定、行为与项目组织文化要求必须相符;其次,不同时间、不同层级、不同部门及岗位、不同管理方所做出或提出的那些与项目组织文化相关的决策、决定、要求须有统一性及衔接性。

4.人性化原则

尽管组织文化建设中的强制性发挥了重要作用,但是也不能抹杀人性。在文化建设过程中需尊重每个个体的人格独立、人性完整,这既是真正内化的基本要求,也是工程项目和各个单位不得违背的社会公德。否则,项目组织文化即使建立起来,也将使项目成员丧失其个性,变成只有教条和盲从的机器人。此外,人性化也体现在对项目成员物质和心理需求的满足上。因此,项目组织的文化建设过程中要注意满足项目成员的需求,帮助其实现人生价值和目标。

三、项目组织文化的形成、维护与发展

项目组织文化建设的主体包括业主及各参建单位,项目业主无疑在该过程中扮演着主导者的角色。作为主导者,业主主要通过以下方式使项目组织文化得以形成、维护及发展,其中也涵盖了业主自身项目组织的文化建设。

1.项目参建单位组织及人员引入

业主对待引入的参建单位、对自身项目成员及参建单位领导及其重要管理人员进行"文化评定",使各参建单位及业主自身项目成员与项目组织文化应当具备的特质相符或相近,至少不与之相冲突,从而使各方项目组织能够顺利形成与项目组织文化相一致的文化。

2.业主以身作则

在项目组织内部,项目领导及其他代表组织文化的关键成员通过在日常工作中及在特殊、重大项目问题、事件处理中体现的原则和意识、观念和理念、方式和作风引导着自身项目组织形成。就项目组织而言,业主通过在重大、特殊事件的处理过程中以身作则的方式影响、作用于各参建单位,由此抑制了与之相冲突的文化因素的显现,并促使与项目组织文化相一致因素的形成。

3.奖罚制度的引导作用

在一个组织内部,对充分体现组织文化的行为采取表彰、奖励乃至晋升相应人员的方式,对背离组织文化的行为采取批评、处罚乃至降职、辞退相应人员的方式,由此产生最强烈的示范、引导作用,项目组织亦不例外。就业主对其他各参建单位项目组织文化的引导来看,奖惩制度仍会发挥较大的作用(需要注意惩罚措施应以合同为依据)。

4.组织的宣讲及表象规定

与组织文化建设项目的各类宣讲(如培训、讲话、讲演)、相关的介绍及教育资料、各类仪式和庆典以及与项目组织文化外在表象相关的规定等都是创建、维护项目组织文化的有效方式。

5.项目制度的明文规定

通过成文的制度予以明确规定是形成、传承文化的重要方式之一。项目组织以制度促使自身形成与项目管理相适应的文化,同时,通过制定各参建单位也需执行的制度,并予以充分宣贯及执行监督,由此促进项目整体文化的形成。

第三节 ◉ 项目冲突管理

一、冲突的概念

无论项目最终以何种方式交付,冲突都普遍存在于项目的不同参与者之间。在工程项目中,项目组成员为了实现其自身的目标,在团队和团队之间、团队和成员之间或者成员之间,冲突时有发生。工程项目中各利益相关方之间的冲突是由于项目运作过程中各利益相关方之间

利益不一致而引发的一系列行为,这些行为相互影响、相互制约,对工程项目的良好发展和目标实现等都会产生影响。建设工程项目中的冲突为,发生在工程项目中,由于项目参与单位之间产生的对立或不一致所引发的双方相互作用的过程。

二、冲突的来源

工程项目冲突来源于前期计划、组织管理、沟通问题、项目制度、合作伙伴和施工条件等六个方面。

1.前期计划

前期计划是工程项目冲突的主要来源之一。前期计划中能够诱发冲突的因素主要包括调研问题、计划问题、图纸设计和合同条款四个方面。首先,在确定人员岗位和参建单位选择前,如果没有对相关人员的工作经验、参建单位的企业资质以及工程的施工现场情况等方面进行深入的调查和调研,会给后续工作带来隐患,甚至导致冲突。例如,相关人员的素质较差或者缺乏相关专业操作的资质,无法按时、保质、保量地完成工作会成为引发冲突的导火线。其次,相关计划问题也会带来冲突,尤其是施工组织计划、资金使用计划、采购计划等方面欠妥时。此外,图纸是项目施工单位施工的主要依据,也是各个项目管理单位进行管理工作的主要依据之一。因此,施工前期如果图纸细化不足或者设计存在问题也会给各个单位的施工操作和管理工作带来冲突。最后,诸多学者和建筑从业者从学术和项目管理实际中都已经发现,合同条款是项目冲突发生的重灾区。主要原因是合同条款语义不清会成为后期冲突双方争夺利益的焦点。

2.组织管理

工程项目作为一个组织系统,组织管理方面的问题也必然会导致冲突的发生。组织管理问题主要集中在职责分工不明和组织结构存在缺陷两个方面。工程项目涉及的利益相关方众多,各方在项目管理过程中,工作范围不清和责任界限不明都会导致冲突。此外,组织结构设计不合理也会导致冲突。例如,在工程项目中,存在业主直接与某些分包商和供货商签订合同的情况,这样会导致承包商对于甲指分包和甲供材料的管理权限受约束,进而会引发双方之间的一系列冲突。

3.沟通问题

在一般的组织中,不良的沟通都会导致冲突的发生,工程项目中也不例外。沟通问题主要体现在各个利益相关方之间沟通的渠道和态度两个方面。工程项目中各参建单位的沟通渠道不通畅、不连贯以及各单位的沟通态度消极都会导致项目各成员在信息交换过程中不及时、不充分,进而引发冲突。沟通不及时主要是由于项目缺乏完善的沟通渠道,如即时通信平台、信息共享平台等。沟通不充分主要是由于沟通双方在交流时态度不积极主动,产生了语义上的分歧、误解。

4.项目制度

项目制度是项目内各个利益相关方开展相关工作的依据和标准,因此,项目制度存在缺陷、缺失,甚至是执行不严格,也会导致冲突。尤其在项目建立之初,项目经理等的经验缺乏会导致一些必要的项目管理制度的缺失和不完善。

5.合作伙伴

工程项目冲突主要是项目内部各利益相关方之间的冲突,因此合作伙伴选择不当是冲突的主要来源之一。合作伙伴的合作态度不友好和项目目标不一致都会导致项目冲突。项目利益相关方在参与项目过程中对合作持有消极态度,例如故意曲解合同等行为都会导致冲突。此外,目标差异也是项目冲突来源之一。假若每个利益相关方都是从自身角度出发,争取为自己或者所在单位谋取更多的利益,这必将会导致一系列的冲突。

6.施工条件

施工条件是导致冲突的客观条件。项目实施过程中天空中的风、云、雨、雪等一切天气条件以及施工的工作面等都会带来冲突。例如,由于天气变化,影响了项目进度,业主和总承包方关于进度计划产生了冲突。另外,由于位于同一个项目内,部分子项目的施工工作面是紧邻的,有的会有交叉,甚至会重叠,也会引发一些冲突。

三、冲突的类型

由于工程项目建设的时间比较长,所处的环境纷繁复杂、变化莫测,所以在工程项目建设过程中,冲突频发。其中,最常见的冲突类型主要有:施工管理冲突、组织管理冲突、设计管理冲突、财务管理冲突、产品管理冲突五大类。

1.施工管理冲突

工程项目的施工管理主要通过对工程的质量、安全、进度、成本进行全方位控制,来实现工程目标,这也是提高建设企业市场竞争力的主要手段。施工管理冲突就是在此过程中发生的一系列冲突,包括施工工序冲突、施工标准冲突、施工范围冲突和施工进度冲突。这些与施工管理相关的冲突主要发生在工程项目内部承包商和分包商之间、各分包商之间以及各个施工班组之间等。施工工序冲突主要是指项目中工作面相邻、交叉或者重叠的各子项目参与方关于工序安排产生的冲突。施工标准冲突则是由于项目前期计划中没有统一各子项目利益相关方的工作标准或者各利益相关方的目标不一致,导致在施工过程中各参建单位就施工的质量、安全等标准问题产生了冲突。施工范围冲突主要是由于合同中对于部分工作内容或者工作范围没有界定清楚,导致利益相关方之间就某些工作的具体责任归属问题产生了冲突。施工进度冲突主要是由于各参建单位目标不一致引起的。

2.组织管理冲突

组织管理是在项目管理中设计合理的组织结构,配备合适的工作人员,明确每个参与者的工作职责和范围的总称。换言之,就是按照特定的规则构成项目内部的一种结构层级和人事责权安排,其目的在于有效地利用项目内部有限的资源,实现项目的组织目标。因此,项目中的组织管理冲突主要包括关系冲突和职责冲突。在项目中,组织结构存在问题会引发职责冲突,例如业主与项目经理的管理冲突,总承包商与甲指分包和甲供材料的管理冲突等。项目团队中各利益相关方之间存在组织管理中的关系冲突,例如工作不配合等。

3.设计管理冲突

建设项目的设计是一个多目标、多阶段、多功能的复杂系统,是由彼此联系、互相制约的若干元素以一定结构组成的,具有一定功能的整体。因此,设计过程中出现的一些问题,导致设计冲突。建设项目的设计冲突主要包括两大类:设计缺陷冲突和设计错误冲突。设计缺陷冲突是指设计图纸中,可修正且不影响图纸后续使用的问题所带来的冲突。设计错误冲突是指存在于设计图纸中,使得设计图纸无法交付使用的问题所带来的冲突。产生设计冲突的主要原因是设计单位的设计人员的能力和工作态度问题。

4.财务管理冲突

建设工程项目财务管理是指从项目接收到项目完工这一施工生产过程至工程保修期结束后的财务管理。财务管理对于项目的成本控制起到重要的作用。然而,由于项目的各利益相关方代表了不同的利益团体,目标存在不一致,会导致财务管理冲突。项目的财务管理冲突主要集中在业主、审计单位和总承包方三类利益相关方角色之间。财务管理冲突的主要类型包括结算冲突和审计冲突两种类型。结算冲突指的是冲突双方就项目款的结算方式和结算时间节点未达成一致。审计冲突指的是专门的审计单位对工程项目的工作进行审核、检查过程中产生的冲突,例如变更索赔冲突、工程量核算冲突和批价冲突等。

5.产品管理冲突

建设工程产品包括任何一种以永久性方式存在于建设工程内的产品、预制后与地基直接连接的建筑物、工程建设的最终产品。产品管理冲突包括两个方面:产品使用冲突和产品维护冲突。产品使用冲突主要是各方就项目中未交付产品的使用权产生了冲突。例如,已完成验收工作的电梯在未交付前,禁止施工各方使用。项目的产品维护冲突主要包括维修和保护两大类,例如业主与总承包方对于项目后续维护期的冲突。

四、冲突的解决

项目冲突的解决需要冲突双方在一定的冲突解决原则指导下采取相应措施来解决冲突。项目冲突的解决原则包括及时性、优先性、系统性和合作共赢四个基本原则。及时性是指在冲突发生时,为了避免冲突扩大化或者冲突程度加深,冲突所涉及各利益相关方应及时采取措施寻找解决方案,而不是置之不理。在制定冲突解决措施时应该考虑优先性、系统性和合作共赢。优先性主要包括两个方面:一是明确项目高于个人目标的原则,因此要在不破坏项目目标的前提下,制定合理的冲突解决措施;二是选择相对专业的单位或者利益相关方去处理冲突,这样便于更好地解决问题。系统性要求在制定冲突解决方案时,要做到总揽全局、科学筹划、协调发展、充分考虑冲突所涉及各方的需求。最后,合作共赢要求各方在处理冲突的过程中,要有合作意识和契约精神,努力在解决冲突的过程中寻求长远的合作机会。

冲突的解决原则并不是相互独立的,而是相互影响的,因此在冲突处理的过程中,这些原则都应该给予充分的考虑。抛弃任一项原则都不能使得冲突得到最佳地解决。

尽管引发冲突的原因众多,冲突的内容各异,但是项目冲突的解决策略也是有规律可循的,一般可以采取以下五种策略解决相应的冲突。

1.第三方介入

第三方介入是指邀请冲突双方以外的独立第三方参与冲突的解决。第三方主要包括上级单位、专家和中间人(例如熟人、共同的朋友等)。该策略适用于冲突双方无法独立解决冲突时,可以考虑邀请共同的上级单位或者双方各自的领导出面协调,制定能够让双方认可的冲突解决方案。专家参与也有利于冲突的处理,因为专家具有专业性,能够针对具体的冲突问题提供一些专业性的建议,或者能够帮助冲突双方了解客观事实,站在客观的角度上提供冲突解决方案。当然,中间人在冲突解决过程中也扮演着重要的角色。中间人角色通常由双方认可的、对双方都具有一定影响力的人担任,例如曾与冲突双方皆有过良好合作经历的人员、共同的朋友或者熟人等。中间人选择不当,会导致冲突处理不及时,甚至影响冲突的解决。所以,在选择冲突解决策略时,要十分谨慎地选择合适的中间人。同时,参与冲突解决对中间人也十分具有挑战性,需要承担一定的压力,甚至是责任。

2.组织优化

项目组织优化也是冲突解决的主要策略之一,主要包括组织结构修订和职责界定。在项目实施过程中,一些冲突是由组织结构存在问题导致的,因此修订组织结构能够有效地解决冲突。同时,在组织结构中新增一些职能部门也能够解决冲突,例如成立项目安全质量检查小组、绩效考核团队等。此外,建立冲突管理职能部门对于解决项目冲突管理具有重大作用。职责界定主要是当冲突双方对于工作内容产生疑问或者工作职责界定不清晰时,需要相关人员对其进行重新界定,以便后期工作的顺利开展。

3.制度完善

项目制度也是冲突的主要来源之一,因此完善项目制度也能够解决冲突,主要包括调整制度和新建制度两个方面。通过冲突管理经验,对现有项目制度进行调整,或者新增加必要的管理制度,以解决或者避免相应的冲突。

4.双方协调

双方协调是冲突解决中最常采用的策略。双方协调的方式多种多样,其中包括协商谈判、运用职权、让步妥协、替代补偿和工序协调等。协商谈判主要是冲突双方为满足各自需要和维护各自的利益,为妥善解决冲突而进行的协商。谈判的形式也并不拘泥于召开讨论会的形式,私下接触等也能够达到谈判的效果。运用合同和法律法规所赋予的职权等也能够解决冲突,这种情况下主要适用于冲突一方违反了合同或者相应规范,而另一方在该方面对其具有约束力。让步妥协是冲突一方为解决冲突或达成目标而做出的妥协和某种牺牲。这种策略一般是因为冲突的某一方处于弱势地位,不妥协可能会带来更大的损失。一般与让步妥协同时使用的策略是替代补偿。因为冲突一方既然已经做出让步妥协,另一方本着合作共赢的原则,会对对方进行一定的补偿,以弥补其损失。具体形式包括但不限于后期的合作承诺和提前结算项目款等。

5.技术解决

随着建筑信息化管理(Building Information Management, BIM)等可视化工具的应用领域越来越广泛,BIM 等技术也越来越多地应用于项目冲突的解决。运用这些技术调整各单位的施工顺序,使其能够按照进度计划执行,能够有效地解决施工进度冲突。

不同的冲突解决策略在不同的情景下能够发挥不同的作用。因此,在冲突解决过程中,要注意根据冲突的具体内容,选择合适的一个或者几个冲突策略,这样才能更好地解决冲突。

五、冲突的影响

冲突各方在行为之后会带来一些后果,即冲突解决后会对项目或者各利益相关方产生一定的影响。这些影响有破坏性的一面,也有建设性的一面。冲突对项目产生的影响涉及关系、工作和目标三个方面。

1.关系

冲突会影响项目的关系。项目的关系包括人际关系、合作关系和社会影响三个方面。人际关系是指项目各利益相关方之间在相互交往过程中所形成的心理关系,例如信任等。如果冲突没有被妥善解决,或者解决结果令某一方感到不满,都会使得冲突双方关系恶化。而如果冲突能够以适当的方式解决,双方的需求都得到满足,那么关系会得到改善,甚至与冲突前相比,双方关系更加密切。合作关系是指项目利益相关方之间为实现目标的协调关系。在解决冲突过程中,采用了更换人员、终止合同和做出未来合作承诺等多种策略。这些策略都影响了项目各利益相关方之间的合作关系。社会影响是指影响社会群体对某件事情的认知,取得良好的社会效果也是项目目标之一。然而,冲突处理不当会影响项目在社会公众中的形象。

2.工作

冲突会影响项目各利益相关方的工作,主要包括三个方面:工作效率、工作难度和工作量。例如,由于工作范围不清,导致双方产生了冲突,互相推诿责任,会使得相应的工作严重滞后。再如,项目各利益相关方之间缺乏合作意识,相互之间不配合,产生冲突,导致完成了某项工作的困难程度增加。最后,有一些项目的冲突需要上级单位介入进行协调等,这也会增加上级单位的工作量。

3.目标

冲突会影响项目的目标。项目的目标主要包括质量、安全、进度和成本四个方面。冲突会给项目目标带来负面的影响,如降低某个项目的质量、导致安全无法保证、进度严重滞后或者成本增加等。同时,项目冲突也会有积极的影响产生。例如,有的冲突会促使各项目在施工过程中更加注重安全、质量和进度,提高相应的标准,但是增加了项目的成本。

六、冲突的预防

预防胜于治疗,冲突预防是项目冲突管理中一项十分重要的内容。工程项目在进行冲突预防时,主要从项目准备、知识管理和信息技术三个方面着手进行。

1.项目准备

项目准备是指在项目正式实施前,进行充分的准备工作来避免冲突。项目准备的主要内容包括但不限于调研工作、资金筹备和合同设计。

调研工作是指对参与项目工作的重要人员和单位进行详细的调查,尤其是项目成员或者参建单位的资质是否满足要求,以及参建单位是否存在借壳等情况。一旦发现相关人员或者单位不满足相应的要求,业主应该拒绝合作。此外,尽管有勘测单位会对施工现场进行专门的勘测工作,各个项目参建单位仍应该充分了解施工现场,在制订施工计划等时要充分考虑相关影响因素。

资金筹备也是项目参建单位在项目准备中必须到位的一项工作。项目各参建单位只有拥有充足的资金,才能保证其现金流正常。当由于资金问题引发矛盾时,各单位能够及时应对这些状况,从而避免其进一步演变为冲突。

合同问题是冲突的主要来源之一。因此在项目准备阶段的合同设计中,选择合适的对象和制定详细的条款也是预防冲突的重要措施之一。例如,与甲指分包和甲供材料单位签订合同时,应尽量采用业主指定单位,由项目总承包方与之签订合同,增强总承包方对这些单位的管理权限。另外,在制定合同时,应该由经验丰富的专业人员参与合同拟定,合同条款应尽量详细、意义明确,避免产生歧义。同时,前期参与其他项目管理发现的合同问题,也应该在后续项目拟定合同过程中加以防范,采取措施进行规避,以防止冲突的发生。

2.知识管理

知识管理指的是识别和协调组织中的集体知识来提升组织的竞争力。冲突预防也需要各个单位在实践中不断地积累经验,来提高冲突管理的能力。因此知识管理也是冲突预防很重要的一个环节。冲突预防中,知识管理主要包括两部分:档案管理和人员培训。

档案管理一方面要求参建单位对项目管理过程中的冲突案例进行详细的记录和总结;另一方面要求项目管理办公室对参与项目建设的各个主要利益相关方的表现进行记录,建立诚信档案、绩效考核档案等,为业主在今后项目中选择更优的合作伙伴提供参考依据,从而避免冲突。

人员培训是指在项目实施前或者实施过程中,对一些易产生或者导致冲突的人员进行冲突管理培训,提高他们的冲突管理意识,增强冲突解决的技巧和方法,从而有效地避免冲突。

3.信息技术

随着技术的发展,新兴信息技术等的应用也可以有效地避免冲突。新兴技术的应用主要包括办公平台、管理软件和可视化工具三个方面。

办公平台包括即时通信软件和信息共享平台等。即时通信软件,例如微信、QQ等,能够有效地提高项目各利益相关方之间的信息共享的效率,实现各方之间的及时沟通,及时消除一些沟通上的问题,从而避免冲突。同时,搭建项目信息共享平台,有助于各个利益相关方及时掌握项目的动态,了解项目的进展情况,从而能够增强其大局意识,统筹兼顾,便于开展工作和合理安排工作,避免冲突。

ERP和HR等管理软件能够协助项目更加高效地进行供应链、人力资源等方面的管理,提高管理效率,减少冲突的发生。此外,BIM、4D等可视化工具的广泛应用,也能够用于识别一些平面设计图纸上的问题,便于及时发现问题,从而及时修正,避免后续冲突。因此,有效地运用信息技术也能够预防项目冲突。

项目冲突预防并不是使用单一的预防措施就能够达到理想效果的,它需要多个预防措施配合使用,这样才能够较为全面地预防冲突的发生。

参考文献

[1] 陈永鸿.建设项目组织文化结构的实证研究[J].昆明冶金高等专科学校学报,2014,30(2):60-64.

[2] 陈永鸿,骆汉宾,王广斌.建设项目组织文化与组织集成的相关关系研究[J].土木工程与管理学报,2014,31(3):60-63.

[3] 成虎,肖静,虞华.工程项目管理[M].2版.北京:高等教育出版社,2013.

[4] 丁杰.建设工程项目冲突管理机制的研究[J].建设监理,2011,(12):41-45.

［5］黄继红,蒋凌鹤.浅析公路施工企业的工程项目财务管理与成本控制［J］.交通财会,2007,(4):51-53.

［6］刘治映,余燕君.建筑工程项目管理［M］.北京:中国水利水电出版社,2007.

［7］骆珣.项目管理教程［M］.2 版.北京:机械工业出版社,2010.

［8］孟庆彪.论大型工程建设项目的文化建设［J］.项目管理技术,2015,13(1):87-90.

［9］杨艳慧.工程项目组织的结构模式及选择［J］.住宅与房地产,2017,(35):121-122.

［10］仲景冰,王红兵.工程项目管理［M］.2 版.北京:北京大学出版社,2012.

［11］周建国,桑培东,于周军,等.建设工程项目管理［M］.青岛:中国海洋大学出版社,2006.

第九章
项目管理与可持续发展

自 1980 年世界自然保护联盟(IUCN)、联合国环境规划署(UNEP)和世界野生生物基金会(WWF)在共同发表的《世界自然资源保护大纲》中首次明确提出可持续发展(Sustainable Development)的概念后,可持续发展逐渐成为当今世界的人类共识。在工程建设领域,工程被认为是社会存在与发展的物质基础,它满足了人类生活的需要并不断提高人类生活的质量,但与此同时也存在着资源浪费、环境污染等问题。因此,探究工程建设项目管理实践活动中的可持续发展问题具有深远价值。

第一节 ● 可持续发展

一、可持续发展概述

(一)可持续发展的概念

1.基于自然属性定义可持续发展

生态学家最早提出了可持续性的概念,即生态可持续性,它旨在说明自然资源与人类开发利用程度两者之间的平衡问题。1991 年 11 月,国际生态学协会和国际生物科学联合会举行了关于可持续发展问题的专题研讨会,在会议上将可持续发展定义为"保护和加强环境系统的生产能力和更新能力"。从生物圈概念出发定义可持续发展,认为可持续发展是寻求一种最佳的生态系统以支持生态的完整性和人类愿望的实现,使人类的生存环境得以持续。

2.基于社会属性定义可持续发展

在 1980 年发表《世界自然资源保护大纲》之后,1991 年,世界自然保护联盟、联合国环境规划署和世界野生生物基金会又共同发表了《保护地球:可持续生存战略》,进一步将可持续发展定义为"在生存不超出维持生态系统涵容能力的情况下,提高人类的生活质量",并提出了可持续生存 9 条基本原则。其中,既强调人类的生产方式与生活方式要与地球承载能力保持平衡,又提出了人类可持续发展价值观和 130 项行动方案,同时还论述了可持续发展的落脚点是人类社会,即改善人类的生活质量和创造美好的生活环境。

3.基于经济属性定义可持续发展

可持续发展基于经济属性的定义有多种表述,均认为经济发展是可持续发展的核心。《经济、自然资源不足和发展》一书中指出可持续发展是指"在保持自然资源的质量和其所提供服务的前提下,使经济发展的净利益增加到最大限度"。其他学者还曾指出"今天的资源使用不应减少未来的实际收入","经济发展不应以牺牲资源和环境为代价,而是应该将不降低环境质量和不破坏世界自然资源作为发展的基础"。

4.基于科技属性定义可持续发展

科技进步无疑在实施可持续发展的过程中发挥了重要作用。离开科学技术的支持,人类可持续发展将无从谈起。有的学者从技术角度扩展了可持续发展的定义,指出"可持续发展就是转向更清洁、更有效的技术,尽可能接近'零排放'或'密闭式'工艺方法,尽可能减少能源和其他自然资源的消耗","可持续发展就是建立极少产生废料和污染物的工艺或技术系统"。这些学者认为污染并不是工业活动不可避免的结果,而是缺乏技术和效益低下的表现,并呼吁不同国家之间的技术合作以共同保护地球环境。

5.普遍认可的布氏可持续发展定义

1987年,世界环境与发展委员会(WCED)发布了《我们共同的未来》报告,其中主持人布伦特兰夫人提出的可持续发展概念得到了较为广泛的认可,即"可持续发展是指既满足当代人的需求,又不损害后代人满足其需求之能力的发展"。该定义表达了代际公平的思想和环境能力的有限性思想,阐明了技术状况和社会组织状况决定了环境满足现在和未来各种需要的能力是有限的,同时还指出可持续发展的概念并不是发展与可持续性两个概念的简单结合,而是可持续性在时间与空间尺度上对发展本质所做出的限定。

诚然,布氏定义的可持续发展概念亦被后来学者批判和改进,认为其偏重于伦理学或政治主张,不够精确且操作性不佳。皮尔斯与沃福德将可持续发展定义为"当发展能够保证当代人的福利增加时,也不应使后代人的福利减少",并尝试用经济学的语言来进行描述。世界银行在《1992年世界发展报告:发展与环境》中给出可持续发展的解释,"建立在成本效益比较和审慎经济分析基础上的发展和环境政策,加强环境保护,从而导致福利的增加和可持续水平的提高"。该解释强调了可持续发展是经济利益、环境利益和社会福利三者间相互协调和相互促进的过程。

综上所述,可持续发展的内涵可以被归纳为:第一,人类经济系统与生态系统之间的关系是可持续发展基本的研究对象,人类在有限制的生态系统环境下谋求经济发展和社会发展。第二,资源环境物质上的稀缺性与经济上的稀缺性一同构成经济发展的限制条件。第三,当代人发展经济除了考虑自身的利益,更要合理考虑后代人的利益。可持续发展是包含了经济、环境与社会因素的综合性概念,同时也是涉及了代内关系与代际关系、人与自然关系的时空性概念。

可持续发展的准则主要包括:第一,协调性。可持续发展以全球范围内社会、经济、人口及环境各方面的协调发展为基础。第二,公平性。可持续发展强调世界范围内当代人之间、当代人与后代人之间,以及不同区域之间的公平与平等。第三,持续性。可持续性表现为人口、资源、环境工程可持续发展和发展之间的动态平衡变化,要充分注意发展的环境和资源限制,不能为了当前发展而破坏未来发展的条件。第四,内在性。系统内部结构和功能决定了系统的可持续发展,外部因素仅在一定程度上发挥催化作用。第五,共同性。随着全球化进程的加快,国与国、地区与地区之间的依赖程度不断提高,因此开放条件下的可持续发展必须是共同发展。

(二)工程项目可持续发展的内容

工程项目可持续发展主要体现在工程设计、工程施工、工程运行和维护、工程材料等方面。

1.工程设计与可持续发展

工程设计是对工程项目所需的技术、经济、资源和环境等进行综合分析和论证,并编制工程项目设计文件的活动。工程设计在技术上是否可行、工艺是否先进、经济是否合理、设备是否配套、结构是否安全可靠等决定了工程项目建成以后的功能和使用价值。而且,工程设计方案对环境的关注度直接关系到工程实体在施工运行与最终拆除和循环利用各阶段对环境的影响。

规模型工程的设计阶段可分为初步设计、技术设计和施工图设计等三个设计阶段。在三个设计阶段中,每一个专业均需做好相关的衔接。专业设计人员在整个设计过程中需熟悉并把握施工材料、施工规范、设计经验和新技术,充分重视环境保护和资源能源节约的重要性,在保证工程项目质量基础上实现可持续发展。为保证整个设计过程中统一协调设计各个部门和各个专业,需要保证内部各个专业之间互相学习沟通,对设计项目的各有关方面进行配合,协调工程的各个功能要求,在具体设计中,在投资控制范围内,合理应用可持续发展的新技术和新成果。

2.工程施工与可持续发展

工程施工是把工程设计意图付诸实施,建成最终产品的过程。工程施工阶段也是可持续发展的重要环节。在此阶段,或多或少地会对生态系统产生影响,有可能对人居环境带来污染和不利影响。例如,基坑开挖、转运建材易造成大气粉尘污染;设备安装、运行和转运易引起噪声污染;施工过程中建造和拆除所产生的废弃物影响环境等。因此,在施工过程中应当运用科学管理方法管理施工作业,采取积极措施来避免、减少工程施工过程对生态环境的影响。与此同时,业主、设计单位和承包商应有效地识别施工场地中的自然、文化和构筑物特征,运用合理措施保存这些特征并减少干扰,以及把握工期、劳动力和资金情况和掌握现场需要保护的植物、区域。

3.工程运行和维护与可持续发展

工程项目投入使用后,应当重视工程使用和拆除阶段的可持续发展,营造"绿色工程"形象。工程在使用阶段会消耗大量能量并产生废弃物,自然因素与人为因素对工程结构性能造成不利影响,致使结构性能不断劣化,使用年限逐步衰减,最终达到结构寿命而终结。在工程的运行和维护阶段,应主动监测、保养与维护土木工程建筑物,在允许的情况下对建筑进行长期结构监测,对外界和人为的损坏、地震、火灾等因素造成建筑结构破坏进行定期(如 5 ~ 10 年)修缮维护。与此同时,在建筑中提高能源利用效率,积极应用可再生能源,尽量采用自然通风和天然采光以及风能发电等。这些措施在增加建筑使用寿命的同时,达到改善生态和人居环境的目的,促进可持续发展。

4.工程材料与可持续发展

此外,工程可持续发展还与工程材料、可回收资源等密切相关。工程可持续发展应当重视工程材料的可持续发展,在工程项目建造过程中采用更合理的环保材料,增加高性能材料的使用。生态建筑材料是新型建筑材料,且对环境负面影响较小,可在施工过程中发挥其使用功能。相对于传统建材,生态建筑材料具有对环境的直接净化和修复的功能,其与生态环境协调性更好。使用生态建筑材料可大大减少对生态环境的破坏,使人类活动有利于保护自然环境资源。

充分利用可回收资源是资源节约的重要措施之一。对可回收资源的利用,一是合理使用可再生材料和产品,从废弃物中分离可再生成分和可回收部分,减少对原始材料的使用和对自然资源的消耗;二是循环利用和回收利用材料和资源,以减少工程材料消耗量,同时也可以通过销售的方式增加企业收入,降低企业运输费用和填埋垃圾的费用。

(三)我国工程可项目持续发展的现状及历程

众所周知,我国幅员辽阔、物产丰富,然而我国的资源和能源状况其实并不乐观。在水资源方面,我国仅是世界人均值的28%。在不可再生化石能源方面,《BP世界能源统计年鉴》显示,我国是全世界最大的能源消费国和生产国,煤炭的剩余储量可供开采和使用的年限逐年大幅度减少,目前仅够开采31年。另外,尽管我国国土面积有1045万 km^2,但其中可以有效利用的土地面积并不富裕。胡焕庸线(黑龙江省黑河市与云南省腾冲市的连线)东南面约40%的土地养育了中国95%的人口。

在工程建设领域,我国自改革开放以来尤其是进入21世纪以来取得了举世瞩目的成就。以土木建筑领域为例,我国每年新增建筑面积超过20亿 m^2,竣工建筑面积名列世界前茅。但与此同时,我国也是资源与能源的消费大国,2014年数据显示,建筑工程消耗的能源约占我国能源消耗总量的30%左右。2014年我国建筑总面积达430亿 m^2,其中95%以上是高能耗建筑。而且每年新增的20多亿 m^2 建筑中,有80%以上是非节能建筑。建筑的建造与使用过程中能源消耗所产生的碳排放是造成气候变化和环境持续恶化的主要原因之一。如何在满足使用需求的同时,减少对各种资源与能源的消耗和对环境的破坏是亟待解决的问题。

20世纪90年代,可持续建设的概念逐渐被引入我国。1994年,我国发表了《中国21世纪议程》,并启动2000年小康型城乡住宅科技产业工程。1996年,《中华人民共和国人类住区发展报告》对进一步改善和提高居住环境质量提出了更高的要求。2001年5月,我国推出了《绿色生态住宅小区建设要点与技术导则》。2002年7月,建设部陆续颁布了《关于推进住宅产业现代化提高住宅质量若干意见》《中国生态住宅技术评估手册》。2002年10月底,我国又出台了《中华人民共和国环境影响评价法》,为工程项目建设的环保问题提供了法律依据。在我国发展绿色建筑这一重要战略思想的指导下,各地方政府也相继出台了一些推动绿色建筑发展的文件和规定。总的来说,目前我国可持续建设仍有很大的发展空间,很多问题有待于进一步研究。

(四)工程项目可持续发展的意义

实现工程项目可持续发展具有三个方面的重要意义:第一,在经济效益方面,可以有效降低工程项目的运行成本,增加工程项目的价值;第二,在社会效益方面,可以提高人们的生活质量;第三,在环境效益方面,可以减少环境污染、提高环境质量,减少不可再生资源的消耗和提高资源的利用效率。

总的来说,工程项目可持续发展有助于社会效益、生态效益和经济效益的统一,有助于我国经济以集约型方式增长,有助于促进经济发展与环境、人口和资源间的协调;同时,工程项目可持续发展还有助于促进国民经济向着健康、持续、稳定的方向发展,有效改善人们生活条件,提高人们生活质量;以及有助于促进新型工业化发展,有助于我国在工程领域的经济结构调整,在保护生态环境的前提下促进工程长期稳定的发展。

(五)工程项目可持续发展的趋势

随着可持续发展观念逐渐成为当今世界的人类共识,工程项目可持续发展的相关理论和实践也日益完善,并呈现出如下发展趋势:

第一,从注重单一可持续性能问题向可持续发展性能综合优化问题转变。由于专业划分和管理范围的不同,以往仅强调某一单一性能的最优解。例如在强调材料的保温隔热性能时,可能会忽略这种材料给使用者健康带来的危害。因此,在进行工程可持续发展分析时,必须拓宽视野,从全局角度对工程建设进行总体可持续发展性能的优化。

第二,从仅注重结果评价向注重过程评价转变。虽然工程建设的最终交付成果是衡量项目成功的关键指标之一,但是,由于工程建设项目的不可逆性,我们必须从工程项目的建设初期开始贯彻可持续发展的思想。只有将工程建设的评价体系贯穿到整个工程建设项目全生命周期的各个阶段,把可持续发展工作落实到工程建设的各利益相关方,才能通过建设过程的有效控制来最终实现工程项目的可持续发展。

第三,从仅注重新建建筑向同时关注新建建筑和既有建筑改造转变。既有建筑使用过程中往往耗费大量能源,并造成环境污染。对既有建筑的改造,旨在提升其节能、环保和使用舒适度性能,以及降低有毒有害物质对使用者的危害。

第四,从注重工程技术向工程技术与工程管理并重转变。我国工程项目可持续发展在技术领域已经取得初步成绩,围绕提高工程项目可持续发展技术水平颁布实施了一系列技术标准和规范。这些对指导从业人员通过技术手段实现可持续发展发挥了促进作用。但是,在建立健全工程项目可持续发展管理体制方面却相对落后,如何采取有效管理措施,规范工程项目可持续发展行为,以及如何采取有效激励措施,提高项目各方参与工程项目可持续发展的积极性,是迫切需要解决的问题。

二、工程项目可持续发展原理

(一)工程项目可持续发展的特点及难点

随着工业化和城镇化建设速度的加快,工程建设项目的数量越来越多。在能源资源日趋紧张和资源环境压力日益严重的情况下,坚持可持续发展原则日益重要。概括来说,工程项目可持续发展观念的特点主要体现在"一次性建设""多工种作业""跨行业协作""多目标管理"四个方面。

第一,一次性建设特点。建设工程项目具有一次性的属性,即项目一旦建成,即使存在一些问题亦不可能推倒重来,否则便会造成较大的损失。这就要求项目在前期策划阶段必须以预防为主来充分考虑各种问题,而不是采取被动控制的思想在建设完成之后再思考补救措施,同时注重将可持续发展理念贯穿到项目的每一个环节中去,这样的工程才能达到可持续的预定目标。

第二，多工种作业特点。相比于其他产品的生产，工程项目的建设过程要复杂得多，影响因素也更多样化。具体来说，建设过程需要多个工种交叉作业，而不同工种协同作业过程中，最容易互相干扰、互相影响。如果能够通过相互配合、相互协作和信息沟通来及时解决项目各个工种作业的目标，那么这将有助于项目的可持续发展。

第三，跨行业协作特点。工程建设项目尤其是大型项目涉及多个领域的技术和知识，涵盖不同行业和管理部门。在管理上，建设项目涉及城市规划、土地利用、环境保护、资源利用等。在技术上，一个工程项目不仅涉及工程设计施工技术，还涉及环境技术、节能技术、设备制造技术等。工程建设除了具备建筑业知识之外，还需具备房地产业、城市管理、机械制造、环境工程等行业的知识，这种跨行业协作对于提高工程项目建设水平十分重要。

第四，多目标管理特点。工程建设项目的多目标包括进度控制、成本控制、质量控制、安全控制等诸多方面。不仅需要考虑建设阶段目标的实现，而且要兼顾使用和运营维护阶段；不仅要考虑项目本身的目标，同时还要考虑工程项目对环境的影响。评价工程建设项目是一项系统工程，必须进行多目标分析，即从多目标优化角度论证，从多目标管理角度提高效率和水平。

此外，工程项目可持续发展观念还有以下难点：

第一，多主体参与引发管理问题。原则上讲，为了有效实现工程项目的可持续发展，工程项目的利益相关方必须从可持续的角度思考工程项目的建设问题。然而，实际上，由于业主、规划设计、施工、运营、维护等不同的参与方都有着各自本身的利益，那么站在自身立场上考虑问题和做出的决策就可能会阻碍工程项目的可持续发展，即产生了一系列的管理问题。因此，有必要从工程建设的各参与方出发，制定相应的激励和约束措施，从而实现可持续发展的目标。

第二，跨专业协作引发的技术问题。工程项目的建设往往涉及多专业的技术知识，这就导致了技术人员经常由于不够了解其他领域的状况而给工程项目的可持续发展带来技术上的难题。例如，建筑设计师选用的更好的节能、环保材料，对于结构设计师来说可能会增加建筑的载荷，即增加结构设计中的承重体系的材料用量，这与可持续发展的思想背道而驰。因此，可以通过尝试培育复合型工程管理人才以及加强跨专业技术领域的沟通协作来解决此瓶颈问题。

第三，初期投资增加引发的经济问题。可持续发展往往会给工程项目的初期投资造成一定幅度的增加，而这些初期费用的增加是否会在工程项目的后期运营和维护中得到补偿经常会困扰工程项目的投资者，尤其是对于追求利益最大化的投资企业而言。因此，为了从根本上提高工程项目投资方实施可持续发展的积极性，有必要对这一问题进行仔细研究。

（二）工程项目可持续发展系统分析

工程项目可持续发展系统是一个复杂的多属性、多目标系统。工程项目可持续发展系统框架如图9-1所示。该系统可以从三个方面进行分解，按专业属性分为规划、建筑、结构、设备等多个不同的专业系统；按工程项目生命周期分为策划、设计、施工及验收、运营等多个环节；按可持续性能属性分解，需要考虑资源和能源的有效利用、环境保护、人体健康和舒适等问题。因此，对待如此复杂的大系统，需要用系统分析的方法对其加以系统管理，以实现整个工程系统的可持续建设。

第一，按照工程项目生命周期分解。工程项目可持续发展可以分为可持续策划、可持续设计、可持续采购、可持续施工、可持续运营和最终处置等子系统，如图9-2所示。这种以工程项目生命周期为依据的分解方式，最符合工程项目的建设和运营特点，对于在工程项目生命周期

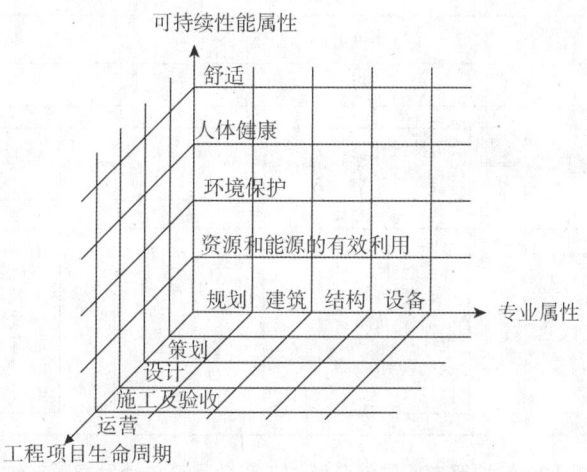

图 9-1 工程项目可持续发展系统框架

的各个环节实施可持续发展有着很强的指导性。

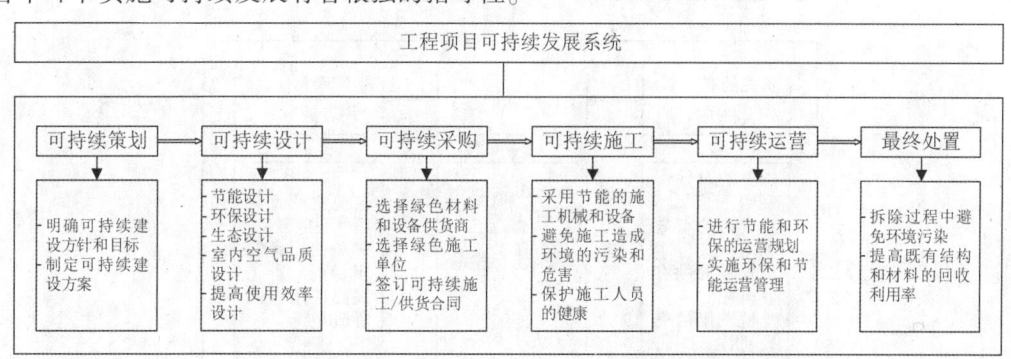

图 9-2 按照生命周期分解的工程项目可持续发展子系统

第二,按照专业属性分解。工程项目可持续发展可以分为可持续规划、可持续建筑设计、可持续结构设计和可持续设备系统等子系统,如图 9-3 所示。其中可持续规划应考虑土地资源的集约化利用,减少工程项目对环境的影响,以及尽量提高城市公共设施的利用效率等。可持续设计应从外部环境和内部功能入手,提高资源利用效率,保护自然环境,提高使用者的舒适度。可持续结构设计需考虑选用节能、环保并且可重复利用的结构材料,优化结构体系,并充分利用既有的建筑结构进行设计。可持续设备系统应通过设备选型和设备系统设计,最大限度地达到节能、节水、降低环境污染的效果,同时提高使用者的舒适度。

第三,按照可持续性能属性分解。工程项目可持续发展可以分为资源的有效利用、环境保护和生产者与使用者健康等子系统,如图 9-4 所示。按照可持续性能进行分解的工程项目可持续发展系统,更贴近对可持续发展结果的评定。因此,这种划分方式通常被用来作为工程项目可持续发展评价体系的依据。

（三）工程项目可持续建设相关理论

工程项目的可持续发展涉及跨学科的基础理论,包括建筑节能、环境管理、价值工程、系统工程等。从事工程项目可持续发展的相关人员应从这些方面拓展自己的知识体系,才能更好地实现工程项目的可持续发展。

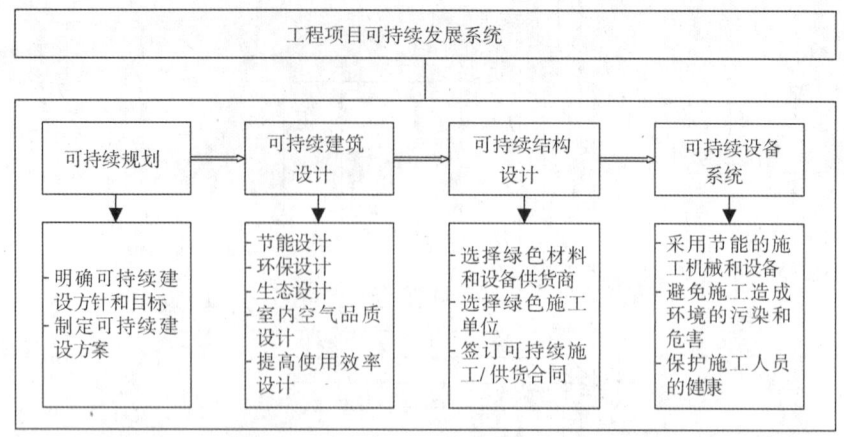

图 9-3　按照专业属性分解的工程项目可持续发展子系统

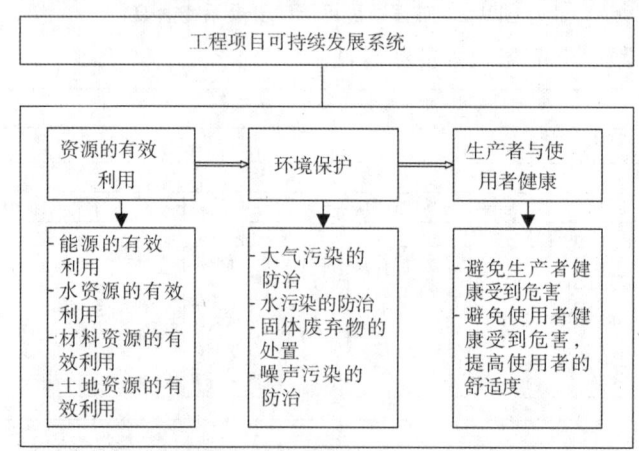

图 9-4　按照可持续性能属性分解的工程项目可持续发展子系统

1.建筑节能理论

建筑节能是工程项目可持续发展的目标之一,而建筑节能理论是指导工程项目可持续发展的重要理论之一。建筑节能理论包括两个层面、三个环节的内容。在两个层面中,一是通过有效的规划和设计,采用节能技术减少工程建设和运营过程中的能源消耗;二是通过采用新型能源、清洁能源和可再生能源,减少不可再生能源的消耗。这两者相辅相成,缺一不可。三个环节包括能源的节约使用、能源的保持和维护以及提高能源的综合利用效率。这三个环节的难度逐渐递增,而节能的相关理论也是从这三个环节逐步展开和深化的。

2.环境管理理论

环境管理也是工程项目可持续发展的重要内容之一。环境管理是指工程建设过程中,通过有效的策划和控制,在建设工程项目的建造、运营乃至拆除的过程中最大限度地保护生态环境,控制工程建设和运营产生的各种粉尘、废水、废气、固体废弃物以及噪声和振动对环境的污染和危害,同时考虑建设工程生命周期范围内的能源节约和避免资源浪费。传统的项目管理领域所提到的"三控制三管理一协调",即投资控制、进度控制、质量控制、安全管理、合同管理、信息管理和组织协调,并没有提及环境管理的问题。实际上,在国际建筑界已经将环境管理作为建设工程管理十分重要的研究课题。国际标准化组织还专门制定了环境管理体系,用以规范环境管理行为,指导各行各业做好环境管理工作。

3.价值工程理论

如果不谈经济性问题,那么可持续发展将很难得到有效推广,并且还可能会带来一系列其他的问题。因此,可以将价值工程作为项目可持续发展的指导理论,对工程项目可持续发展的效果进行功能分析,同时进行成本分析,用最低的成本实现最有效的功能,才可以在真正意义上实现工程项目的可持续发展。

4.生命周期评价法(Life-cycle Assessment,LCA)

国际标准化组织于 1997 年制定和颁布了关于 LCA 的 ISO 14040 系列标准,并给出了定义:LCA 是对产品系统在整个生命周期中的能量和物质的输入和输出以及潜在环境影响的汇总和评价。作为一种产品环境特征分析和决策支持的工具,LCA 在清洁生产、产品生态设计、废物管理、生态工业等方面发挥着重要作用。工程项目的生命周期包括项目的启动与策划、项目的规划设计、项目施工、项目验收、项目运营与维护以及项目最后的报废、拆除和再利用,其中每个阶段都应该贯彻实施工程项目的可持续发展。因此,LCA 可以为分析工程项目整个生命周期的可持续发展性能提供重要的理论基础。

5.多目标评价与优化理论

工程项目可持续发展系统是一个集多属性、多目标为一体的复杂系统。工程项目的可持续发展既包括节能问题又包括环保问题,既涉及建筑设计问题,又涉及结构设计和设备系统设计的问题。因此,如果我们仅仅从一个方面来考虑工程项目可持续发展问题是不可取的。对于建设工程中规划设计方案的选择、施工方案的优化等都要通过多目标优化理论来完成。多目标评价与优化理论是系统工程学的一个重要分支,也是指导工程项目可持续建设的重要理论基础。

第二节 ● 可持续设计

■ 一、工程项目可持续设计概述

工程项目实现可持续发展的重要环节之一是做好可持续设计,即在坚持可持续发展原则的指导下,最大限度地使用清洁能源来代替不可再生资源的消耗,同时尽可能避免对环境的污染和破坏。

(一)可持续设计简史

可持续设计的思想由来已久。在很久以前,人们便为了适应当地的气候和地区特点,而在结构选材和布局上展现出了高超的技术。生活在极寒地带的居民就地取材,建造的冰屋不仅结实、防风,而且能够有效地阻挡屋内的热量向外传递。游牧民族利用当地的天然植物和动物原材料制成帐篷,帐篷质轻、容易运输,而且方便再次使用,并利用自然对流来进行供暖和散热。

随着时间的推移和人类文明的发展,建筑逐渐被赋予了不同的意义。人类不再仅以生存为目的建造建筑,文明结构和休闲娱乐的需求赋予了建筑文化和政治意义。梵蒂冈的圣彼得大教堂、莫斯科的圣巴西尔大教堂,都历经了数百年的岁月并至今依然屹立。

随着工业革命的到来,标准化的建筑构件实现批量生产,并且比过去的熟练工人所生产的质量更高。工业革命的目的就是在节约人力的同时为人类社会创造更多的物质财富。预加工和标准部件的时代由此开始。然而,在这样的工业模式下,人们很少重视自然资源的真正成本。绝大多数自然资源被认为是丰富的、无限的、廉价的东西。

到了 20 世纪初,人类开始精通预制构件,并从全球各地运输原料。在这个阶段,建筑仍然被设计成长方体并采用可开关的高窗来进行自然采光和通风。然而很快,电灯、电梯以及其他机械系统技术的发明在未来几十年内改变了我们的建筑环境。

人们的设计模式不再仅仅以气候、文化以及地理环境作为依据,而是建立了在所有情况下都要遵循的统一标准的模式。我们的建筑环境依赖于先进的技术标准。这些标准的绝大部分已经被写入建筑规范,进而关联建筑产品的认证。绝大多数建筑采用人工照明、供暖和制冷,并且我们的建筑原料来自世界各地。从 20 世纪中期开始到现在,人类可以在完全不考虑当地气候的情况下,不断地在各个气候带建造建筑。

直到 20 世纪 60 年代,人类才开始意识到人类对自然环境的影响。1962 年《寂静的春天》这本畅销书中讲述了毒药、杀虫剂、除草剂以及其他同类产品造成的广泛的生态退化问题。这股热潮在 20 世纪 70 年代依然持续着,越来越多的人意识到人类对自然环境产生的直接影响。一部分设计专业人士和住户开始了解到,标准化设计和施工的做法已然严重偏离了最初对自然法则的遵循。然而很快,到 20 世纪 70 年代中期人们就又回归到无视生态的状态,而且此状态一直持续到 20 世纪 90 年代初。在这 10 多年的时间内,发生了如三里岛核泄漏、油船"阿莫科·卡迪兹号"溢油等严重环境污染事故,同时也发生了如《蒙特利尔条约》对破坏臭氧层物质进行管制这样的积极的事件。

(二)工程项目可持续设计的分类

由于工程设计具有跨学科、跨专业设计的特点,因此,工程项目的可持续设计工作按照专业、实现功能以及设计范围可以划分为不同的种类。

1.按照专业划分

工程项目的可持续设计按照专业可以划分为可持续的城市设计、可持续的居住区规划与设计、可持续的建筑设计、可持续的结构设计、可持续的设备系统设计等。其涉及的专业人员包括规划师、建筑师、结构师、设备系统设计师等。由于专业性质的不同,设计人员在进行可持续设计时的侧重点也不一样,如表 9-1 所示。从表中可以看出,不同专业的设计人员在工程项目的可持续设计中扮演着不同的角色。只有各专业的设计从业人员将可持续设计的理念融入各自的设计方案中,并通过充分有效的协调沟通进行设计技术的集成才能真正实现工程项目的可持续设计。

表 9-1　不同专业人员可持续设计侧重点

专业人员	可持续设计侧重点
规划师	土地资源的有效利用等城市可持续发展问题
建筑师	自然采光、通风照明、建筑环境、建筑物理的可持续设计
结构师	结构体系优化、结构材料选用的可持续设计
设备系统设计师	节能、节水、清洁能源利用的可持续设计

2.按照实现功能划分

工程项目的可持续设计按照实现功能可以分为定位于节能、清洁能源有效利用的设计,定位于资源节约和有效利用的设计,定位于降低环境污染的设计,以及定位于提高使用者舒适度、保证使用者健康和安全的设计,如表9-2所示。这些设计都是提高建筑物可持续性能的设计,也是最终衡量建筑达到可持续性标准要求的设计。

表9-2 按实现功能划分可持续设计

可持续设计定位	示例
节能、清洁能源有效利用	综合利用太阳能设计、风能设计、空调系统节能设计、供暖系统节能设计、增强围护结构保温隔热性能的设计
资源节约和有效利用	节水系统设计、可再生材料的选择和综合利用的设计
降低环境污染	减少温室气体排放量的设计,生态绿化设计
提高使用者舒适度、保证使用者健康和安全	提高室内热环境、声环境、光环境质量的设计、降低有毒有害物质对人体造成危害的设计

3.按照设计范围划分

工程项目的可持续设计按照设计范围可以分为局部性能优化的设计和建筑物综合性能优化的设计。局部性能优化设计一般是针对某一个局部功能进行优化设计,例如空调节能系统优化设计、建筑节水系统设计、建筑绿化系统设计等;建筑物综合性能优化设计则需要综合考虑建筑物在节能、环保、资源有效利用与使用者舒适度等各方面的性能。实现建筑物综合性能的优化设计是最难的,需要各专业的紧密配合,还需要用多目标优化的方法对设计方案进行综合分析,才能得到理想的结果。

(三)可持续设计的内容

工程可持续设计的具体内容包括节能设计、可再生能源综合利用设计、生态环境绿化设计、资源集约化利用设计、环保与健康设计等。

1.节能设计

节能设计分为空调系统节能设计、供热系统节能设计、自然通风设计、自然采光与遮阳设计、建筑围护结构设计。根据设计技术的不同,每一个子类又可以进行细分。例如空调系统节能设计又分为空调用制冷系统节能设计、变风量空调节能设计、蓄冷空调设计、热量回收设计;供热系统节能设计又可分为地辐射系统供热设计、锅炉供热系统节能设计等。

2.可再生能源综合利用设计

可再生能源综合利用设计包括太阳能综合利用设计和风能综合利用设计。太阳能在可再生能源利用中居于重要地位。我国太阳能资源丰富,三分之二以上地区的综合利用太阳能条件优良。我国北方冬季需要大量供热的地区,太阳能资源富足,因此在工程能源供应设计中必须充分考虑太阳能资源的有效利用。此外,风能亦是清洁能源中的重要构成部分。我国风力资源十分丰富,并且已经大力推广风力资源的开发利用。风力发电是可再生能源利用的重要途径。不过,风力发电设备的初期投入较高,但随着风力发电的普及和规模化,风力发电设备的成本会逐渐降低。

3.生态环境绿化设计

生态环境绿化设计是提高环境质量的重要举措,其具体措施包括:第一,种植绿色植物,创造良好的环境,提高空气品质;第二,进行绿色生态设计,在建筑屋面、外墙、阳台、窗台上种植绿色植物,提高绿化率,减少土地资源使用;第三,通过设计使绿色植物与建筑物融为一体,提高使用者舒适度,把绿色植物与建筑物的外围保护有机结合,达到保温隔热效果和建筑节能作用;第四,种植绿色植物,发挥防风、降尘、减少噪声污染的作用,通过光合作用吸收空气中的二氧化碳,提供氧气;第五,通过绿色生态设计美化环境,提高建筑物观感质量。生态环境绿化设计可以在提高绿化率的同时为建筑物带来衍生功能,有利于工程项目的可持续建设。

4.资源集约化利用设计

资源集约化利用设计的思想应贯彻于建筑、结构、设备等各个专业设计之中,各专业设计之间应相互协调,以实现工程综合集约化设计的最优目标。资源集约化利用设计包括节地、节水、节材。考虑最大限度地节约土地资源,实现土地资源的集约化利用;设计有效的节水设备和节水系统,最大限度地节约水资源,并实现水资源循环利用。与此同时,资源集约化利用设计应充分考虑可再生材料的利用,贯穿"4R"(Reduce, Renewable, Recycle, Reuse)思想,即在满足相同功能的前提下减少不可再生资源的消耗,减少环境污染;尽量使用可再生材料资源;考虑材料的回收,设置建筑废弃物回收系统;考虑使用可重复利用的旧材料。

5.环保与健康设计

环保与健康设计采用环保技术,减少工程项目建设和运营中对环境的污染和危害。在健康设计中,采取措施降低室内有毒、有害物质的含量,保证工程为使用者提供健康舒适的使用环境。随着人民生活水平的日益提高,对生活空间的环保和舒适的要求也越来越高,建筑物不仅是简单的遮风挡雨空间,更是一个为人们提供舒适的室内光环境、热环境、声环境的场所。

二、工程项目可持续设计的应用

1.可持续设计在国际上的应用

作为新成立的威尔士议会的本部,威尔士国民议会大楼从一开始,便成为可持续性设计的倡导者。该建筑于2005年建成,坐落在威尔士首都的一个天然海湾——卡迪夫海湾,这里曾经是世界上最忙碌的煤炭出口港。由于国家大部分的煤矿已经采尽或关闭,所以在海湾上建设这个低能耗的建筑有着深刻的象征性意义。威尔士国民议会大楼由长期从事可持续建筑设计的理查德·罗杰斯建筑合伙事务所负责设计工作,建筑师努力在建筑材料的使用以及建成后运营的能源要求方面减少对环境的影响。

该建筑尽可能地使用当地的劳动力和材料,并且在大楼的顶部设计了6 m高可旋转的喇叭式风斗。这种设计受英国传统的用来对啤酒花进行干燥的烘干室的启发,它在最大限度上保障了自然通风。木质的漏斗形状位于辩论厅的上方,使热空气可以上升到通风口并分散出去。这个设计配合其他的自然通风系统,使大楼的办公区域不再需要空调设备。与此同时,这个漏斗形状由一系列同心圆的铝环排列组成,白天将日光反射进大厅,从而减少了对照明设备的需求,并在风斗的底部安装圆锥形的镜子,以便在日照较低的冬天也可以反射更多的日光。当雨水落到雨棚式的屋顶上时,通过管道流进钢柱的雨水可以用来冲洗马桶,并对周边的景观环境进行清洁和灌溉。此外,该建筑的日常运营费用仅为其他同类建筑的一半左右。

2.可持续设计在我国的应用

随着我国经济的高速发展,城镇化速度不断加快,如何引入绿色节能材料和技术,将可持续发展理念融入建筑设计,实现可持续设计目标、建筑绿色环保发展是需要工程领域工作者不断完善与思考的问题。近年来,可持续设计理念在我国工程领域得到广泛推广。我国召开了许多关于绿色建筑设计的论坛、峰会。2023年8月,CADE建筑设计博览会定位于建筑设计的未来趋势,围绕绿色建筑如何实现经济、社会和环境的可持续发展,展现建筑设计的创新成果。2023年9月,可持续设计峰会从可持续性设计的视角,聚焦于建筑环境的创新设计,旨在探索循环再生战略,实现可持续性材料的使用,推动可持续发展设计与创新。我国公布全国各省市绿色建筑奖励标准,这也是为了提高绿色建筑建设的积极性,最大限度地实现人与自然和谐共生。我国正在大力鼓励建筑师与设计师将可持续性发展理念应用到工程项目设计中去,实现经济、社会、环境的可持续性发展。

在2022年北京举办冬奥会期间,为建设北京至张家口高速客运专线,尤其是五环以内的地下隧道,建设了京张遗址公园。北京至张家口的高速客运专线穿越的中关村科技城地区是我国科技资源最为丰厚的区域。图9-5为中关村科技城科研院所集聚状况示意图。但是由于

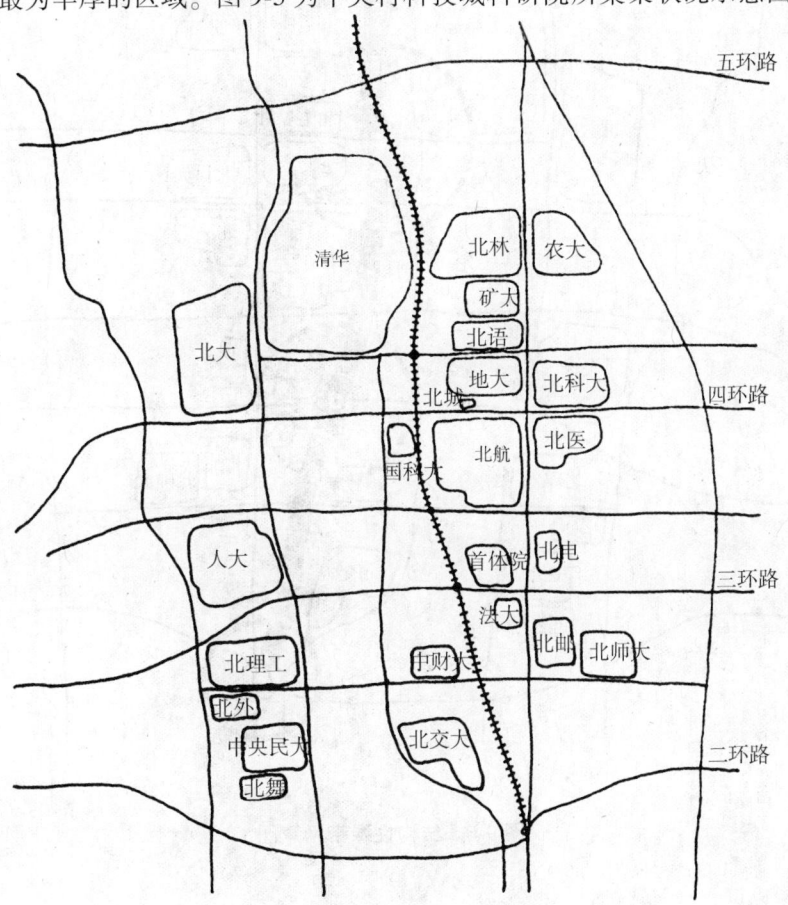

图9-5 中关村科技城科研院所集聚状况示意图

历史原因,许多地段脏乱差现象严重,交通拥堵、噪声严重等导致该地区的环境品质较差。京张铁路在我国铁路史上具有重要的地位。对于冬奥会的举办,京张铁路走廊的更新发展应该结合城市发展理念来拓宽思路,将周边的城市功能和环境品质相结合。设计师在北京高校科研院所地区构建一条从西直门到五环的放射性绿带,如图 9-6 所示,这条绿带是专供自行车和步行使用的慢行通道。此举可以将一部分人引导到慢行交通上,塑造出更绿色、健康的出行方式,极大地改善了交通问题。更重要的是,这条走廊和周边道路网、高等科研院所衔接,可以将中关村科技城建设成复合型、环境友好型的交通网络,同时也为北京中心地区打造了优良环境品质、更具吸引力的文化交流长廊。

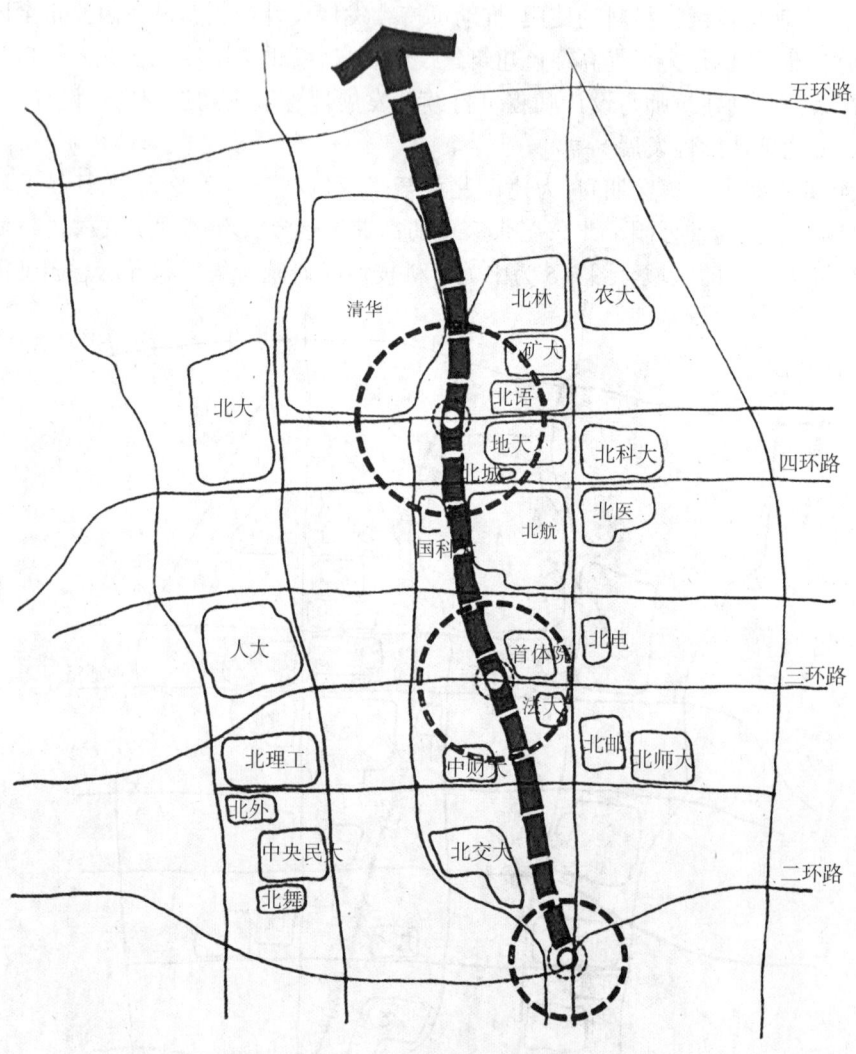

图 9-6　结构性绿带示意图

三、工程项目可持续设计的管理

1.工程项目可持续设计管理程序

工程可持续设计的管理是保证工程可持续发展的重要前提。在我国工程项目设计管理程序中,一般由建设单位通过设计任务书的形式来明确设计要求,进而委托设计单位进行工程项目设计工作。设计单位具体负责工程方案设计、初步设计和施工图设计。

但是,设计单位往往缺乏可持续设计的积极性,以及缺乏对设计方案可持续性进行审查和监管的专业化咨询机构。因此,在实际设计中可持续设计的实施经常受到设计单位的影响。

为保障可持续设计,建设单位在委托设计单位开展设计的同时,还应委托专门的可持续设计咨询或顾问机构对设计单位的可持续设计提供咨询服务和进行监督,并在设计方案形成阶段进行专业化检查。工程项目可持续设计管理程序如图9-7所示。

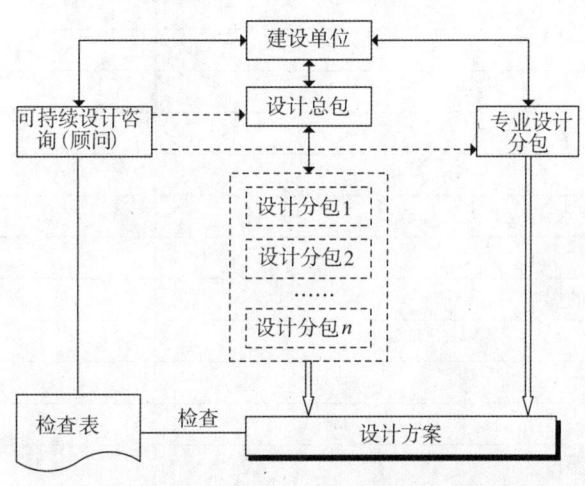

图9-7 工程项目可持续设计管理程序

2.工程项目可持续设计检查表

可持续设计咨询或顾问机构应编制可持续设计检查表(见表9-3),以便对设计方案进行检查和评价。可持续设计检查表的编制应依据可持续发展理念,按照工程可持续建设设计策划书的要求进行,既要内容具体全面,又要有可操作性。编制可持续设计检查表可参照国际通行工具,如美国绿色建筑评价体系 LEED、加拿大绿色建筑评价系统 GBTOOL 等。可持续设计检查表可用来及时发现工程设计中的不足,直接形成工程文件并作为工程档案的一部分用于工程竣工后的验收和存档。在设计阶段进行可持续设计的检查,对实现工程项目可持续建设具有重要意义,与此同时,可持续设计检查表的结果还可作为对工程项目可持续建设评价的重要依据。

表 9-3 可持续设计检查表

检查项目	检查情况
1 场址选择、项目规划和开发	
1.1 场址选择	
1.2 项目规划	
1.3 城市设计与项目开发	
2 能源与资源的消耗	
2.1 生命周期不可再生能源的消耗	
2.2 建筑运营过程用电峰值	
2.3 可再生能源	
2.4 建筑系统的调试	
2.5 材料	
2.6 饮用水	
3 环境载荷	
3.1 温室气体排放	
3.2 其他大气污染	
3.3 固体废弃物	
3.4 雨水、暴风雨和废水	
3.5 场地的影响	
3.6 其他现场和区域的影响	
4 室内环境品质	
4.1 室内空气品质	
4.2 通风	
4.3 空气温度和相对湿度	
4.4 采光与照明	
4.5 噪声	
4.6 电磁污染	
5 建筑系统的功能和可控性	
5.1 空间利用效率	
5.2 电力不足时核心功能的维持	
5.3 可控性	
6 长期性能	
6.1 建筑围护系统的维护	
6.2 灵活性和适应性	
6.3 运营性能的维护	
7 社会和经济性	
7.1 成本和经济性	
7.2 社会方面	

第三节 ● 绿色施工

一、工程项目绿色施工概述

绿色施工以节约资源为核心,以保护环境为准则,旨在施工过程中最大限度地避免环境污染,减少不可再生资源的消耗,保护施工现场人员的健康和安全,并高质量地按时完成工程施工任务。绿色施工是将可持续发展理念运用到施工管理中的具体表现。然而,在实践中施工企业往往由于工期紧张、资金有限等,而忽视了施工中的资源节约和环境保护问题。因此,传统的粗放式施工管理模式有必要转变为精细化管理模式,并以可持续发展理念指导工程项目的施工管理,进而实现工程项目的绿色施工。

(一)绿色施工的概念

"绿色施工"一词中绿色强调了对原生态的保护,其根本是为了实现对人类生存环境的有效保护和促进经济社会的可持续发展,要求在施工过程中要注重保护生态环境,关注节约与资源充分利用,全面贯彻"以人为本"的理念,保证建筑行业的可持续发展。建设部 2007 年发布的《绿色施工导则》[建质(2007)223 号]明确了绿色施工的概念:在工程建设中,在保证质量和安全等基本前提下通过科学管理和技术进步,最大限度地节约资源与减少对环境负面影响的施工活动,实现"四节一环保",即节能、节地、节水、节材和环境保护。

其含义涉及以下五个方面内容:

第一,绿色施工以可持续发展为指导思想,是在人类日益重视可持续发展的基础上提出的,无论节约资源还是保护环境都是以实现可持续发展为根本目的。因此,绿色施工的根本指导思想是可持续发展。

第二,绿色施工是追求尽可能减少资源消耗和保护环境的工程建设生产活动,这是绿色施工区别于传统施工的根本特征,绿色施工倡导施工活动以节约资源和保护环境为前提,要求施工活动有利于经济社会的可持续发展,体现绿色施工的本质特征和核心内容。

第三,绿色施工的实现途径是绿色施工技术的应用和绿色施工管理的升华,绿色施工必须依托相应的技术和组织管理手段来实现,与传统的施工技术相比较,绿色施工技术有利于节约资源和环境保护的技术改进,是实现绿色施工的技术保障,而绿色施工的组织、策划、实施、评价及控制等管理活动是绿色施工的管理保障。

第四,绿色施工强调的重点是使施工作业对现场周边环境的负面影响最小,污染物和废弃物排放最小,对有限资源的保护和利用最有效,其是实现工程行业升级和更新换代的更优方法和模式。

第五,通过切实有效的管理制度和工作制度,最大限度地减少施工活动对环境的不利影响,减少资源和能源的消耗,是实现可持续发展的先进、实用施工技术。

(二)绿色施工的本质

绿色施工的本质主要包括以下四个方面:

第一,绿色施工把保护和高效利用资源放在重要位置,施工过程是一个大量资源集中投入的过程。绿色施工把节约资源放在重要位置,按照循环经济要求的减量化、精细化、再循环的"3R"原则来保护和高效利用资源,在施工过程中就地取材、精细施工以尽可能减少资源的投入,同时加强资源回收与利用,减少废弃物排放。

第二,绿色施工必须坚持把以人为本,注重减轻劳动者强度和改善作业条件,坚持把以人为本作为基本理念,尊重和保护生命,保障人身健康,高度重视改善建筑工人的劳动强度大、居住和作业条件差、劳动时间偏长的状况,基于以人为本的主导思想,着眼于建筑工人短缺的趋势,绿色施工须将减轻劳动强度、改善作业条件放在重要位置。

第三,绿色施工应该将保护环境和控制污染物排放作为前提条件。施工是一种对现场周边甚至更大范围的环境有着相当多负面影响的生产活动,施工活动除了对大气和水体有一定的污染外,基坑施工对地下水影响较大,同时,还会产生大量的固体废弃物排放以及扬尘、噪声、强光等刺激感官的污染。因此,施工活动必须体现绿色特点,将保护环境和控制污染排放作为前提条件。

第四,绿色施工必须追求技术进步,把推进建筑信息化和工业化作为重要支撑,绿色施工的意义在于创造一种对人类、自然和社会的环境影响相对较小、资源高效利用的全新施工模式。绿色施工的实现需要技术进步和科技管理的支撑,特别是要把推进建筑工业化和施工信息化作为重要方向,这两者对于节约资源、保护环境和改善人工作业条件具有重要的推进作用。

(三)绿色施工的特点

1.工作环境条件差

工程施工所处的环境相对其他行业来说较差,经常需要面对高温酷暑、冰冷严寒以及大风、暴雨、沙尘暴等恶劣天气给施工造成的困难,还要面对滑坡、泥石流等地质灾害给施工带来的危险,而且沙漠、山区、热带雨林等地区的野外施工更加艰难。此外,各种可能对人体产生不利影响的建筑材料也会危及施工人员的身体健康。然而,气候条件与施工环境是我们一时难以改变的。因此,如何保证施工人员的身体健康和生命安全,是绿色施工面临的重要课题之一。

2.生产线不固定

工程建设项目管理区别于其他工业品生产最重要的特征之一,即工程产品不可能通过一条生产线的控制而获得一劳永逸的成果。由于项目所处气候条件的不同、地质条件的差异等客观因素的存在,世界上没有两个完全相同的工程项目。即使是同类型的项目,遇到的问题也可能会截然不同。因此,在编制工程项目绿色施工管理规划时,必须对项目所处位置、周边环境条件、当地气候特征、工程地质条件等因素做详细分析,并对节能、环保、生产者的健康和安全等方面进行专门的论证,绝不可轻易套用其他项目的成果。

3.协调工作复杂

工程项目的施工工序不仅数量庞大而且复杂。如果工序之间协调不到位,施工组织不合理,那么就有可能会出现上一道工序给下一道工序的工人造成危害,或上一道工序采用的环保材料给下一道工序造成麻烦等情况。此外,工程项目还涉及建设方、设计方、监理方等众多的利益相关方,他们在施工过程中分别扮演不同的角色。因此,各参与方之间的协调也会对绿色施工产生重要影响。与此同时,绿色施工还要进行目标方面的协调,将传统的工期、成本和质量三大目标与绿色施工的节能、环保、健康等目标结合起来,统筹分析并进行多目标优化。

4.中间产品数量多

工程项目的施工过程中存在着很多的辅助工程,例如模板工程、脚手架工程、支护工程等。虽然它们的中间产品并不存在于项目的最终实体中,但却消耗着大量的工程资源,并可能对环境产生影响。因此,工程项目施工过程中所消耗的资源不能简单地从竣工后的工程项目实体进行统计,优选健康环保的辅助工程所需材料也是绿色施工需要认真考虑的问题。

(四)绿色施工的原则

在可持续发展理念的指导下,绿色施工需遵循以下四点原则:

1.以人为本的原则

绿色施工的根本原则就是以人为本。绿色施工就是将人与自然和谐发展,生态与经济"双赢"作为基本要求,将施工过程中的各种负面影响,包括对现场工作人员、附近常住居民以及全社会的负面影响降到最低,充分尊重工人和居民的合法权益,为工人提供安全的施工环境,保障居民的生活质量,充分体现以人为本的根本原则,实现施工活动中人与自然的和谐发展。

2.精细化施工的原则

精细化施工将施工环节具体化、明确化,要求每一环节都安全、高效、尽职,减少施工过程中出现的失误和资源浪费,一次到位,避免高耗返工,提高施工效率和质量。因此,绿色施工应坚持精细施工的原则,精细化管理施工过程,对施工情况及时检查,发现问题及时纠正和处理。通过精细策划、精细管理、严格规范标准、优化施工流程、提升施工技术水平、强化施工动态监控等方式方法促使施工方式由传统的高消费粗放型、劳动密集型向资源集约型和智力、技术、管理密集的方向转变,逐步践行精细化施工原则。

3.环保优先的原则

人类认识和改造自然界是为了人类创造良好的生存条件和发展环境。发达国家先污染后治理的前车之鉴值得我们反思。人类的健康发展与生态环境紧密相连,保护生态环境就是保护人类的生存和发展。因此,绿色施工应秉持环保优先原则,尽量减少施工过程对施工环境和周边地区造成的各种不良影响,将施工过程中产生的烟尘、粉尘、固体废弃物等污染物,振动、噪声、强光等直接刺激感官的污染物控制在允许范围内。本原则也直接体现了绿色施工的"绿色"内涵。

4.资源高效利用的原则

资源的可持续利用是人类可持续发展的主要保障。建筑施工是高资源消耗型产业,在目前技术手段的制约下,未来相当长的时期内将继续保持较大规模的资源需求,因此,提高施工活动的资源利用效率成为重中之重。绿色施工就是以改变传统粗放的生产方式为基本目标,以高效利用资源为重点,坚持在施工活动中节约资源、高效利用资源、开发利用可再生资源来推动我国工程建设水平持续提高。

(五)绿色施工的依据

1.国家的法律法规

绿色施工要遵守国家的各项法律法规。目前,我国颁布了许多与工程项目建设有关的法律,如《中华人民共和国环境保护法》《中华人民共和国环境影响评价法》《中华人民共和国噪声污染防治法》《中华人民共和国大气污染防治法》《中华人民共和国固体废物污染环境防治法》《中华人民共和国水污染防治法》《中华人民共和国海洋环境保护法》《中华人民共和国节约能源法》等。另外，国务院还制定了一系列与工程项目可持续建设有关的法规，如《建设项目环境保护管理条例》。此外，住房和城乡建设部和有关部委还相继出台了一系列有关工程项目可持续建设的规章和制度，这些都可以作为实施工程项目绿色施工的依据。

2.建设工程施工合同

建设工程施工合同是工程施工的最基本依据，也是衡量施工是否满足建设方要求的最基本标准。当然，在我国目前的施工合同示范文本中，还未对绿色施工做出专门的要求。但是，随着我国工程建设水平的逐步提高，人们对工程的可持续建设逐步重视，以及国家相关法律、管理的日趋规范，在今后工程建设施工合同中会越来越多地出现对绿色环保方面的要求。推动我国绿色施工的进一步发展和完善，离不开政府的大力支持和促进，政府应采取各种管理和激励措施，提高建设单位从事工程项目可持续建设的积极性，使其能积极主动地进行可持续项目采购工作，进而从根本上推动绿色施工的发展。

3.相关的规范和标准

目前，我国已经出台了一系列工程项目绿色施工的规范和标准。其中，一部分可以直接作为工程项目绿色施工的依据。例如，《建筑施工场界环境噪声排放标准》（GB 12523—2011）的规定可以作为工程施工过程中控制噪声污染的重要依据。今后我国还将陆续出台更多的直接用于指导工程项目绿色施工的标准和规范。另外，还可以参照国际上的规范和标准进行工程项目的绿色施工工作。例如，ISO 14000，OHSAS 18001等，都对实施工程项目的绿色施工具有重要的指导意义。此外，在工程项目建设策划阶段形成的工程项目可持续建设策划书和设计阶段形成的各种设计文件都是工程项目可持续施工的依据。

（六）绿色施工的地位和作用

绿色施工在整个建筑生命周期环境中具有重要的地位和作用，主要表现为：

第一，绿色施工有助于减少施工阶段对环境的污染。

施工阶段的能耗相比于建筑产品相当长时间的运行阶段的能耗总量而言并不突出。但施工阶段能耗较为集中，会同时产生大量的粉尘、噪声、固体废弃物等污染物，水资源消耗和土地占用等问题也不容小觑。除直接环境影响外，工程施工在一定程度上也对施工现场和附近的人们的生活产生了干扰。这一阶段的环境影响具有种类多、干扰集中、程度深等特点，是人们感受最突出的阶段。因此，绿色施工将通过各种控制措施，节约能源，减少各类污染物的产生以及对周围人群的负面影响，进而取得较突出的环境效益和社会效益。

第二，绿色施工有助于改善建筑全生命的绿色性能。

施工阶段具体落实规划设计的目标，是建筑物的生成阶段，其工程质量影响着建筑运行维护时期的功能、成本和环境。绿色施工应考虑选用较为环保的建筑材料、绿色性能高的施工机具与楼宇设备，在保障工程安全和质量的基础上，保护环境、节约资源，以延长建筑物的使用寿命，并在本质上提升资源的利用率，进而有助于改善建筑全生命的绿色性能，为社会的可持续发展提供保障。

第三，推进绿色施工是建造可持续性建筑的重要支撑。

建筑在全生命周期中是否具有可持续性，是由其规划设计、工程施工和物业运行等过程是否具有绿色性能、是否具有可持续性所决定的。只有工程策划思路正确并符合可持续发展要求、规划设计达到绿色设计标准、严格实施绿色施工、依据可持续发展的思想进行绿色物业管理,最终才能实现建成可持续性建筑。因此,在建筑全生命周期中,所有环节和阶段都需秉持可持续发展理念,全力推进和落实绿色设计、绿色施工和绿色运行,为建造可持续性建筑提供重要支撑。

(七)绿色施工技术发展趋势

随着我国综合国力的明显增强,科技水平和经济水平的飞速提高,工程建设领域也取得了一系列新的科技突破,诸多新技术被广泛运用到工程项目建设过程中。以下是几种应用相对成熟且有待于进一步推广普及的新型工程技术:

1.信息化建造技术

建筑施工阶段,信息的交换和共享是保证工程顺利实施的重要组成部分。信息化建造技术就是利用计算机、网络和数据库等有效信息手段,对工程项目施工图设计和施工过程的信息进行有序存储、处理、传输和反馈的建造方式。信息化建造有利于设计阶段与施工阶段的有效衔接,有利于各方、各环节的协调与配合,从而提高施工效率,降低劳动强度。信息化建造技术应注重施工图设计信息,施工工程信息的实时反馈、共享、分析和应用,开发面向绿色建造全过程的模拟技术、绿色建造全过程实时监测技术、绿色建造可视化控制技术以及工程质量、安全、工期与成本的协调管理技术,建立实时性强、可靠性高的信息化建造技术系统。

2.装配式建造技术

装配式建造技术是在指定的专门工厂预制构件,然后在施工现场将提前预制好的构件进行组装和应用的建造模式。这是我国建筑工业化技术的重要组成部分,也是建筑工程建造技术发展的主题之一。装配式建造技术可以大大提高生产率,减少施工人员和人为的不确定性,节约能源和资源,保证工程质量,更符合"四节一环保"要求,与国家的可持续发展的原则相一致。装配式建造技术包括施工图设计与深化、精细化制造、质量保持、现场安装及连接点的处理等技术。

3.多功能高性能混凝土技术

混凝土是建筑工程中使用最多的材料,混凝土性能的研发改进对推动绿色建造具有重要作用。多功能混凝土包括轻型高强度混凝土、透光混凝土、加气混凝土、植生混凝土、防水混凝土和耐火混凝土等。高性能混凝土要求具备强度高、强度增长受控、可泵性好、和易性好、热稳定性好、耐久性好、不离析等性能。多功能高性能混凝土是混凝土主要发展的方向,符合绿色建造的要求。因此,应从混凝土性能和配比、搅拌和养护等方面加以研发并推广应用。

4.高强度钢与预应力结构等新兴结构开发应用技术

绿色建造的推进应促进和鼓励高强度钢的广泛应用,高度关注与推广预应力结构和其他新型结构体系的应用。通常情况下,该类型结构具有诸多优点,如节约材料、减小结构截面尺寸、降低结构自重等,有助于绿色建造的推进和实施。但是,其也会出现工艺较复杂、技术要求较高等不足。突破新型结构体系开发的重大难点,建立新型结构成套技术,是绿色建造发展的一大主题。

5.建筑材料与施工机械绿色性能评价及选用技术

选用绿色性能好的建筑材料与施工机械是推进绿色建造的基础。因此,绿色材料和施工机械绿色性能评价及选用技术是绿色建造实施的基础条件,采用统一、简单、可行的指标体系对施工现场各式各样的建筑材料和施工机械进行绿色性能评价,从而方便施工现场选取绿色性能相对优良的建筑材料和施工机械,这是重点,也是难点。建筑材料绿色评价可基于废渣、废水、废气、粉尘和噪声的排放情况,以及废渣、水资源、能源、材料资源的利用和施工效率等指标。施工机械的绿色性能评价应重点关注工作效率、油耗、电耗、尾气排放和噪声等关键性指标。

6.新型模架开发及应用技术

模架体系是混凝土施工的重要工具,其便捷程度和重复利用程度对施工效率和材料资源节约等有重要影响,新型模架结构包括自锁式、轮扣式、承插式支架或脚手架、钢模板、塑料模板、铝合金模板、轻型钢框模板及大型自动提升工作平台,水平滑移模架体系、钢木组合龙骨体系、薄壁型钢龙骨体系、木质龙骨体系、型钢龙骨体系等。开发新型模架及配套的应用技术,探索建立建筑模架产、供、销一体化,以及专业化服务体系、供应体系和评价体系,既可以为建筑模架工程提供节材、高效、安全的保障,也可为建筑工程的绿色建造提供技术支持。

7.楼宇设备及系统智能化控制技术

楼宇设备及智能化控制是采用高端的计算机技术与网络通信技术构成的自动控制方法,目的在于使楼宇建造和各种设备系统高效地运行,合理管理设备资源,并主动节约能源。因此,楼宇设备及智能化控制技术是绿色建造技术发展的热门领域和重要环节,在绿色施工中应该选用节能降耗性能好的楼宇设备,开发能源和资源节约效率高的智能控制技术并广泛应用于各类建筑工程项目中。

8.现场废弃物减量化及回收再利用技术

目前,建筑废弃物污染成为环境保护的重要问题之一。随着我国城市化的不断推进,建筑工程总量和建筑面积的飞速增长,产生的建筑废弃物数量,已占到城市垃圾总量的三分之一左右。建筑废弃物的违章堆放和倾倒,不但污染和侵占了宝贵的土地资源、耗费了高额费用,且清运和堆放过程中的遗撒和粉尘、灰尘飞扬等问题又造成了严重的环境污染。因此,施工现场废弃物的减量化和回收循环利用技术是绿色建造技术发展的核心主题。现场废弃物的处置应遵循减量化、再利用、资源化的原则,致力于投资和开发并应用建筑垃圾减量化技术,将建筑垃圾的产生遏制在源头。如果无法避免其产生时,应立足于现场分类、回收和再利用技术研究,最大限度地对建筑垃圾进行回收和循环利用。对于不能再利用的废弃物应本着资源化处理的思路,分类排放到指定区域,且排放前集中进行无害化处理。

二、工程项目绿色施工管理

(一)组织管理

建立绿色施工管理体系就是进行绿色施工管理的组织策划设计,并能够制定系统、完整的管理制度和绿色施工的整体目标。绿色施工管理体系应包含明确的责任分配制度,其中项目经理为绿色施工第一责任人,具体负责绿色施工的组织实施及目标实现,并由其指定绿色施工管理人员和监督人员。

绿色施工管理体系建立在传统项目组织结构的基础之上,同时融入绿色施工目标,并且能够明确及落实相应责任以保证绿色施工顺利开展。目前的工程项目管理体系依照项目的规模大小、建设特点以及各个项目自身特殊要求的不同,分为职能组织结构、线性组织结构、矩阵组织结构等。绿色施工思想的提出,不是要采用一种全新的组织结构形式,而是将其当作建设项目中的一个待实施的目标来实现。绿色施工目标与工程进度目标、成本目标以及质量目标一样,都是项目整体目标的一部分。为了实现绿色施工这一目标,可建立如图 9-8 所示的具有绿色施工管理职能的项目组织结构。

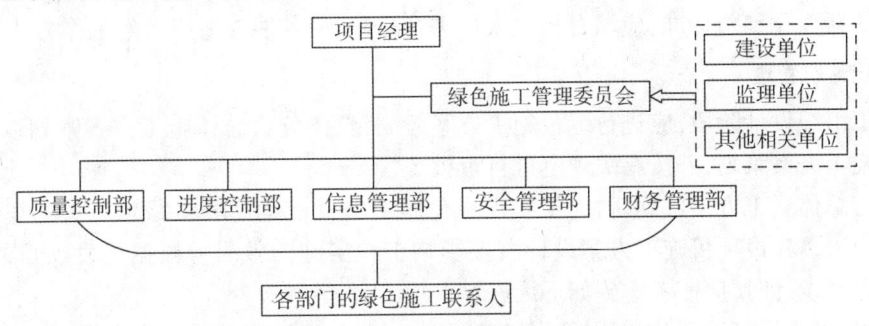

图 9-8 具有绿色施工管理职能的项目组织结构

在项目部下设一个绿色施工管理委员会,作为总体协调项目建设过程中有关绿色施工事宜的管理机构。绿色施工委员会中可以包含项目建设单位、监理单位及其他相关单位,以便吸纳来自项目建设各个方面的绿色施工建议,并发布绿色施工的相关计划。同时,各个部门任命相关绿色施工联系人,负责该部门所涉及的与绿色施工相关的任务的处理。具体来说,即绿色施工联系人在部门内部指导员工具体实施,对外负责和其他部门及绿色施工管理委员会的沟通。总的来说,依托绿色施工管理委员会以及各部门的绿色施工联系人,便几乎使全项目各个部门的不同组织层次的人员都融入绿色施工管理中。

与此同时,在已经建立绿色施工管理职能的施工管理体系中,还应当建立完善的责任分配制度。其中,项目经理应为绿色施工的第一负责人,并由其将绿色施工的有关责任进行划分并指派到各个部门的负责人,再由部门负责人将本部门责任划分到部门中的个人,以此来保证绿色施工整体目标和责任的分配。

在具体分配时,项目组织设计文件中应当包含绿色施工管理任务/职能分工表(见表 9-4)。编制该表前应结合项目特点对项目实施各阶段与绿色施工有关的质量控制、进度控制、信息管理、安全管理和组织协调管理任务进行分解,明确表示各项工作任务由哪个工作部门(个人)负责,由哪些工作部门(个人)参与,并在项目进行过程中不断对其进行调整。此外,还应明确参与者的管理职能。管理职能通常主要分为决策、执行、检查和参与,而且应当保证每项任务都有工作部门或个人负责决策、执行、检查以及参与。

表 9-4 绿色施工管理任务/职能分工表

部门 任务	项目经理部	质量 控制部	进度 控制部	信息 管理部	安全 管理部	……
绿色施工目标规划	决策与检查	参与	执行	参与	参与	
与绿色施工有关的信息收集与整理	决策与检查	参与	参与	执行	参与	
施工进度中的绿色施工检查	决策与检查	参与	执行	参与	参与	
绿色施工质量控制	决策与检查	执行	参与	参与	参与	
……						

此外,为了高效地在组织中推行绿色施工,在责任分配和落实过程中,项目部高层和绿色施工管理委员会应该有专人负责协调和监控,必要时可以邀请相关专家作为顾问。同时,还应当建立良好的内部和外部交流机制,使得来自项目外部的相关政策信息以及项目内部的绿色施工执行情况和遇到的问题等信息能够有效传递。在交流过程中,各个部门提供和吸收有效信息,并由绿色施工管理委员会统一指导和协调。针对绿色施工思想的实施而带来的技术上和管理上的新变化和新标准,应该对相关人员进行培训,使其能够适应新的工作方式。

(二)规划管理

在施工组织设计阶段,应进行绿色施工方案策划,具体分为总体施工方案策划以及独立成章的绿色施工方案策划,并按有关规定进行审批。

在进行总体施工方案策划时,为了实现绿色施工的目标就需要将绿色施工的思想体现到方案设计中去。建设项目施工方案设计直接影响工程实施的效果。根据建设项目的特点,在进行施工方案设计时,应该考虑到如下因素:

第一,建设项目场地上若有需拆除的旧建筑物,设计时应考虑到对拆除材料的利用。对于可重复利用的材料,如屋架、支撑等大中型构件,拆除时应尽量保持其完整性,在满足结构安全和质量的前提下运用到新建设项目中去。对于不能重复使用的建筑垃圾,如碎砖石、碎混凝土和钢筋等,也应当尽量在现场进行消化,如利用碎砖石、混凝土铺设现场临时道路等。对于实在不能在现场利用的建筑废料,应当联系好回收和清理部门。

第二,结合先进的技术水平和环境效应来优选主体结构的施工方案。对于同一施工过程有若干备选方案的情况,应尽量选取环境污染小、资源消耗少的方案。分项施工应当积极采用目前不断涌现出的具有显著节能环保效果的施工技术,例如钢筋的直螺纹连接方式、新型模板形式等。

第三,积极借鉴工业化的生产模式。把原本在现场进行的施工作业全部或者部分转移到工厂进行,现场只进行简单的拼装。这是减少对周围环境干扰最有效的方法,同时也能节约大量材料和资源。建设项目可以根据自身的工程特点,采用不同程度的工业化方式,比如叠合楼板和叠合梁、一体化的外墙等。

第四,吸收精益生产的概念,对施工过程和施工现场进行优化设计。精益思想倡导的是"无浪费,无返工"的管理理念,通过计划和控制来合理安排建设程序,达到节约建设材料的目的。这与绿色施工的可持续性是高度一致的,因此在设计施工过程中可以吸纳这样的精益思想,实现节材和节能的目的。

除了建设项目总体的施工方案策划之外,还应该独立考虑施工组织设计中的绿色施工方案,以便将总体施工方案中与绿色施工有关的部分内容进行细化。细化的绿色施工方案应该重点考虑以下内容:第一,明确项目要达到的绿色施工具体目标,并在设计文件中以具体的数值表示,比如材料的节约量、资源的节约量、施工现场噪声降低的分贝数等;第二,根据总体施工方案的设计,标示出施工各阶段的绿色施工控制要点;第三,列出能够反映绿色施工思想的现场专项管理手段。具体地,绿色施工方案应包括环境保护措施、节材措施、节水措施、节能措施、节地与施工用地保护等五个方面的内容。

(三)实施管理

在施工方案确定之后,进入项目的实施管理阶段,其实质是对实施过程进行控制以达到设计所要求的绿色施工目标。绿色施工应对整个施工过程实施动态管理,包括整体目标控制、施工准备、施工现场管理和工程验收管理。

1.整体目标控制

工程项目施工时经常会遇到现场与设计不符的情况,因而产生变更,这对绿色施工目标的完成会造成影响。为了确保最终实现绿色施工的目标,应进行整体目标控制,具体步骤如下:第一,分解绿色施工的"四节一环保"整体目标,将其贯穿到施工策划、施工准备、材料采购、现场施工、工程验收等各阶段的管理和监督之中;第二,采用动态控制的原理,并以信息化技术作为协助实施手段,对项目实施过程中的绿色施工目标进行跟踪和控制。

2.施工准备

为保证绿色施工生产的正常进行,必须事先做好施工准备工作。施工准备工作不仅在工程开工前要做好,而且要贯穿于整个绿色施工过程。施工准备的基本任务就是为绿色施工项目建立一切必要的施工条件,确保绿色施工生产顺利进行,确保工程质量符合要求和保证绿色施工目标的实现。施工准备通常包括:技术准备,施工现场准备,物资、机具及劳动力准备以及季节施工准备,此外也有思想工作方面的准备等。

3.施工现场管理

建设项目对环境的污染以及对自然资源、能源的耗费主要发生在施工现场,因此施工现场管理是实现整体绿色施工目标控制的关键。施工现场绿色施工管理的质量,决定了绿色施工思想执行的程度。绿色施工现场管理的内容包括合理规划施工用地、科学地进行施工总平面设计、根据施工进展的具体需要来按阶段调整施工现场的平面布置、加强对施工现场使用的检查、建设文明的施工现场和及时清场转移等。

4.工程验收管理

工程验收是指通过一系列的检查工作来对绿色施工控制效果进行鉴定,主要包括以下几种:

第一,对进场材料的验收。应健全完善现场材料进场验收制度,不仅仅从数量和价格方面进行验收,更主要的是对先期封存的相关资料、样品及各项技术参数(尤其是在满足力学性能要求的前提下对涉及环保因素的指标)的验收和检查,特别是对商品混凝土、钢筋等大众材料要由专人进行验收,确保材料质量合格,避免不必要的损失。

第二,对完工工程的整体验收。由发包人负责组织勘察、设计、施工、监理、建设主管部门、备案部门的代表参加验收活动,听取各单位的情况报告,审查竣工资料,并对工程质量进行评估、鉴定,形成工程竣工验收会议纪要,签署工程竣工体验收报告,以及对遗漏问题做出处理决定。

(四)评价管理

绿色施工评价是推广绿色施工工作中的重要一环,只有真实、准确地对绿色施工进行评价,才能了解绿色施工的状况和水平,发现其中存在的问题及薄弱环节,并在此基础上进行持续改进,使绿色施工的技术和管理手段更加完善。

开展绿色施工评价管理的意义在于:第一,通过绿色施工评价体系为工程达到绿色施工的标准提供坚实的基础;第二,随着评价体系的逐步完善,最终有助于建立绿色施工的决策支持系统;第三,开展绿色施工评价可为政府或承包商建立绿色施工的行为准则,在理论的基础上明确被社会广泛接受的绿色施工的概念及原则等，从而为开展绿色施工提供指导和指明方向。

此外，绿色施工管理体系还应包含自评估体系。自评估体系根据编制的绿色施工管理方案，结合工程特点对绿色施工的效果及采用的新技术、新设备、新材料与新工艺进行自评估。自评估由专家评估小组执行，分阶段对绿色施工方案、实施过程至项目竣工进行综合评估，并根据评价结果对方案、绿色施工技术提出改进和优化意见。

建立绿色施工评价指标体系应遵循以下基本原则：第一，清洁生产原则。生产全过程控制将污染在产生之前就进行积极预防予以削减，同时尽量避免考虑施工结束后的治理。第二，科学性与实践性相结合原则。科学构建评价模型，力求真实反映绿色施工"四节一环保"，同时注意评价指标体系繁简适宜，既不能相互重叠、交叉，也不能片面指示信息而最终影响评价结果。第三，针对性和全面性原则。针对整个施工过程与针对典型施工过程或施工方案相结合，联系实际、因地制宜、适当取舍。第四，动态性原则。绿色施工评价是一个动态的过程，随着科学的进步，应不断调整和修订能与之相适应的标准或另选其他标准，并建立定期的重新评价制度。第五，前瞻性、引导性原则。评价指标应与绿色施工技术经济的发展方向相吻合；评价指标的选取要引导绿色施工未来的发展，尽可能反映出绿色施工今后的发展趋势和发展重点。第六，可操作性原则。指标应具有可度量性和可比较性。使用定量化的科学分析方法量化定性指标；为确保评价结果的准确性，应使用统一标准衡量指标，并尽量消除人为的可变因素的影响，使评价对象之间存在可比性。

与此同时，评价指标体系的选择和确定是评价研究内容的基础和关键，直接影响评价的精度和结果。在遵循上述原则的基础上，还应结合绿色施工的特点，参考选用环境技术指标、环境污染指标、资源消耗指标、环境综合利用指标、绿色施工环境管理指标、社会评价指标等来构建指标体系。

（五）人员安全与健康管理

绿色施工要树立"以人为本"的管理理念。目前在国内安全管理中，已引入职业健康安全管理体系，各建筑施工企业也都开始积极地进行职业健康安全管理体系的建立并先后取得体系认证，在施工生产中将原有的安全管理模式规范化、文件化、系统化地结合到职业健康安全管理体系中，使安全管理工作成为循序渐进、有章可循、自觉执行的管理行为。在实施职业健康安全管理体系过程中，要注意做好以下几方面工作：

第一，建立适合企业自身实际的职业健康安全管理体系标准构架。面对企业的实际情况，对施工组织模式、施工场所、技术工艺、职工素质进行科学细致的分析，建立企业易于操作执行、简洁高效的管理手册、程序文件及体系支撑性文件。第二，重视职业健康安全管理体系的宣贯工作。职业健康安全管理体系面对的对象是企业的各级员工，宣贯不能仅局限于高层，更要普及到基层的员工。第三，把握好职业健康安全管理体系在施工管理的重点控制环节。做好做实危险源的辨识和控制，包括识别系统中可能存在的危险、有害因素的种类，以及在此基础上进一步识别各种危险、有害因素的危害程度。此外，应做好基层班组对体系的执行和落实工作。第四，重视内审和外审。通过内审和外审来修正体系偏差，持续改进，不断加强体系的适应性，使之能够与企业的其他管理活动进行有效的融合，达到企业不断提高检查、纠错、验证、评审和改进职业安全健康工作的能力。

第四节 ◉ 案例分析——北京中国银行总行大厦

北京中国银行总行大厦(以下简称中银大厦)是中国银行总部办公楼,为一座高智能化的现代金融办公建筑。中银大厦由中银大厦有限公司投资兴建,著名建筑大师贝聿铭担任设计顾问,美国贝氏建筑师事务所与建研建筑设计研究院有限公司合作完成初步设计与施工图设计。

中银大厦位于北京市西城区复兴门内大街与西单北大街交叉口的西北角,东侧隔街与西单文化广场为邻,北为民丰胡同,西为白庙胡同。大厦地处北京繁华的商业区,交通便利。

1.环境因素

中银大厦工程处于旧城改造地区,其设计充分考虑了对城市环境的重要作用。大厦设在东、南两侧宽阔、通透且开放的入口空间,使过往行人均能通过公众入口和贵宾入口看到中庭,使建筑与城市融为一体。建筑外立面采用规整和模数化的石材和铝合金窗。石材材质感柔和而含蓄,有丰富的表现力;金属表面处理采用稳重的灰色,并选择适中的光洁度,不采用镜面处理,不对周围建筑及街道产生炫目的反光。总的来说,建筑外表设计具有生态、环保的韵味。

室外夜间泛光照明柔和地显示大厦的轮廓,而不是将建筑照得十分亮白,重点放在中庭照明,室外泛光照明灯具的亮度也不是很高。为了不破坏室外环境的整体性,没有采用外置式投射光做外立面直接照明,而将室外泛光照明灯具设在室外地面的石制灯槽内,有效避免了光污染。总的来说,夜间照明颇具新意,称得上绿色照明。

中庭(四季厅)布置的水池、山石、竹林,与大厦具有强烈雕塑感和严谨几何关系的空间,以及富有表现力的石材墙面一起构成一个既有强烈现代气息,又充满浓郁中国园林风情的全新的建筑空间。

在寸土寸金的繁华商业区,为充分利用土地,在尊重城市规划的前提下,建筑物压红线布置,使有限的土地发挥了最大效用。为保证建筑物在红线内施工,采用挡土、承重防水合一的地下连续墙。连续墙在施工阶段起支护作用,在建筑竣工后为地下室外围护结构,从而避免了地下室开挖所需的放坡,并无须设置护坡桩,大大减少开挖的土方量,节省建设费用约320万元。

工程充分利用地下4层的空间,设置机动车库、库房、机房、银行必需的设施、会议厅及职工使用的餐厅、厨房、自行车库等,并与周边工程的地下空间规划密切配合。地下停车库采用坡道式停车,节省了所占用的面积。总的来说,停车位是公共建筑设计中的一个重要参数。坡道停车是省地的新措施。

2.节能与能源利用

在设计时对办公建筑的节能尚未提出具体指标,但本工程从节能要求出发,采取了相应的节能措施。

空调采用全空气变风量系统。

热源:采暖热源为市政热水外网。

冷源:夏季空调冷源分两部分。一是4台离心制冷机组,产生6.7 ℃的冷冻水,供各层空调机房空调用;二是设在各层的ACU水冷空调机组自带压缩机,直接蒸发制冷。ACU主要用在电气机房。在14层屋顶设3组横流式冷却塔,为离心制冷机和ACU空调机提供冷却水。集中空调具有自由冷却的供冷模式。在过渡季及冬季,无须启动冷水机组,而直接利用冷却塔提供冷却水换热作为大厦空调的集中冷源。

大厦根据设备工艺运行的需要,在空调系统中采用变频技术以节能。空调冷冻水系统为一级变频泵系统,冷、热水系统均为变流量系统。冷、热水循环泵均采用末端压差控制的变频泵,主分支管道设动态平衡阀平衡系统流量,空调末端设电动两通阀或电动调节阀,最大限度地达到节能目的。

空调风系统:地上办公区空调采用变风量系统;首层中庭及地下办公、餐厅等其他房间采用定风量空调系统;银行数据中心、电信机房、电梯机房、消防及安防中心的空调采用ACU专用空调机。楼内各区域均可根据需要,独立调节室内环境状态。中央空调系统可根据末端的需求,自动增加或减少总系统的输出。

工程采用变频调速技术,根据负荷变化调节用能。

工程合理选择用能设备,使设备在高效区工作。变配电室采用深入负荷中心配电系统,变电所分级布置,以减少电能损失。

在降低能耗方面采用的其他措施:中庭的设置形成了一个空气环境过渡空间并提供了自然采光,有效地减少空调的使用和人工照明。外围护结构采用高效挤塑聚苯保温层,干挂石材和空气间层,外墙内侧加石膏板衬墙,形成优良的外墙保温隔热系统。窗户为德国进口的铝合金断热窗框、中空玻璃。屋顶采用挤塑聚苯倒置式构造。

3.节水与水资源利用

给水采用分质供水,设置饮用水、生活给水及中水回用等不同系统。

排水采用雨水、污水、废水分流系统,有利于废水的回收再利用。

中水用于绿化、冲厕、车库地面冲洗。

室内用水器具均为节水型器具。洗手间、公共卫生间等处采用感应式出水龙头和冲洗阀,以控制用水量。空调冷却水采用循环水冷却系统。

景观水池采用循环水处理工艺,绿化采用喷灌和滴灌系统。

4.节材与材料资源利用

设计充分考虑了建筑的可改造性。结构采用无梁的板柱-剪力墙体系,不但争取到合适的空间净高,又给建筑提供了灵活划分空间的可能性。办公区域采用大空间设计,除少量管理层人员设有以轻钢龙骨、石膏板分隔的封闭办公室外,其他人员均在以家具分隔的大空间办公,不仅在初次建设时减少了大量的隔墙材料,而且在改建时可减少拆建工作量,避免材料浪费及产生大量的建筑垃圾。结合架空地板的设置,电气布线非常灵活,为办公区域布局调整创造了更大的灵活性。加之吊顶、地面的模数化设计,使布局调整时材料能多次重复使用。

办公区域采用变风量空调系统,当建筑功能或分区发生变化时,空调末端也能灵活地进行变动,只需对软件稍做调整,空调主机就能靠自控系统感知和适应末端的变化。

室内外装修均不特意设置装饰构件,而以建筑体形、材料的质感,及精致的细部处理体现其艺术感染力。

室内装修材料严格选用不产生有害物质的绿色材料,并考虑循环使用的可能性,如房间门基本使用金属门,采用金属机电管材,有利于延长使用寿命和管材回用。

土建与装修工程一体化设计、施工,可避免对已建成建筑的剔凿,保证了结构的安全性,并可减少建筑垃圾;又能统一规划装修材料的下料与使用,节约装修材料,减少装修施工时的噪声影响。

占重量比例大的材料,如混凝土、陶粒混凝土砌块、石膏板等材料均选用本地产品,运输距离在 500 km 内。

其他主要建筑材料如石材挂板、石材铺地、幕墙的金属与玻璃、金属吊顶板均有较长的使用寿命,并能回收再利用。所有幕墙材料及构件均为工厂产品,避免了现场裁切、浪费和垃圾的产生。

严格按照 575 mm 的基本模数进行设计。绝大部分材料及产品都按此模数加工,施工所用的模板能重复使用多次,节省了大量的模板费用。

5.室内环境质量

大厦采用"口"字形布置,中央为长 55 m、宽 55 m、高 45 m 的中庭,上部覆盖金字塔形的玻璃天窗,有充足的自然光。中庭中央布置了由水池、山石、竹林、花坛等极具中国韵味的四季厅,形成一个封闭的庭院空间。

沿大厦外圈的办公空间有良好的自然光线与视野,同时因有明亮、多彩的中厅空间,使内圈的办公空间也有充足的采光与良好的景观,更有不受室外气候影响的室内环境。

外窗采用中空玻璃、断桥铝合金框。混凝土外墙采用挤塑聚苯板、干挂石材加空气层的外保温措施。外围护结构的传热系数已优于当时的居住建筑。无冷桥与结露等现象。

大厦采用中央空调系统,办公区域设计参数:夏季 24 ℃,相对湿度 50%;冬季 22 ℃,相对湿度不小于 30%。空调形式为变风量,楼内各办公区域均可根据需要调节室内的环境状态,而中央空调可根据末端的需要,自动增加或减少总系统的输出,达到节能的目的。

科学设置风口位置,合理组织气流。风口有矩形、条形、地板风口、墙面风口等多种形式,可配合装修要求及空间气流效果等选择。

因大厦地处北京繁华地段,环境噪声较高,故设计重视外围护结构隔声措施。除混凝土外墙外,对外窗的密闭性也提出了要求,以保证室内噪声级满足二级标准。同时所有外窗均设开启扇,供办公人员选择使用,并在交易室等空间的外窗采用隔栅遮阳。总的来说,北京的部分建筑已采用遮阳措施(虽节能标准无此要求),能取得一定的节能效果。

大厦内部的噪声主要是机电设备运行时产生的噪声。本项目采取了以下措施:对空调机房墙面粘贴吸声材料以降噪;空调设备采用低噪声设备;所有系统、风道、机房设备采用有效的减振、减噪、消声措施,以控制噪声的产生和传播。所有电气用房均做吸声墙面;发电机等重要设备均有弹簧隔振措施;发电机按环保要求的排烟标准,进出排烟口均有消音装置,排烟系统装有医院级的消声器。总的来说,公共建筑机电设备噪声问题突出。本项目采取一系列措施,有效地降低了噪声。

建筑所有入口均以坡道连接,公众使用的卫生间等处均有无障碍设施。

6.运营管理

中银大厦是国内智能化水平最高的建筑之一,其系统完全且集成化程度高。大厦的运行管理由各种智能系统控制。

楼宇自动化系统(BAS)主要用于环境能源管理、安保管理与物业管理。

环境能源管理系统主要有空调、给排水系统的温湿度控制、冷热源控制、新风量控制、水位/流量/压力测量及警报、水泵运行控制,用于照明系统的配电监控、不间断电源、照明与灯光控制、发电机监控,输送系统的电梯监控、车库管理。以上各项内容均设有故障及异常情况记录。

安保管理系统主要有人身安全、安全防范、运动目标控制、电视系统、智能卡管理。

物业管理系统主要有计量系统、维护保养系统。

通过智能化管理,大厦可实现如下功能:运行状态报告、资源使用分析、能源消耗水平、维护保养计划、原始设计合理性、事故原因分析/查找。

通信自动化系统(CAS)包括以下两个方面:

远程通信:大厦从多个电话局引入公用网线;另为银行业务、领导、备份中心引入多路专用网线;还设有 12 个微波天线和 5 个卫星天线。

内部通信:设有 6 000 门程控交换机,天线寻呼系统及语音终端,并采用了光纤技术。

智能化的关键是要建立强大的信息处理、交换、传输、生产及储存系统,在中银大厦中,办公单元按照工作需要分总经理、经理及普通工作人员三个级别,各单元具有不同的办公自动化系统(OAS)配置。

办公自动化主要构成的办公设备包括电脑设备(大型主机、微机)、网络及通信线路、终端设备(显示器、绘图仪、传真机、打印机、交换机、会议视听系统等)。除大型设备需专设房间外,许多小型设备均放置在办公单元内。在进行室内设计及家具设计时对电源线、信息线的线槽以及面板的位置、材料、色彩都有统一设置。

全楼照明采用自动分区、分照度控制,实行按时间、节假日自动控制以节能。

室内照明:会议厅和高级管理层采用可调光照明控制,以适应个人工作需求并节能。不同的工作环境采用不同的照度标准和光源,所有办公区为非直接光,光线柔和又避免了眩光。采用高效荧光灯管,并用高效电子整流器。办公区采用效率 0.7 以上的灯具。

室外照明:室外夜间泛光照明柔和地显示大厦的轮廓,重点放在中庭照明,照度大小适当。

总的来说,本项目的智能化水平是国内闻名的。智能化是绿色建筑运行的重要保证。

7.先进技术的应用

中银大厦在国内率先采用了大量先进技术。

(1)新型防水材料

地下室防水采用遇水结晶型防水材料 XYPEX,该材料在建筑工程中为首次使用。XYPEX是一种刚性防水材料,可以渗入混凝土,并与之反应,从而堵塞混凝土的毛细孔,达到防水的目的,且具有永久性的防水功能。在近几年的工程实践中,证实了此材料的良好防水效果,目前建筑工程中已较普遍采用该材料。

(2)倒置式屋面

将保温层置于防水层上,对延长防水层的寿命有积极作用,现已作为一种推广的构造做法,编入标准图集中。

（3）外围护结构的保温

在对办公建筑尚未提出节能要求的前提下，大厦设计已从节能的角度考虑了外围护结构的高效保温措施，即外墙采用挤塑聚苯板外保温，外窗采用中空玻璃、断桥铝合金窗。

（4）架空式网络地板

为适应大厦智能化设计的要求，办公区域的地面均采用架空网络地板，既便于布线，又可适应办公区域布置的灵活调整，且可避免因空间布线造成办公空间的凌乱。

（5）地下连续墙

采用地下连续墙，使地下室开挖时所需的支护与地下室外围护结构合二为一，既节省了用地，又节约了材料。

综上所述，绿色建筑的创建必须从立项开始，贯穿于设计、施工到使用的全过程。设计阶段的工作是实施节能、节地、节水、节材、保护环境目标的前提。

在中银大厦的设计中，确立了基本模数的应用，使用了 575 mm 这一基本模数。该模数贯彻于大厦的所有元素中，大至开间、层高，小到装修材料的分割尺寸，如地面、墙面、吊顶的分块。模数的采用，大大地简化了构件的种类，便于下料与加工，也便于构件的互换，既能提高施工效率，又有利于节省材料。

思考题：

1.在工程项目主要相关方中，谁具有可持续设计的主导权？谁又是可持续设计的主要实施方？

2.可持续设计理念需要考虑哪些方面的问题？

3.讨论新技术和新材料对可持续设计的推动作用。

参考文献

［1］傅云新,蔡晓梅.旅游学［M］.广州:中山大学出版社,2007.

［2］张广钱.小城镇生态建设与环境保护设计指南［M］.天津:天津大学出版社,2015.

［3］马林转,王红斌,刘满红,等.环境与可持续发展［M］.北京:冶金工业出版社,2016.

［4］世界银行.1992 年世界发展报告:发展与环境［M］.北京:中国财政经济出版社,1992.

［5］中国建筑科学研究院.绿色建筑在中国的实践［M］.北京:中国建筑工业出版社,2007.

［6］杜运兴,尚守平,李丛笑,等.土木建筑工程绿色施工技术［M］.北京:中国建筑工业出版社,2010.

［7］张国强,尚守平,徐峰.智能建筑与可持续发展［M］.北京:中国建筑工业出版社,2010.

［8］周岱,包艳,韩兆龙.工程可持续发展:理论与应用［M］.上海:上海交通大学出版社,2016.

［9］张晓宁,盛建忠,吴旭,等.绿色施工综合技术及应用［M］.南京:东南大学出版社,2014.

［10］施骞.工程项目可持续建设与管理［M］.上海:同济大学出版社,2007.